Marquart

Gloria Gaither

Singt dem Herrn
Die Geschichten hinter unseren Liedern

Über die Autorin

Gloria Gaither hat gemeinsam mit ihrem Mann Bill über 700 Gospelsongs geschrieben. Für ihre Lieder wurden beide mit zahlreichen Auszeichnungen prämiert, darunter einige „Grammys". Außerdem wurden sie in die „Gospel Music Hall of Fame" aufgenommen. Gloria und Bill leben in Alexandria, Indiana.

Gloria Gaither

Singt dem Herrn

Die Geschichten hinter unseren Liedern

Verlagsgruppe Random House FSC-DEU-0100
Das FSC-zertifizierte Papier *Super Snowbright* für dieses Buch
liefert Hellefoss AS, Hokksund, Norwegen.

Anmerkung: Um den Bezug zu den Geschichten hinter den einzelnen Liedern der Gaithers beizubehalten, wurden die Titel sowie die Lieder an sich weitestgehend wörtlich übersetzt. Es handelt sich also in der Regel nicht um die tatsächlichen deutschen Liedtitel und nie um die singbare deutsche Fassung des jeweiligen Liedes.
Die singbaren Parts der Lieder wurden jeweils sowohl in Englisch als auch in deutscher Übertragung wiedergegeben. Die gesprochenen Parts, die es in manchen der Songs gibt, wurden jedoch nur auf Deutsch abgedruckt.

Die amerikanische Originalausgabe erschien im Verlag Faith Words
unter dem Titel „Something Beautiful" © 2007 by Gloria Gaither
© der deutschen Ausgabe 2009 by Gerth Medien GmbH, Asslar,
in der Verlagsgruppe Random House GmbH, München
Aus dem Englischen übersetzt von Wolfgang Günter

Die Bibelzitate wurden, sofern nicht anders angegeben,
den folgenden Bibelübersetzungen entnommen:
Neues Leben. Die Bibel. © Copyright der deutschen Ausgabe 2002 und 2006 by SCM Hänssler im SCM-Verlag GmbH & Co. KG
Originaltitel: Holy Bible, New Living Translation © Copyright der amerikanischen Ausgabe 1996, 2004 und 2007 by Tyndale House Publishers Inc., Wheaton, Illinois, USA
Darüber hinaus wurden die folgenden Übersetzungen verwendet:
Willkommen daheim © 2009 by Gerth Medien GmbH, Asslar,
in der Verlagsgruppe Random House GmbH, München(WD)
Gute Nachricht Bibel, revidierte Fassung, durchgesehene Ausgabe in neuer Rechtschreibung, © 2000 Deutsche Bibelgesellschaft, Stuttgart (GN)
Lutherbibel, revidierter Text 1984, durchgesehene Ausgabe in neuer Rechtschreibung, © 1999 Deutsche Bibelgesellschaft, Stuttgart (LÜ 84)
Revidierte Elberfelder Bibel, © 1985, 1992 R. Brockhaus Verlag, Witten (RE)

1. Auflage 2009
Bestell-Nr. 816 448
ISBN 978-3-86591-448-4

Umschlaggestaltung: Michael Wenserit
Umschlagfoto: Russ Harrington
Satz: Mirjam Kocherscheidt; Gerth Medien GmbH
Druck und Verarbeitung: GGP Media GmbH, Pößneck
Printed in Germany

An alle Dichter, die ich kennengelernt habe:
Ihr bautet ein Königreich aus Meer und Sand,
ihr erobert Armeen mit einer Blaskapelle.
Ihr schnittet eine Galaxie in Stein –
Ihr bautet einen Altar aus Brot
und gabt eure Seele hin,
um die Kinder zu speisen.
Ihr wobt euer Herz in jede Geschichte,
die man sich erzählt –
ihr wunderbaren Dichter, die ich kenne.

Ihr hört nicht auf zu träumen,
wenn alle Träume verblasst sind.
Wenn Freunde uns verließen,
ihr bliebt da,
um die Gebete zu schreiben,
wenn jedes Gebet gesprochen war.
Ihr seid die Dichter, die ich kennengelernt habe.

Gloria Gaither

Inhalt

Einleitung
von Gloria Gaither 10
von Bill Gaither 12

Einführung 14

Because He Lives – *Weil er lebt* 17
God Gave the Song – *Gott gab uns ein Lied* 26
He Touched Me • Thanks To Calvary –
Er hat mich berührt • Dank Golgatha 30
Going Home – *Nach Hause* 38
Since Jesus passed by – *Seit Jesus vorbeikam* 42
The Longer I Serve Him – *Je länger ich ihm diene* . . 47
I'll Worship Only at the Feet of Jesus –
Deshalb bete ich nur zu Jesu Füßen an 52
Let's Just Praise the Lord –
Lasst uns einfach den Herrn preisen 58
Something Beautiful – *Etwas Schönes* 61
The Family of God – *Gottes Familie* 65
I Have Seen the Children –
Ich habe die Kinder gesehen 71
I know where I am now – *Ich weiß, wo ich bin* 76
There's Something About That Name –
Hinter diesem Namen steckt mehr 80
The King is Coming – *Der König kommt* 86
I Could Never Outlove the Lord –
Niemals könnte ich mehr lieben als der Herr 93
The Church Triumphant –
Die triumphierende Gemeinde 96
Jesus Is Lord of All – *Jesus herrscht über alles* 100
It's beginning to rain – *Es fängt an zu regnen* 105
Gentle Shepherd – *Guter Hirte* 109
It Is Finished – *Es ist vollbracht* 115

We Have This Moment, Today –
Dieser Augenblick ist uns vergönnt 121
I'm Almost Home – *Fast zu Hause* 127
That's Worth Everything – *Mehr wert als alles andere* . 130
I Am Loved – *Ich bin geliebt* 134
Go Ask – *Komm und frag* 139
We are so blessed – *Reich beschenkt* 143
Upon This Rock – *Auf diesen Felsen* 147
The Stage Is Bare – *Die Bühne ist leer* 151
Broken and Spilled Out –
Zerbrochen und ausgegossen 155
Praise You – *Ich preise dich* 160
Tell me – *Erzähl mir* 165
Loving God, Loving Each Other –
Gott lieben und einander lieben 169
I Just Feel Like Something Good Is About to Happen –
Ich habe das Gefühl, gleich geschieht etwas Gutes . . 173
I Heard It First on the Radio –
Zuerst hab ich's im Radio gehört 177
Come Sunday – *Am Sonntag* 181
Hear the Voice of My Beloved –
Hör die Stimme meines Geliebten 184
More of You – *Mehr von dir* 188
Feelin' at Home in the Presence of Jesus –
In Jesu Gegenwart fühle ich mich zu Hause 192
Jesus, You're the Center of My Joy –
Jesus, du bist der Mittelpunkt meiner Freude 196
Get All Excited – *Lasst euch begeistern* 202
To Get This Close • Lord, Send Your Angels
So nahe • Herr, sende deine Engel 205
Let Freedom Ring –
Lasst das Lied der Freiheit erschallen 212
Oh, the Precious Blood of Jesus –
Das kostbare Blut Jesu 219
Dream on – *Hört nicht auf zu träumen* 226
Fully Alive – *Ganz lebendig* 230

This Could Be the Dawning of That Day –
Vielleicht dämmert jetzt jener Morgen herauf 235
We'll Be There –
Wir sind immer für dich da 239
I Wish You – *Ich wünsche dir* 244
Welcome Back Home – *Willkommen zu Hause* 247
Even So, Lord Jesus, Come – *Komm, Herr Jesus* . . . 253
Old Friends – *Alte Freunde* 257
Resurrection – *Auferstehung* 263
Through – *Hindurch* 268
Give it away – *Gib es weiter* 273
When God seems so near –
Wenn Gott uns so nah scheint 277
I Will Go On – *Ich gehe weiter* 281
I Do Believe – *Ich glaube* 284
My Father's Angels – *Die Engel meines Vaters* 287
Then He Bowed His Head and Died –
Dann neigte er das Haupt und starb 294
I Believe in a Hill Called Mount Calvary –
Ich glaube an einen Hügel namens Golgatha 297
The Old Rugged Cross Made the Difference –
Das Kreuz von Golgatha verändert Menschen 304
Joy Comes in the Morning –
Mit dem Morgen kommt die Freude 310
These Are They – *Das sind diejenigen* 312
I've Just Seen Jesus – *Gerade habe ich Jesus gesehen* . 317
Unshakable Kingdom – *Das unerschütterliche Reich* . 322
Peace Be Still – *Schweig, sei still* 325
Then Came the Morning – *Dann kam der Morgen* . . 329
I Don't Belong (Sojourner's Song) –
Hier gehöre ich nicht hin (Lied des Pilgers) 333
Place Called Hope – *Ein Ort namens Hoffnung* 337
Forgiven Again – *Mir wurde erneut vergeben* 340
Now, More Than Ever – *Heute mehr als je zuvor* . . . 344

Einleitung

Gloria Gaither

Das Leben selbst ist der Stoff, aus dem die meisten unserer Lieder gemacht sind. Wie die meisten Texter schreiben auch wir über das, was uns bewegt. Manchen Texten liegt selbst Erlebtes zugrunde, und manchmal versuchen wir auch, schlicht und einfach grundlegende Wahrheiten für jeden verständlich wiederzugeben.

Unsere Lieder sind für uns so etwas wie Meilensteine am Weg, eine Art Tagebuch, in dem wir festhalten, was Gott und das Leben uns gelehrt haben. Ich würde sagen, alle unsere Songs zusammen bilden so eine Art Chronik unserer Lebensreise.

Vor Ihnen liegt eine Sammlung der Geschichten, Ideen und Geschehnisse hinter den Liedern. Manche Geschichten sind sehr persönlich, und zwar so persönlich, dass wir annahmen, das Lied, das daraus entstand, sei allein für uns von Bedeutung. Manche Geschichten sind mehr oder weniger in der Öffentlichkeit entstanden – ein ganzes Publikum war daran beteiligt, manchmal sogar eine ganze Stadt.

Einige Geschichten erzählen von unserem Versagen oder von unseren Fehlern. Andere drehen sich um unsere Kinder, Eltern oder Freunde. In welcher Situation diese Lieder auch entstanden – sie waren immer ein Versuch, etwas, das Gott uns gezeigt oder gelehrt hat, zu dokumentieren. Salomo sagte, dass es nichts Neues unter der Sonne gebe, doch wenn du eine Wahrheit für dich entdeckst, dann ist sie für dich so neu, als hätte es sie nie gegeben. Auf der anderen Seite entdecken wir bei uns Menschen viel mehr Gemeinsames als Trennendes, und in den über 50 Jahren, die wir nun schon Lieder schreiben, haben wir bemerkt, dass etwas, das uns wichtig geworden ist, mit einer recht großen Wahrscheinlichkeit auch für andere von Bedeutung sein kann.

Als Texterin möchte ich noch eine Bemerkung anfügen: Einen Liedtext zu schreiben, ist die konzentrierteste, verdichtetste Form des Schreibens, die es gibt. Wenn ein Lied gut ist, sagt es in wenigen Zeilen eine Menge aus, und zwar auf ganz neue und eindrückliche Art. Ein guter Song kann dasselbe vermitteln wie ein Roman, nur dass ein Roman viel mehr Seiten hat. In einem Gedicht kann ich freiere Formen und mehr Worte verwenden als in einem Lied, und ich muss mich nicht unbedingt an die Struktur, den Rhythmus und die Betonung der Musik halten. Eine Rede oder ein Artikel kann auf vielerlei Arten den springenden Punkt deutlich machen. Aber in einem guten Liedtext, der mit der richtigen Melodie kombiniert wird, steckt mehr Kraft als in jeder anderen Textform. Er bleibt im Gedächtnis haften und er spricht Sie in Ihrer persönlichen Lebenssituation an. Sie nehmen ihn mit an den Arbeitsplatz, in die Badewanne oder ins Flugzeug. Er ist eine Art tragbare Theologie oder Philosophie.

Von allen Kommunikationsmitteln, die ich benutze – Sprechen, das Schreiben eines Buches, eines Gedichts oder Artikels etc. –, ist das Lied das anspruchsvollste und auf lange Sicht das wirkungsvollste.

In diesem Buch erfahren Sie also, welche Geschichten hinter den Liedern stehen, was uns – Bill als Musiker und mich als Texterin – im Einzelnen inspirierte, „dem Herrn ein neues Lied zu singen". Inzwischen gibt es etwa 700 Lieder von uns, und hier stellen wir eine Auswahl derjenigen vor, die unserem Publikum besonders lieb sind. Schließlich muss sich jedes Kunstwerk, jeder Liedtext daran messen lassen, ob er den Menschen gefällt. Die Zuhörer selbst entscheiden darüber, was für ihr Leben Bedeutung hat und was nicht.

Wir werden oft gefragt: „Schreibt ihr noch Lieder?" Die Antwort lautet: Ja. Wir werden so lange schreiben, wie Gott uns Ideen schenkt und den Atem, um sie auszudrücken. Unser Lieblingssong ist in der Regel der, den wir zuletzt geschrieben haben, weil er zum Ausdruck bringt, wo wir gerade stehen. Doch schließlich und endlich bleiben unsere Lieder nur lebendig, wenn sie nicht nur für uns, sondern auch für andere Bedeutung haben.

Wenn wir zusammen diesen Meilenstein unseres künstlerischen Werdegangs erreichen, hoffen wir, dass Gott uns weiterhin zeigen wird, wie wir anderen auf ihrem Lebensweg behilflich sein können, denn wir sind zu der Überzeugung gekommen, dass wir einander wirklich brauchen.

Bill Gaither

Für uns beginnt ein Lied immer mit einem Einfall. Wenn wir eine Idee haben, die unserer Meinung nach künstlerisch zum Ausdruck gebracht werden müsste, entwickeln wir sie, indem wir uns der Kunst der Poesie bedienen, um eine große Idee in möglichst wenigen Wörtern zu verdichten. Dann lassen wir uns dazu eine Melodie einfallen, die möglichst perfekt zu dem Text passt und hilft, ihn mit genau der richtigen Emotion zu transportieren. Dann legen wir letzte Hand an den Text und prüfen, ob er theologisch einwandfrei ist.

Nachdem ich mehr als 43 Jahre mit Gloria verheiratet bin, bin ich überzeugt, dass niemand einen Einfall dichterisch und theologisch klarer formulieren kann als sie. Ich gebe offen zu, dass ich in meiner langjährigen Karriere als Songschreiber immer auf Gloria als Koautorin angewiesen war. Nachdem wir Hunderte von Liedern geschrieben haben, treten wir nun einen Schritt zurück und sehen uns das vollendete Werk – teilweise mit Schmerzen, zum großen Teil aber mit einem Gefühl der Befriedigung – an.

Ein Songwriter muss leidenschaftlich an einem Einfall oder einer Vorstellung hängen, damit er funktioniert. Für uns dreht sich diese Leidenschaft um das, was Christus in unserem Alltagsleben – nicht nur sonntags – bewirken kann. Diese Leidenschaft in einer Sprache zu vermitteln, die jeder verstehen kann, ist der Auftrag, der hinter jedem einzelnen Lied steht, das wir geschrieben haben.

Den richtigen Künstler zu finden, um ein Lied in die Welt zu tragen, ist der nächste bedeutende Schritt. Dank Künstlern wie Sandi Patty, Larnelle Harris, der Vocal Band und so vielen anderen werden unsere Lieder so überzeugend interpretiert, wie wir es uns nur wünschen können.

In diesem Buch erzählt Gloria nun Geschichten, die mit diesem gesamten Prozess zusammenhängen, angefangen von den Ideen über die Lieder, die daraus entstanden, bis hin zu den Interpreten, die sie in die Welt hinaustrugen und ihnen mit ihren Stimmen mehr als gerecht wurden.

Ich wünsche Ihnen, dass diese sehr persönlichen Geschichten über die Entstehung unserer Songs und die unglaublichen Wahrheiten, die unser Leben prägen, Sie ansprechen!

Einführung

Ich war 19 Jahre alt und studierte im dritten Jahr am *Anderson College*, als meine Französisch-Professorin mich in ihr Büro rief und mich fragte, ob ich mich in der Lage sähe, zusammen mit einer anderen Studentin für eine Lehrerin an einer weiterführenden Schule einzuspringen, die sich in den Weihnachtsferien einer Krebsoperation unterziehen musste. Mit dem Beginn des zweiten Halbjahrs sollte ich drei ihrer Klassen übernehmen.

An meinem ersten Tag an der Schule war ich gerade auf dem Weg zum Lehrerzimmer, als ein junger Mann mit einem witzigen Bürstenhaarschnitt um die Ecke bog und direkt vor mir seinen Stift fallen ließ. Er blieb stehen, um ihn aufzuheben, blickte mich an und sagte: „Hallo! Wer sind Sie denn?"

„Gloria Sickal", entgegnete ich. „Und wer sind Sie?"

„Ich heiße Bill Gaither und unterrichte Englisch. Ich war drei Jahre Englischlehrer in der Mittelstufe, aber diese Woche habe ich gerade als Fachbereichsleiter hier angefangen."

„Ach ja", meinte ich, „Bill Gaither. Sie sind doch der mit dem Bruder, mit dem eine Freundin von mir mal so schrecklich gern ausgehen würde."

„Das ist die Geschichte meines Lebens", erwiderte Bill. „Alle wollen mit meinem Bruder ausgehen."

Es kam niemals dazu, dass ich Bills Bruder meiner Freundin vorstellen konnte, aber Bill und ich begannen auf den Fluren der High School über Politik, Literatur und unsere Liebe zum Herrn zu reden. Er führte mich zum Mittagessen aus und nahm mich zu einigen Basketballspielen mit. Als Bill Gaither schließlich all seinen Mut zusammennahm, um mir ein paar Gospelsongs vorzuspielen, die er geschrieben hatte, planten wir schon zu heiraten. Zu diesem Zeitpunkt hatte ich mich auch bereits getraut, ihm einige meiner Gedichte zu zeigen.

Zunächst (schon vor unserer Heirat) begann ich damit, Bills Liedtexte zu überarbeiten – eine Zeile hier, eine Formulierung dort, oder auch einmal ein guter Einstieg oder eine passende Schlusszeile. Doch allmählich entwickelten wir ein System, gemeinsam die beste Formulierung zu finden, um einen Gedanken, der uns auf dem Herzen brannte, auszudrücken – Bill mit seiner Musik und ich mit Worten.

Manchmal entstanden unsere Lieder unmittelbar aus Erlebnissen, die wir hatten, aus Begegnungen mit Menschen, die Gott in unser Leben brachte, oder aus Situationen, mit denen Gott uns etwas zeigen wollte. Andere Lieder gehen darauf zurück, dass uns ein Bibelvers angesprochen hat, ein Gedanke aus einer Predigt oder ein Satz in einem Gebet. Dann machten wir uns an die Arbeit, um auf Gottes Offenbarung, die für uns ganz neu und überraschend war, zu reagieren, und eine Möglichkeit zu finden, etwas in Text und Musik auszudrücken, für das Worte allein nicht reichten.

Oft werden wir gefragt, was zuerst entsteht – der Text oder die Melodie. Manchmal war es so, dass mir ein ganzer Liedtext auf einmal einfiel, zu dem dann Bill entweder allein oder zusammen mit einem anderen Musiker die Melodie schrieb. Häufiger jedoch hatte Bill einen musikalischen Einfall, zu dem ich einen Text schrieb. (Mir ist es am liebsten, wenn ich einen Text schreiben kann, der zu der Musik und der zugrunde liegenden Idee emotional und künstlerisch passt.) Am Anfang steht jedoch immer die Idee.

Es ist schon fast ein halbes Jahrhundert her, dass wir gemeinsam unsere ersten Lieder schrieben. Unser Lebensweg war voller Überraschungen und voller „heiliger Zufälle", wenn man es so nennen kann – für uns mögen es Zufälle gewesen sein, aber nicht für Gott. Wenn man unsere mehr als 700 Lieder chronologisch auflisten würde, käme das einer Pilgerfahrt gleich, die unser geistliches Wachstum und unsere Entdeckungen im Glauben beschreibt. Diese Lieder und die Einsichten, die dahinterstecken, öffneten uns die Tür zu ganz anderen Tätigkeitsbereichen: Plattenaufnahmen,

15

Konzerten, der Organisation von Musikveranstaltungen wie *Praise Gathering*, *Family Fest*, *Jubilate* und – nun seit über zehn Jahren – einer ganzen Reihe von Zusammenkünften von einigen Pionieren und jungen Künstlern, die wir unsere *Homecoming Friends** nennen. Wir haben sie auf Video aufgenommen, damit sich auch andere daran freuen können.

Das Lied des Lebens muss geschrieben werden. Das Lied gibt Zeit, Ort und Situation vor. Mit jeder persönlichen Erfahrung wächst es heran, bis es nach draußen drängt. Und wenn seine Zeit gekommen ist – diese Erfahrung haben Bill und ich gemacht –, dann kommt es auch heraus. Dann suchen wir uns schnell etwas zum Schreiben; wir nehmen, was immer gerade in der Nähe liegt: eine Serviette im Restaurant, einen entwerteten Scheck, einen gebrauchten Briefumschlag, eine Schuhsohle, ein Stück Kreide oder einen Bleistiftstummel.

Warum schreiben wir also? Wie entsteht ein Lied? Bill und ich haben festgestellt, dass wir einfach nicht anders können. So simpel ist das.

---

* Homecoming: wörtl: Heimkehr/Heimkunft; Friends: Freunde

Because He Lives
Weil er lebt

Unser gemeinsames Leben begann in den 60er-Jahren. Bill und ich heirateten und gründeten eine Familie – Suzanne wurde 1964 geboren, Amy folgte 1969. Es war ein turbulentes Jahrzehnt. Rassenunruhen zerrissen das Land. In Los Angeles kam es zu Ausschreitungen, bei denen ein Stadtteil fast ganz niederbrannte. Bürgerrechtler hatten viel zu erleiden, einige von ihnen hatte man sogar umgebracht. Die Amerikaner waren gezwungen, ihr Augenmerk auf den wachsenden Abgrund zwischen der feierlich versprochenen Freiheit und der Realität vieler Bürger der USA zu richten.

Der Vietnam-Konflikt (wir weigerten uns damals, ihn einen Krieg zu nennen) zog sich über achtzehn Jahre und drei Präsidentschaften hin. Auf amerikanischer Seite forderte er 57.000 Todesopfer. Es sollte der erste Krieg der Geschichte werden, bei dem es keine Gewinner gab. Junge Männer hatten das Land verlassen, um der Einberufung zu entgehen. Und viele, die geblieben waren, um in die Armee zu gehen, wussten nicht, welches Ziel ihre Regierung verfolgte, und fühlten sich von eben den Bürgern im Stich gelassen, für die sie auszogen, um sie zu verteidigen.

Eine junge Generation von Amerikanern war desillusioniert und sah sich nicht in der Lage, Antworten auf die drängenden Fragen zu finden, die vorher nur wenige laut zu stellen gewagt hatten. Viele stellten berechtigte Fragen zu dem materialistischen Lebensstil, den ihre Eltern, die von der Weltwirtschaftskrise geprägt waren, erbarmungslos verfolgten, doch nur selten wandten sie sich an die richtige Quelle, um Antworten zu erhalten. *What's it all about?* (dt: Worum geht es eigentlich?) war nicht nur ein Songtitel, sondern auch eine Frage ohne Antwort, die diese Generation in Alkohol ertränkte und mit Drogen aus dem Bewusstsein drängte.

Neue Designerdrogen, die in Laboren zusammengebraut wurden, kamen auf den Markt, LSD und „Angel Dust" versprachen „spirituelle Erfahrungen", und bald teilten sogar Collegeprofessoren diese Drogen an ihre Studenten aus, um „ihr Bewusstsein und ihren Erfahrungshorizont zu erweitern".

Diese Hippiegeneration fühlte sich der Gesellschaft bald entfremdet. Manche gingen zwar beachtliche Risiken ein, um sich zu engagieren und die Gesellschaft zu verändern, andere jedoch entschieden sich für die Drogen und klinkten sich aus der Gesellschaft aus. Sie nannten sich Blumenkinder und sprachen sich für die freie Liebe aus, obwohl sie allzu oft keine Liebe erfuhren, sondern tiefe Enttäuschung, während gleichzeitig ihr Verstand abstumpfte.

In diesem geistigen Klima schrieben Bill und ich unsere Songs über das, was wir als wirkliche und tragfähige Antworten auf diese gedankliche Revolution betrachteten, über die Wahrheiten, die schon lange vor uns da gewesen waren und noch lange nach unserem Tod da sein würden. Am Wochenende reisten wir herum, trugen unsere Songs vor und sprachen über unsere persönlichen Erfahrungen im Alltag – darüber, dass unser Leben Richtung, Sinn und Stabilität erlangt hatte, seit wir Christus als Herrn anerkannten. Im Herbst 1969 geschahen dann einige Dinge, die unsere Überzeugungen auf die Probe stellten.

Bills Schwester Mary Ann machte eine Scheidung durch, die katastrophale Auswirkungen auf sie und unsere gesamte Familie hatte, weil es die erste Scheidung in unserem persönlichen Umfeld war. Wir fühlten uns hilflos.

Etwa um diese Zeit erwarteten wir unser drittes Baby. Suzanne war vier Jahre, Amy drei Monate alt, und obwohl wir uns immer drei Kinder gewünscht hatten, hatten wir doch nicht so bald damit gerechnet. Mein Körper hatte sich von der letzten Schwangerschaft noch nicht völlig erholt. Bill erkrankte etwa um die gleiche Zeit am Pfeifferschen Drüsenfieber, das bei ihm zu Erschöpfung und Depressionen führte.

Dann bat uns jemand, dem wir sehr nahe standen und für den wir schon eine Menge Zeit und Kraft geopfert hatten, ein Projekt finanziell zu unterstützen, das wir jedoch für sehr unklug hielten. Als wir seine Bitte ablehnten, stürmte er durch unser Haus und schrie Bill an: „Du bist doch nur ein Heuchler! Du würdest an diesen ganzen Jesus-Kram überhaupt nicht glauben, wenn du damit nicht deinen Lebensunterhalt verdienen würdest!" Er schlug die Tür hinter sich zu und verschwand aus unserem Leben.

Ich kenne niemanden, der mehr in sich hineinhorcht oder seine Motive häufiger hinterfragt als Bill, doch gerade ein so gewissenhafter Mensch nimmt sich ungerechtfertigte Vorwürfe oft am meisten zu Herzen. Das Pfeiffersche Drüsenfieber hatte ihn ohnehin schon geschwächt und entmutigt, die allgemeine weltpolitische Situation beunruhigte ihn und nun schlitterte er in eine schwere Depression und stellte sich selbst infrage.

Oft saß er in einem Sessel im Wohnzimmer und dachte über sein Leben nach, über seine Worte und Taten und über seine Motive. War an den Vorwürfen dieses Mannes nicht vielleicht doch etwas dran? Bill konnte nicht mehr beten, und der lange, dunkle Tunnel vor ihm schien kein Ende zu nehmen.

Bill und ich unterhielten uns häufiger über die politische Situation und diese neuerliche Enttäuschung und fragten uns: Wenn die Welt heute schon so aussieht, wie wird sie dann in 15 oder 16 Jahren für unser Baby sein? Womit wird dieses Kind konfrontiert werden? Wir waren von Sorge und Unsicherheit erfüllt.

Eines Tages kam Sid Guillen, ein lieber Freund, bei uns zu Hause vorbei. Er wusste, wie es Bill ging, und hatte darum Gott gebeten, ihm zu zeigen, was er tun solle. Als er unser Wohnzimmer betrat, war es offensichtlich, dass Gott ihm eine Antwort gegeben hatte. „Du bist nicht einfach nur entmutigt, Bill", sagte er. „Das ist eine Anfechtung Satans. Ich möchte dich mit Öl salben, wie die Schrift es uns sagt, und diesen Geist der Furcht im Namen Jesu zurechtweisen." Genau das tat er dann auch. Anschließend umarmte er uns und ging.

Bills Zustand besserte sich allmählich. Er sah endlich ein Licht am Ende des Tunnels – in geistlicher wie auch in körperlicher Hinsicht. Trotzdem machten wir uns weiter Sorgen um die allgemeine Weltlage und das Baby, mit dem ich schwanger war.

Am Silvesterabend sollten wir einen Auftritt haben, doch einen Tag vor unserer Abreise begann es zu schneien. Es war nicht nur leichtes Schneegestöber, sondern ein ausgewachsener Schneesturm. Am nächsten Morgen war unsere Auffahrt unter meterdickem Schnee begraben und auf den Straßen gab es kein Durchkommen. Bill räumte die Auffahrt, und versuchte, mit dem Auto die Hauptstraße zu erreichen, doch die Polizei hielt ihn an und schickte ihn zurück. Die Beamten erklärten ihm, dass, abgesehen von Rettungsfahrzeugen, bei diesem Wetter niemand fahren dürfe. Soweit ich mich erinnere, war dies das einzige Mal, dass wir einen Konzerttermin wegen schlechtem Wetter absagen mussten.

An diesem Abend lag ich auf der Couch und betrachtete ein großes Ölgemälde, das meine Mutter einmal gemalt und uns zu Weihnachten geschenkt hatte. Es zeigte die Hand eines Bauern, die auf einem alten, von Stacheldraht umwickelten Zaunpfahl ruhte. Die Hand des Bauern war in den vielen Jahren der Feldarbeit rau und rissig geworden. Seine Fingernägel waren schmutzig. In der Hand hielt er ein Häufchen schwarzen, fruchtbaren Humus, aus dem ein winziger Setzling hervorschaute, den er offensichtlich pflanzen wollte.

Als ich mir das Bild ansah, hatte ich den Eindruck, als wollte Gott mir etwas sagen: *Schau dir an, wie klein und verletzlich dieser Setzling ist. Denk nur einmal daran, was ihm alles zustoßen könnte: zu viele Regengüsse, Dürre, Schädlinge, Krankheiten. Doch dieser Setzling wird es schaffen. Er wird heranwachsen und stark werden, weil die Hand des Bauern sich liebevoll um ihn kümmert. Er weiß, was das Pflänzchen bedroht, er setzt sich dafür ein und wird gut darauf aufpassen. Eines Tages wird es Ertrag bringen. Es wird nicht nur leben, sondern auch gedeihen.*

In jenem Frühjahr gewann diese Einsicht vom Silvesterabend für mich noch größere Bedeutung. Im vorangegangenen Jahr hatten wir den Parkplatz hinter unserem Büro asphaltieren lassen. Wir hatten zugesehen, wie man mit dem Planiergerät den Boden vorbereitet hatte. Dann war die ausgehobene Grube mit größeren Steinen, kleineren Steinen, Kies und schließlich Sand aufgefüllt worden. Jede einzelne Schicht war mit Walzen planiert worden. Zu guter Letzt hatten die Arbeiter kochend heißen Asphalt auf die so vorbereiteten Schichten ausgebracht und ihn immer und immer wieder planiert, bis er eben und fest war.

Eines Tages, als der Winter vorbei war, kam Bills Vater George ins Büro. „Kommt mal mit mir mit", sagte er zu Bill und mir und bat uns nach draußen. Er war ein stiller Mann, der nicht viele Worte machte, aber *wenn* er etwas sagte, hörten wir gut zu. Wir folgten ihm bis in die Mitte des neuen Parkplatzes. „Schaut einmal hier", sagte er und deutete auf den Asphalt. Ein kleiner Grashalm war durch Stein, Sand und Asphalt gebrochen. George lächelte nur und ging ins Büro zurück. Wir blieben zurück und staunten, wie uns dieser kleine Grashalm die Geschichte von Ostern erzählte. Er bekräftigte eine Wahrheit, die aus unserem Inneren langsam einen Weg nach draußen fand: Das Leben ist stärker! Das Leben gewinnt!

Im darauffolgenden Sommer, am 19. Juli, brachte ich einen gesunden Jungen zur Welt. Nach diesem schwierigen Winter war dieses Kind für uns wie ein Grashalm, der den Asphalt besiegt.

Wir hatten schon lange Zeit kein Lied mehr geschrieben, doch als jener Abschnitt unseres Lebens sich seinem Ende zuneigte, wollten wir das, was Gott uns gelehrt hatte, in Worte und Musik fassen: Nicht weil die Welt so sicher wäre, haben wir den Mut, unser Leben anzupacken, eine Ehe zu wagen oder Kinder zu bekommen. Die Welt ist niemals sicher gewesen. Jesus selbst wurde in ein grausame und instabile Welt hineingeboren. Nein, wir bekommen Kinder, wir verlieren nicht das Vertrauen und riskieren das Leben, weil die Auferstehung Wirklichkeit ist. Die Auferstehung war nicht nur ein einmaliges Ereignis der Geschichte, sondern sie ist ein grundsätzliches Prinzip, das mit unserem Leben verwoben ist, eine Tatsache, von der jede Zelle dieser Schöpfung kündet: Das Leben ist stärker! Das Leben gewinnt!

Wir fuhren mit unserem Neugeborenen nach Hause. Er bekam den Namen Benjamin – „über alles geliebter Sohn". Und einige Wochen später floss uns dieses Lied aus der Feder:

Gott sandte seinen Sohn; man nannte ihn Jesus. Er kam, um uns zu lieben, zu heilen und zu vergeben. Er lebte und starb, um meine Vergebung zu erkaufen. Das leere Grab beweist, dass mein Erlöser lebt.

Wie schön, unser Neugeborenes zu halten und stolz und froh zu sein, weil es nun da ist. Doch besser noch ist die stille Zuversicht, dass dieses Kind sich der ungewissen Zukunft stellen kann, weil Jesus lebt.

Dieser Song gewann für mich knapp fünf Jahre später noch zusätzlich an Bedeutung. Eines Morgens gegen vier Uhr wurden Bill und ich – wir übernachteten gerade in einem Motel – vom Klingeln des Telefons geweckt. Es war unser Pastor: „Gloria", sagte er, „ich habe schlechte Nachrichten: Dein Vater ist gerade heimgegangen. Deine Mutter wollte nach ihm sehen und merkte, dass er tot war."

Ich konnte es nicht glauben. Mein Vater war beim Arzt gewesen, um sich wegen Schmerzen in der Brust behandeln zu lassen. Sein Befinden hatte sich jedoch nicht gebessert, und am Freitag, bevor wir von zu Hause aufgebrochen waren, hatte er noch einen anderen Arzt aufgesucht, der ihm sagte, dass nicht die Lunge, sondern das Herz für die Schmerzen verantwortlich sei. Für den kommenden Montag war ein weiteres Gespräch angesetzt, in dem man mit ihm darüber reden wollte, ob man ihm einen Herzschrittmacher einsetzen sollte.

Meine Trauer ließ sich nicht in Worte fassen. Bill hielt mich in den Armen, während ich bis zur Morgendämmerung still vor mich hinweinte. Wir flogen nach Indiana, um meiner Mutter bei den Vorbereitungen für die Beerdigung zu helfen und unseren Kindern, die das Wochenende bei meinen Eltern verbracht hatten, begreiflich zu machen, dass ihr Opa gestorben war. Ich betete, dass unser kleiner vierjähriger Junge, unser fünfjähriges Mädchen und unsere Tochter, die zwei Tage später neun Jahre alt werden würde, ein wenig von der Verheißung der Auferstehung begreifen würden.

An diesem Tag prägte sich mir jede Einzelheit ein, doch gnädigerweise war ich gegenüber dem Schmerz, der sich in den Randbezirken meines Bewusstseins ausbreitete wie Wölfe um ein Lagerfeuer, taub. Gemeinsam mit meiner Mutter ging ich zum Bestatter. Er führte uns in einen großen Raum, der mit allen möglichen Särgen gefüllt war, und erklärte uns die Vor- und Nachteile jeder Ausführung: Walnuss, Mahagoni, Bronze ... Er zeigte uns, mit welchen Stoffen die Särge ausgeschlagen waren: blau, pfirsich- oder elfenbeinfarben, mit Satin, Taft oder Samt. Ich hatte das Gefühl, mein Kopf würde angesichts dieser Absurdität platzen. „In welchem Sarg möchten Sie Ihren lieben Angehörigen bestatten?", fragte er.

In keinem, wollte ich rufen. Doch das tat ich nicht. Stattdessen half ich meiner Mutter und meiner Schwester, einen Sarg zu einem moderaten Preis auszusuchen, einige Papiere zu unterschreiben, eine Todesanzeige zu verfassen und Zeit und Ort für die Trauerfeier festzulegen.

Nachdem ich all das erledigt hatte, nahmen Bill und ich ein Flugzeug nach Chicago, um in einem ausverkauften Konzert am McCormick Place zu singen. Wir sagten dem Publikum nicht, was wir an diesem Tag erlebt hatten, sondern versuchten, ihnen das Konzert zu bieten, das sie erwartet hatten. Vor der Pause sangen wir dasselbe Lied wie immer. Als Danny, Bills Bruder und das dritte Mitglied unseres Trios, die letzte Strophe anstimmte, war mir, als hätte ich sie noch nie gehört, geschweige denn selbst geschrieben:

Eines Tages werde ich den Fluss des Todes überqueren, den letzten Lebenskampf mit dem Schmerz führen, und wenn der Tod dem Sieg weichen muss, werde ich die Lichter der Herrlichkeit sehen und wissen, dass er regiert. Weil er lebt, kann ich mich dem Morgen stellen.

Die Wahrheit der Auferstehungsbotschaft wärmte meine durchgefrorene Seele, und die kleinen Samenkörner der Hoffnung, die unter der Eiseskälte des Todes begraben worden waren, belebten mich wieder. Mir war, als könnte ich meinen Vater sagen hören, was er viele Male von der Kanzel gepredigt hatte: „Vom Körper getrennt zu sein bedeutet, mit dem Herrn vereint zu sein." Und ich wusste, dass unser auferstandener Herr den Tod ein für alle Mal besiegt hatte. Der Tod hatte keinen Stachel mehr, wir konnten uns dem Morgen stellen.

Im Laufe der Jahre hat uns dieses Lied immer wieder daran erinnert, dass dies tatsächlich die zentrale Wahrheit des Lebens ist. Weil er lebt, können wir uns dem Morgen stellen. Schon häufig hat unsere Familie in „unserem Lied" Zuspruch gefunden – als unsere Kinder aufwuchsen, sich unsere Tätigkeit veränderte, unsere finanzielle Lage verschlechterte oder unser Lebensweg nicht klar vor uns lag. Es hat uns gefreut – und irgendwie auch überrascht –, dass dieses Lied, das einer so persönlichen Erfahrung entsprungen ist, auch für andere Menschen so viel Bedeutung hat.

An dieses Lied haben wir uns geklammert, weil dort Gottes Verheißung für das Leben deutlich wird, das er uns anvertraut hat. Als Benjamin in der Pubertät war und sich oft orientierungslos fühlte, haben wir so manches Mal zu ihm gesagt: „Nicht verzagen, Junge, das schaffen wir auch noch. Dieses Lied, das so vielen Menschen so viel bedeutet, ist dein Lied. Es ist Gottes Verheißung für dich; es macht dich zu einem Mann Gottes."

„Because He Lives" ist unser Familienlied – im Leben. Und wenn wir von geliebten Menschen Abschied nehmen müssen, ist es auch unser Lied – im Sterben. Die Auferstehungsbotschaft ist die Wahrheit, die uns Sieg und Hoffnung bringt. Das Leben ist stärker! Das Leben gewinnt!

Because He Lives
God sent his son; they called Him Jesus / He came to love, heal and forgive / He lived and died to buy my pardon / An empty grave is there to prove my Savior lives

Because He lives, I can face tomorrow / Because He lives, all fear is gone / Because I know He holds the future / Life is worth the living just because He lives / How sweet to hold our newborn baby / And feel the pride and joy he gives / But greater still, the calm assurance / This child can face uncertain days because He lives

And then one day I'll cross death's river / I'll fight life's final war with pain / And then as death gives way to victory / I'll see the lights of glory and I'll know He reigns / Because He lives, I can face tomorrow

Because He lives, I can face tomorrow / Because He lives, all fear is gone / Because I know He holds the future / Life is worth the living just because He lives

Weil er lebt
Gott sandte seinen Sohn; man nannte ihn Jesus. Er kam, um uns zu lieben, zu heilen und zu vergeben. Er lebte und starb, um meine Vergebung zu erkaufen. Das leere Grab beweist, dass mein Erlöser lebt.

Weil er lebt, kann ich mich dem Morgen stellen; weil er lebt, ist alle Furcht nun fort. Weil ich weiß, dass die Zukunft in seiner Hand liegt, ist das Leben wert, gelebt zu werden, denn er lebt. Wie schön, unser Neugeborenes zu halten und stolz und froh zu sein, weil es nun da ist. Doch besser noch ist die stille Zuversicht, dass dieses Kind sich der ungewissen Zukunft stellen kann, weil Jesus lebt.

Eines Tages werde ich den Fluss des Todes überqueren, den letzten Lebenskampf mit dem Schmerz führen, und wenn der Tod dem Sieg weichen muss, werde ich die Lichter der Herrlichkeit sehen und wissen, dass er regiert. Weil er lebt, kann ich mich dem Morgen stellen.

Weil er lebt, kann ich mich dem Morgen stellen; weil er lebt, ist alle Furcht nun fort. Weil ich weiß, dass die Zukunft in seiner Hand liegt, ist das Leben wert, gelebt zu werden, denn er lebt.

Englischer Originaltext: William J. und Gloria Gaither
Melodie: William J. Gaither
Copyright © 1971 by William J. Gaither. Alle Rechte vorbehalten.

God Gave the Song

Gott gab uns ein Lied

Bill und ich begannen unsere berufliche Laufbahn beide als Englischlehrer an der High School. Obwohl wir beide letztendlich in der Musik gelandet sind, haben wir immer schon für unser Leben gern geschrieben. In den vergangenen Jahren lernten wir viele Menschen – junge wie alte – kennen, die Schriftsteller werden und von uns die magische Formel für erfolgreiches Schreiben erfahren wollten. Gibt es eine bestimmte Verfahrensweise? Nach welchen Methoden und Regeln gehen Schriftsteller vor? Wie analysieren Schriftsteller den Markt und das Publikum?

Zuallererst einmal: Wenn Sie nicht das Gefühl haben, Sie müssten ersticken, wenn Sie *nicht* schreiben, sind Sie vermutlich gar kein Schriftsteller. Wer aber die Leidenschaft zum Schreiben mitbringt, kann die verschiedenen Gattungen und Formen der Literatur studieren, seine Fähigkeiten verbessern und seine Ausdrucksfähigkeit schulen. Er kann Reimschemata, Rhythmus und literarische Stilmittel erkennen und benutzen lernen. All das mag nützlich sein, doch letzten Endes schreiben Schriftsteller und Dichter, weil sie keine andere Wahl haben. Selbst wenn niemand das Buch einer Schriftstellerin kaufen oder lobend erwähnen würde, müsste sie doch schreiben.

Mir gefällt eine Aussage von Madeleine L'Engle aus ihrem Buch *Walking on Water* (dt.: Auf dem Wasser gehen), dass Kunst etwas mit Fleischwerdung zu tun habe. Bei einem Schriftsteller lauert eine Wahrheit – nicht größer als ein Samenkorn – irgendwo in seiner Seele, und er kann ihr Wachstum ebenso wenig anhalten, wie eine Mutter das Wachstum ihres Kindes anhalten kann, das sie in sich trägt, es sei denn, sie triebe ab. Diese Wahrheit muss – und wird – zur Welt kommen. Etwas zu schreiben ist nur der Anfang. Wenn es überleben soll, muss es wie ein Baby gepflegt, erzogen und zur vollen Reife gebracht werden. Dann mag man es annehmen oder ablehnen, doch der Schriftsteller hat sein Werk in ausgewachsenem Zustand in die Welt entlassen. Das ist seine Aufgabe und seine Leidenschaft.

Manchmal fragen uns säkulare Interviewer, wie wir es schaffen, immer wieder Songs über religiöse Themen zu schreiben, ob uns nach über 700 Liedern nicht allmählich die Ideen ausgehen und ob es uns nicht allmählich langweilig wird, immer nur über Jesus zu singen. Auf solche Fragen können wir nur antworten, dass die Geschichte von Jesus ebenso unerschöpflich ist wie die Geschichte des Lebens selbst. Diese Geschichte ist – wie die Güte unseres Herrn – alle Morgen neu.

Das Lied des Lebens muss geschrieben werden; eine bessere und andere Erklärung dafür gibt es nicht. Dieses Lied gibt seinen eigenen Ort, seine eigene Zeit vor. Es schafft sich sein eigenes Umfeld. Mit der Erfahrung jedes neuen Tages wächst es, bis es einfach nicht mehr drinnen bleiben kann. Der Dichter fühlt sich unbehaglich, weil er mit dem werdenden Leben schwanger geht. Man kann es nicht aufhalten!

Es könnte eines Morgens direkt nach dem Frühstück geschehen oder auch spät in der Nacht. Es könnte auf einer Busreise passieren oder auch im Flugzeug zehn Kilometer über der Erde. Es könnte im Lebensmittelgeschäft passieren oder in einer kleinen Holzhütte im Wald, in den Ferien oder wenn man die Kinder von der Schule abholt. Wenn die Zeit da ist, kommt das Lied auf die Welt.

Manche Lieder brauchen eine Hebamme. Bei anderen ziehen sich die Wehen hin. Wieder andere kommen so plötzlich zur Welt, dass man völlig unvorbereitet ist. Man greift nach dem Schreibmaterial, das gerade in der Nähe ist: nach einer Serviette im Restaurant, einem ungültigen Scheck, einem gebrauchten Umschlag, seiner Schuhsohle – einem Stück Kreide, einem Bleistiftstummel.

Aber die Möglichkeit, einfach zu sagen: „Ach, ich habe keine Lust. Dieses Lied bringe ich lieber nicht zur Welt", steht einem wirklich inspirierten Dichter nicht offen. Ein Dichter oder Schriftsteller schreibt, so wie ein Fisch schwimmt, ein Vogel fliegt und jedes Lebewesen atmet.

Dem Lied Einhalt gebieten? Einem Lied kann man ebenso wenig Einhalt gebieten wie den Jahreszeiten. Dieses Lied wird sich, wenn seine und Gottes Zeit gekommen ist, in die Welt hinaussingen.

Warum und wie schreiben wir ein Lied?

Wir können einfach nicht anders. Das ist alles.

God Gave the Song

You ask me why my heart keeps singing / Why I can sing when things go wrong / But since I've found the Source of music / I just can't help it, God gave the song

Come walk with me thru fields and forests / We'll climb the hills and still hear that song / For even hills resound with music / They just can't help it, God gave the song

What's that I hear? I still hear that music / Day after day, the song goes on / For once you know the Source of music / You'll always hear ist, God gave the song

Come on and join! It's the song of Jesus / Day after day, the song goes on / For once you know the Source of music / You'll always hear it, God gave the song

Gott gab uns ein Lied

Gesprochen: Ja, Gott gab uns das Lied. Schon immer hat es uns begleitet. Das Lied kam durch eine Krippe in unsere Welt – eine Krippe in Bethlehem. Es war ein einfaches Lied – ein schlichtes Liebeslied für jedermann. Schon von Anfang an versuchten es manche Menschen zu ignorieren. Sie meinten: „Es gibt gar kein Lied. Es existiert einfach nicht." Andere versuchten, die Melodie zu ändern. Sie erließen Gesetze, um das Lied aufzuhalten. Ganze Armeen marschierten dagegen auf. Manche, die das Lied sangen, brachten sie um.

Wütend schrien sie gegen das Lied an, sie versuchten, ihm den Boden zu entziehen. Schließlich nagelten sie das Lied ans Kreuz. Sie sagten sich: „So ... damit haben wir es wohl vernichtet." Doch das stimmte nicht!

Du fragst mich, warum mein Herz noch singt, warum ich singen kann, wenn alles fehlschlägt; doch ich habe die Quelle dieser Musik gefunden, ich kann nicht anders: Gott gab mir dieses Lied.

Komm, geh mit mir ein Stück durch Wald und Felder. Wir erklimmen die Hügel und hören jenes Lied noch immer. Denn selbst die Hügel schallen die Musik wider – sie können nicht anders. Gott gab ihnen dieses Lied.

Was hör ich da? Ich höre noch die Musik! Tag für Tag erklingt dieses Lied. Wenn du einmal auf die Quelle dieser Musik gestoßen bist, kannst du sie immer hören. Gott gab uns dieses Lied.

Komm und mach mit! Das ist das Lied von Jesus. Tag für Tag erklingt dieses Lied. Wenn du einmal auf die Quelle dieser Musik gestoßen bist, kannst du sie immer hören. Gott gab uns dieses Lied.

Text: William J. und Gloria Gaither und Ronn Huff
Melodie: William J. Gaither und Ronn Huff
Copyright © 1969 by William J. Gaither Music Company und New Spring Publishing, Inc. (Verwaltung durch BMG Music Publishing, Inc.). Alle Rechte vorbehalten.

Anmerkung: Die erste Fassung dieses Lieds wurde 1969 geschrieben und veröffentlicht. Als wir das Musical Alleluia verfassten, machte Ronn Huff den Song mit seinem Arrangement erst richtig lebendig, und er wurde zu einer Erkennungsmelodie dieses Werks. Gleichzeitig dichtete er auch einige Zeilen hinzu; seitdem wird sein Name beim Copyright mit angegeben.

*H*e Touched Me • Thanks To Calvary

Er hat mich berührt · Dank Golgatha

Als wir frisch verheiratet waren, unterrichteten wir beide noch an der High School. (Bill unterrichtete Englisch, ich Englisch und Französisch.) Am Wochenende kümmerte sich Bill um die musikalische Gestaltung der Gottesdienste in einer Kirche bei uns am Ort. Wir begannen, Lieder zu schreiben, um damit einer Leere an Ausdrucksformen zu begegnen, die wir wahrnahmen. Diese Lieder waren oft eine Reaktion auf eine Predigt, ein Gebet oder auch irgendetwas, das wir aus der Bibel oder aus dem Leben gelernt hatten. Wir dachten so manches Mal: *Es müsste ein Lied geben, das davon handelt, wie ...* Und dann schrieben wir eins. Wir hektografierten (Können Sie sich an diese Vervielfältigungs-geräte noch erinnern?) die handgeschriebenen Noten und probierten sie am Mittwochabend bei der Chorprobe aus. Wenn dem Chor das Lied gefiel, gaben wir zu, dass wir es geschrieben hatten. Wenn nicht, hielten wir den Mund, und damit war es um das Lied geschehen.

Etwa um diese Zeit fing Doug Oldham an, regelmäßig die Gottesdienste in unserer Gemeinde zu besuchen. Wir kannten Doug und seine Familie. Sein Vater Dale war Pastor der großen *Park Place Church* nicht weit vom *Anderson College* gewesen und außerdem Sprecher der Christian Brotherhood Hour, einer landesweit ausgestrahlten Radiosendung der *Church of God*. Doug hatte dort mitgearbeitet und war auch in anderen Werken tätig, unter anderem in der *Cadel Tabernacle* in Indianapolis.

Doch Dougs Leben lag in Scherben: Seine Frau Laura hatte ihn mitsamt den Kindern verlassen und seine einstige Beliebtheit war in Einsamkeit und Verzweiflung umgeschlagen. Irgendwann war er so hoffnungslos und depressiv, dass er einen geladenen Revolver nahm, ins Auto stieg und seinen ganzen Mut zusammenzunehmen versuchte, um sich das Leben zu nehmen. Als er durch die Gegend fuhr, wurde er sich der Gegenwart des Herrn bewusst, sodass er zu dem Gott, von dem er schon glaubte, er hätte ihn hinter sich gelassen, schrie: „Wenn du da bist, dann gib mir entweder etwas, für das es sich zu leben lohnt, oder den Mumm, jetzt den Abzug zu drücken!"

Doug setzte seinem Leben kein Ende, sondern ließ stattdessen zu, dass Gott den Scherbenhaufen seines Lebens allmählich wieder zusammensetzte. Er gab zu, dass alles, was in seinem Leben falsch gelaufen war, nicht seinen Eltern, seiner Gemeinde oder seiner Frau zuzuschreiben war, sondern seinen selbstsüchtigen Entscheidungen. Er begriff, wie sehr er die Menschen verletzt hatte, die ihn liebten, und bat Gott um Vergebung.

Dann versuchte er, das Gespräch mit seiner Familie wieder in Gang zu bringen, damit er diejenigen um Vergebung bitten konnte, deren Leben er zerstört hatte.

Er veränderte sich nicht von heute auf morgen, doch als Doug lernte, sich und Gott gegenüber ehrlich zu sein,

31

war Gott, der große Arzt, in der Lage, ihm in jeder Hinsicht Heilung zu schenken. Nach und nach tauschte Doug seine schlechten Gewohnheiten gegen gesunde und heilsame ein.

So sah es in Doug aus, als er begann, sich still in die letzte Reihe der *South Meridan Church* in Anderson zu schleichen, wo Bill damals die Leitung des Musikbereiches innehatte. Viele Menschen stellen fest: Wenn wir unser Leben Revue passieren lassen, sehen wir, dass die Lebensabschnitte, die uns am meisten Schmerzen bereiteten, oft auch diejenigen waren, in denen wir am meisten gewachsen sind und viel entdeckt haben. Diese Erfahrung machten auch Doug und seine Frau. Laura und Doug zogen nach viel Gebet und Bemühungen, wieder miteinander ins Gespräch zu kommen, schließlich wieder zusammen und bauten allmählich eine zunächst zerbrechliche, doch dann immer stabiler werdende neue Vertrauensbasis auf. Manchmal zweifelte Laura daran, dass das, was von ihrer Ehe noch übrig geblieben war, ausreichte, um eine dermaßen kaputte Beziehung zu heilen. Über ihre Befürchtungen schrieb sie:

Nachdem einige Monate verstrichen waren, hatte ich wirklich Angst davor, dass ich Doug niemals wieder würde vertrauen können. Der Feind unserer Seele kann einer Frau wirklich die schlimmsten Fantasien einreden und er hatte mich wirklich im Griff.

Ich zog mich in mein Schlafzimmer zurück, ging auf die Knie und betete zu Gott: „Hilf mir zu vertrauen und diese Furcht loszuwerden, die an mir nagt." Ständig ging mir ein Bibelvers durch den Kopf. Ich stand auf, suchte nach einer Bibel und schlug ihn im Matthäusevangelium nach. Die Worte, die ich immer wieder hörte, waren die folgenden: „Der, den du fürchtest, ist gestorben." Die Bibelstelle bezieht sich eigentlich auf Herodes. Im Traum erschien Josef ein Engel und sagte: „Auf, du kannst jetzt mit deiner Frau und dem Kind wieder zurück nach Israel! Der dem Kind nach dem Leben trachtete, ist nun selbst tot" (Siehe Matthäus 2,20;

WD). Der Herr sagte mir damit ganz klar: „Der Doug, vor dem du Angst hattest, ist tot. Nimm deine Kinder und geh heim", und genau das hatte ich getan. Wenn der Herr einen Menschen rettet und ihn verändert, ist der alte Mensch tot. Meine Aufgabe lag nun darin, das zu glauben.

Nicht nur Laura brauchte Gottes Zuspruch, auch ihre drei kleinen Mädchen mussten lernen, ihre Furcht abzulegen und den neuen Doug kennenzulernen, der in die Rolle eines richtigen Vaters hineinwuchs. Um einen wirklichen Schlussstrich unter die Vergangenheit zu ziehen, verkauften Doug und Laura sogar ihr altes Haus und kauften ein neues, mit dem keine schlechten Erinnerungen verbunden waren. Als sie noch einmal zum alten Haus fuhren, um dort einige Sachen abzuholen, lief Dougs Tochter davon und versteckte sich hinter der Tür, wie sie es so oft getan hatte, wenn sie ihren Vater hatte kommen hören. Als Doug das bemerkte, ging er auf sie zu und beugte sich zu ihr hinunter. „Liebling, du brauchst keine Angst mehr zu haben. Du hast jetzt einen neuen Papa", flüsterte er. „Dank Golgatha wohnen wir nicht mehr hier."

Als Doug und Laura uns diese Geschichte einige Tage später erzählten, ließen wir uns davon inspirieren, das Lied zu schreiben, das Doug noch Jahre später singen sollte. Es war und blieb Dougs Lied:

Dank Golgatha bin ich nicht mehr derselbe Mensch wie früher. Dank Golgatha habe ich mich geändert. Tränen rannen über meine Wangen, als ich ihnen sagte: „Dank Golgatha komme ich nicht mehr hierher."

Als Doug weiterhin versuchte, sein Leben wieder in Ordnung zu bringen, begriff er, dass er auch die Beziehung zu seinem Vater Dale klären musste. Auch hier griff Gott ein. Dale und Bill schrieben schließlich zusammen das Lied *Something Worth Living For* (dt.: Wofür es sich zu leben lohnt), das von

Dougs verzweifeltem Gebet in jener Nacht im Auto handelte. Kurz darauf bat Dale Doug, ihn zu einer Reihe von Evangelisationsveranstaltungen zu begleiten, um davon zu singen und zu reden, was Gott in seinem Leben und in seiner Ehe getan hatte. Doug wiederum bat Bill, bei den Veranstaltungen Klavier zu spielen. Doug sang damals viele der neuen Lieder, die Bill und ich geschrieben hatten, wie zum Beispiel *Lovest Thou Me?*, *In the Upper Room*, *Have You Had a Gethsemane?*, *Something Worth Living For* und auch ein älteres Lied von Bill, *I've been to Calvary,* das von der Speer Family aufgenommen worden war. Bill und ich kamen zu dem Entschluss, dass es Doug – und auch unseren Liedern – guttun würde, wenn er sich bereit erklärte, Klavier zu spielen.

An einem Samstagabend, nach einer dieser Veranstaltungen in Huntington, Indiana, rief Bill mich an, um mir zu sagen, dass Gott bei diesem Treffen und in Doug spürbar gewirkt hatte. Die Atmosphäre sei ungewöhnlich bewegend und intensiv gewesen. Die Oldhams hatten es ebenso empfunden, und als die drei Männer abends nach Hause gefahren waren, hatten sie darüber geredet, was im Gottesdienst geschehen war und dass Gott Menschen sichtbar berührt und durch seinen Geist verändert hatte.

„Bill", sagte Dr. Dale, „in diesem Wort ‚berühren' steckt etwas ganz Besonderes. Sich vorzustellen, dass der allmächtige Gott uns und unser Leben berührt, ist etwas Wunderbares. Eines Tages solltest du einmal ein Lied schreiben, in dem eine Zeile heißt: ‚Er hat mich berührt, oh, er hat mich berührt.'"

Am nächsten Morgen spielte Bill vor dem Gottesdienst eine Melodie auf dem Klavier, die ihm die ganze Nacht durch den Kopf gegangen war. Ich hörte ihn singen: „He touched me; oh, He touched me, and oh, the joy that floods my soul ..." (dt: „Er hat mich berührt, oh, er hat mich berührt, und Freude fließt durch meine Seele ..."). Es war eine schöne, schlichte Melodie voller Leidenschaft und Gefühl.

Bald darauf rief mich Bill in das kleine Hinterzimmer in dem Haus, das wir von Bills Eltern gemietet hatten, in dem das Klavier stand. Er hatte den Text zu zwei Strophen und dem Refrain auf ein Papier gekritzelt. „Was hältst du davon?", fragte er mich und sang mir vor, was er bereits gedichtet hatte:

Niedergedrückt von einer schweren Last, der Last von Schuld und Schande; dann berührte mich Jesus – und nun bin ich nicht mehr derselbe.

Ich schlug ihm vor, die letzte Zeile zu ändern. „Sie könnte noch stärker wirken, wenn du genauer beschreibst, was du meinst", sagte ich.

Er nahm meinen Vorschlag zur Kenntnis und ging dann zur zweiten Strophe über. Ich fand, dass sie gut war, so wie er sie geschrieben hatte – sie kam direkt auf den Punkt und sprach von der Dankbarkeit und der Befreiung von Schuld, die wir erfahren, wenn wir Christus kennenlernen, ein neuer Mensch – ein Kind – werden und uns doch bewusst sind, wo wir herkommen. Glücklicherweise befolgte Bill meinen Ratschlag zur letzten Zeile nicht. Er ließ sie so, wie sie war. Und nicht nur das: Er veränderte im ganzen Lied überhaupt nichts. Das Lied blieb genau so, wie es ihm in den Kopf gekommen war.

Im späteren Verlauf des Tages rief Bill Doug an und sang ihm das Lied vor. Am nächsten Wochenende trug Doug es dann vor. Es war seine Geschichte – und unsere. Wie sich herausstellen sollte, war es die Geschichte jedes Menschen. Die Zeile, gegen die ich Einwände erhoben hatte, war möglicherweise für den großen Erfolg dieses Liedes verantwortlich, weil jeder von uns in der Lage ist, seine persönliche Situation in diese Worte hineinzulesen: Ganz egal, wo wir stehen – wenn Gott uns berührt, können wir ehrlich sagen: „Jetzt bin ich nicht mehr derselbe!"

Doug war der Erste, der *He Touched Me*, *Something Worth Living For* und *Thanks to Calvary* aufnahm. Er sang diese Lieder im ganzen Land, während Gott fortfuhr, sein Leben und seine familiären Beziehungen zu heilen.

He touched me wurde öfter auf Platte aufgenommen als jedes andere Lied von uns – von Künstlern wie den Imperials, George Beverly Shea, Kate Smith, Jimmy Durante und Elvis Presley. Es wurde in Dutzende Sprachen übersetzt und auf der ganzen Welt gesungen. Bill erinnert mich immer noch gerne daran, dass er dieses Lied ganz allein geschrieben hat, und ich zucke innerlich immer noch ein wenig zusammen, wenn ich daran denke, dass wir fast auf die aussagekräftigste Zeile verzichtet hätten ... wenn er auf mich gehört hätte.

He Touched Me
Shackled by a heavy burden / 'Neath a load of guilt and shame / Then the hand of Jesus touched me / And now I am no longer the same

He touched me / Oh, He touched me / And oh, the joy that floods my soul / Something happened and now I know / He touched me / And made me whole

Since I met this blessed Saviour / Since He cleansed and made me whole / I will never cease to praise Him / I'll shout it while eternity rolls

He touched me / Oh, He touched me / And oh, the joy that floods my soul / Something happened and now I know / He touched me / And made me whole

Er hat mich berührt
Niedergedrückt von einer schweren Last, der Last von Schuld und Schande; dann berührte mich Jesus – und nun bin ich nicht mehr derselbe.

Er hat mich berührt, oh, er hat mich berührt! Freude durchströmt meine Seele! Etwas ist geschehen, und nun weiß ich es: Er hat mich berührt und geheilt.

Weil ich meinem Retter begegnet bin, weil er mich reingewaschen und gesund gemacht hat, will ich nicht aufhören, ihn zu loben! Bis in Ewigkeit will ich es in alle Welt hinausrufen:

Er hat mich berührt, oh, er hat mich berührt! Freude durchströmt meine Seele! Etwas ist geschehen, und nun weiß ich es: Er hat mich berührt und geheilt.

Text: William J. Gaither
Melodie: William J. Gaither
Copyright © 1964 by William J. Gaither. Alle Rechte vorbehalten.

Thanks to Calvary (I Don't Live Here Anymore)
Today I went back / To the place where I used to go / Today I saw the same old crowd I knew before / When they asked me what had happened / I tried to tell them / Thanks to Calv'ry, I don't come here anymore

Thanks to Calv'ry I am not the man I used to be / Thanks to Calv'ry things are different than before / While the tears ran down my face, I tried to tell them / „Thanks to Calv'ry I don't come here anymore"

And then we went back / To the house where we used to live / My little boy [girl] ran an hid / Behind the door / I said „Child, have no fear / You've got a new daddy" / Thanks to Calv'ry / We don't live here anymore

Thanks to Calv'ry I am not the man I used to be / Thanks to Calv'ry things are different than before / While the tears ran down my face, I tried to tell them / „Thanks to Calv'ry I don't come here anymore"

Dank Golgatha (lebe ich nicht mehr hier)
Heute ging ich an den Ort zurück, an dem ich mich früher immer aufhielt. Heute besuchte ich meine alten Freunde. Als sie mich fragten, was geschehen sei, versuchte ich es ihnen zu erklären – ich verdanke es Golgatha, dass ich nicht mehr hierherkomme.

Dank Golgatha bin ich nicht mehr derselbe Mensch wie früher. Dank Golgatha habe ich mich geändert. Tränen rannen über meine Wangen, als ich ihnen sagte: „Dank Golgatha komme ich nicht mehr hierher."

Dann fuhren wir noch einmal zu dem Haus, in dem wir früher wohnten. Mein kleiner Junge (kleines Mädchen) lief voraus und versteckte sich hinter der Tür. Ich sagte: „Mein Kind, hab keine Angst, du hast jetzt einen neuen Papa! Wir verdanken es Golgatha, dass wir nicht mehr hier leben."

Dank Golgatha bin ich nicht mehr derselbe Mensch wie früher. Dank Golgatha habe ich mich geändert. Tränen rannen über meine Wangen, als ich ihnen sagte: „Dank Golgatha komme ich nicht mehr hierher."

Text: William J. und Gloria Gaither
Melodie: William J. Gaither
Copyright © 1969 by William J. Gaither. Alle Rechte vorbehalten.

Going Home

Nach Hause

Bill und ich hatten eine Woche lang Gottesdienste in einer Gemeinde im östlichen Tennessee abgehalten und waren deshalb etwa eine Woche nicht zu Hause gewesen. Unsere kleine Suzanne war so geduldig gewesen, wie es einem einjährigen Mädchen überhaupt nur möglich ist. Am letzten Abend verabschiedeten wir uns von unseren Freunden und luden unser Gepäck in den Kombi. Ich schüttelte den Menschen, die bis zuletzt im Foyer zurückgeblieben waren, die Hände und ging dann noch einmal zum Sonntagsschulraum zurück, den wir als Umkleidezimmer umfunktioniert hatten. Suzanne zog ich einen Schlafanzug an, und ich selbst schlüpfte für die lange Fahrt von Tennessee nach Indiana in ein Paar Jeans.

Beim Ausparken fragte Suzanne: „Wo fahren wir jetzt hin, Mama?" Eine typische Frage für ein Kind, dessen Eltern viel unterwegs sind.

„Nach Hause, meine Süße", antwortete Bill. „Wir fahren nach Hause."

Sie klatschte in die Hände und erfand aus dem Stegreif ein Lied: „Nach Hause, wir fahren nach Hause", sang sie, bis sie schließlich einschlief.

Als wir die Lichter der Stadt hinter uns zurückließen und auf die Autobahn fuhren, erinnerte ich mich daran, wie sicher und geborgen ich mich als Kind in unserem Familienauto gefühlt hatte, wenn wir Richtung Heimat unterwegs gewesen waren. Meine Eltern fuhren häufig zu Kongressen und Pastorentreffen. Wir waren so häufig unterwegs, dass meine Mutter mir einen zusätzlichen Satz Schulbücher kaufte, damit ich auch auf der Reise lernen konnte. Es war so tröstlich, endlich den Ort zu verlassen, an dem wir zu Besuch waren, und wieder nach Hause zu kommen, dorthin, wo wir hingehörten.

Bill musste etwas ganz Ähnliches durch den Kopf gegangen sein.

„Ich kann mich daran erinnern, dass Mama und Papa uns einmal, als ich noch ein Kind war, zum *Ryman Auditorium* mitgenommen haben, wo bis spät in die Nacht ein Konzert stattfand", erinnerte er sich. „Ich bettelte und bettelte, bis sich mein Vater schließlich bereit erklärte, mit uns dorthin zu fahren. Er meinte noch: ‚Na gut, wir fahren, aber du bleibst dann bitte auch auf deinem Stuhl sitzen, bis das letzte Lied vorbei ist.'

Ich glaube, es tat ihm bald leid, dass er so etwas gesagt hatte, denn um ein Uhr morgens saß ich immer noch da und hörte mir das letzte Lied an! Aber ich kann mich erinnern, wie glücklich ich war, als Papa seinen Arm um meine Schultern legte und sagte: ‚Komm, wir fahren nach Hause.' Und dann stiegen wir ins Auto und fuhren los. Die Musik hatte mich so erfüllt, und ich träumte davon, eines Tages auch einmal so zu singen, dass ich überhaupt nicht mehr aufhörte zu reden."

Suzanne hatte uns die Idee zu einem neuen Lied geliefert und ihre kleine Melodie ging uns immer wieder durch den

Kopf. Kinder, die so viel unterwegs sind wie unsere, bitten kaum jemals darum, irgendwohin zu fahren. Stattdessen betteln sie darum, zu Hause bleiben zu dürfen. Zu Hause ist es am allerschönsten. Das wissen sie, denn sie sind sonst überall gewesen.

In gewisser Hinsicht sind wir alle Kinder einer umherreisenden Familie. Wir haben ein paar schöne Orte gesehen. Wir waren in schönen Häusern zu Gast. Wir haben manches erlebt, an das wir uns gerne erinnern, und sind beeindruckenden Menschen begegnet. Aber an diesen Orten sind wir eigentlich nicht zu Hause.

Manchmal ziehen sich die Kilometer aber auch hin, und die Sehenswürdigkeiten an der Strecke, egal, wie aufregend sie sind, kommen uns vor wie die Attraktionen auf einem Dorf-Jahrmarkt. Ganz egal, wie viel wir schlafen, wir kommen niemals wirklich zur Ruhe. Es spielt keine Rolle, wie sehr wir Gemeinschaft oder Gastfreundschaft genießen, denn wir scheinen an einem Ort zu sein, an den wir nicht wirklich gehören.

Doch eines Tages wird uns der Vater in seine starken Arme schließen, und wir werden hören, wie er zu uns die tröstenden Worte sagt: „Mein Kind. Wir gehen nach Hause."

Going Home

Many times in my childhood / When we've traveled so far / By nightfall how weary I'd grow / Father's arm would slip around me / So gently he'd say / „My child, we're going home"

Now the twilight is fading / And the days soon shall end / I get homesick the farther I roam / But my father has led me / Each step of the way / And now we're going home
Going home, I'm going home / There's nothing to hold me here / I've caught a glimpse of that heav'nly land / Praise God, I'm going home

Oh my heart gets so heavy / And I'm longing to see / My loved ones and friends I have known / Ev'ry step draws me nearer / To the land of my dreams / Praise God, I'm going home

Going home, I'm going home / There's nothing to hold me here / I've caught a glimpse of that heav'nly land / Praise God, I'm going home

Nach Hause

Als ich noch ein Kind war, wenn wir so weit reisten, und ich müde wurde, wenn die Nacht einbrach, umarmte mich mein Vater sanft und sagte leise zu mir: „Mein Kind, wir fahren nach Hause."

Das Zwielicht geht ins Dunkel über, bald ist der Tag zu Ende; je weiter ich herumfahre, desto mehr Heimweh bekomme ich. Doch mein Vater führt mich auf jedem Schritt meines Wegs, und nun sind wir auf dem Weg nach Hause.

Nach Hause, ich gehe nach Hause – nichts hält mich noch hier; ich habe einen Blick auf den Himmel erhascht, lobt Gott, ich gehe nach Hause.

Das Herz wird mir schwer und ich sehne mich danach, Freunde und Verwandte zu sehen. Mit jedem Schritt komme ich dem Land meiner Träume näher; lobt Gott, ich gehe nach Hause.

Nach Hause, ich gehe nach Hause – nichts hält mich noch hier; ich habe einen Blick auf den Himmel erhascht, lobt Gott, ich gehe nach Hause.

Text: William J. und Gloria Gaither
Melodie: William J. Gaither
Copyright © 1967 by William J. Gaither. Alle Rechte vorbehalten.

Since Jesus passed by

Seit Jesus vorbeikam

Als Bill eines Tages einmal einen Chorworkshop leitete, blieb ich am Morgen in unserem Hotelzimmer in Norfolk, Virginia, zurück. Ich arbeitete im sechsten Stockwerk des Hotels an Liedtexten, als mich der Klang einer Marschkapelle ans Fenster lockte. Dort unten auf der Straße sah ich eine bunte Parade von ehemaligen Schülern, die alle wieder an ihren Heimatort zurückgekehrt waren. Wagen jeglicher Machart und in allen Farben verkündeten: „Heute dienen – morgen aufbauen!" Musikkapellen untermalten diesen Slogan mit Begeisterung. Kinder, Eltern, Schüler und Ehemalige säumten die Straßen und winkten den Teilnehmern der Parade zu. Hin und wieder erblickte ich Eltern, die den für sie allerwichtigsten Teilnehmer in der Menge ausgemacht hatten. Elternpaare winkten aufgeregt und liefen am Straßenrand mit, um ihren Sohn oder ihre Tochter nicht aus den Augen zu verlieren.

Gegenüber säumten Kindergartenkinder in rosafarbenen Spielanzügen und flauschigen Jacken die Straße; ihnen musste der Umzug wie ein Wunderland von Farben und Klängen vorkommen. Ich merkte, wie sie sich von der allgemeinen Begeisterung anstecken ließen, als sie in ihre kleinen Hände klatschten und mit den Fersen den Rhythmus klopften.

In grünen und gelben Wolken stob das Konfetti im Oktoberwind davon. Ich beobachtete, wie Berge von Popcorn und große Becher voll Cider verschwanden und so alle Sinne angesprochen wurden. Ich liebe Umzüge!

Als Bill zurückkam, waren nur die stummen Zeugen der Parade zurückgeblieben: Konfettischnipsel, leere Pappbecher und Popcornschachteln, Blütenblätter von den Chrysanthemen-Pompoms, Krepppapierfähnchen von den Wagen, ein oder zwei kaputte Campingstühle. „Was war denn hier los?", fragte Bill. „Warum liegt auf der Straße so viel Abfall herum?"

„Heute Morgen ist hier eine Parade vorbeigezogen. Das hättest du sehen sollen", entgegnete ich.

Eine andere, völlig gegensätzliche Szene ist mir und Bill aus einem Bauerndorf in unserer Gegend in Erinnerung. Vor einigen Jahren wütete am Palmsonntag ein schrecklicher Tornado mitten in Indiana. Ganze Dörfer wurden praktisch ausgelöscht, Wohnwagensiedlungen dem Erdboden gleichgemacht. Bill und ich verfolgten die Spur des Tornados mit dem Auto. Es tat uns in der Seele weh, als wir Geschäftsinhaber vor ihren zerstörten Läden sahen, die den Schaden abzuschätzen versuchten. Eine brandneue Reihe von Häusern aus Ziegelstein war völlig zerstört worden.

Doch für uns war es noch trauriger, als wir sahen, was auf dem Land geschehen war. In den Wäldern waren viele Bäume entwurzelt oder wie Streichhölzer umgeknickt worden. Das Getreide, das man ausgesät und gehegt hatte, lag platt auf den Boden gedrückt. Und die großen alten zweistöckigen Bauernhäuser, die in Indiana von Generation zu Generation weitervererbt wurden – zerstört. An einem solchen Bauernhaus kamen wir vorbei. Nur der Schornstein und der Kamin standen noch. Man konnte fast die Stimmen der Kinder hören, denen das Haus ein Dach über dem Kopf geboten hatte, die Familie, die sich nach einem harten Tag auf dem Feld um den Kamin versammelte und eine warme Mahlzeit einnahm. Nun standen ein Mann und eine rund 70-jährige Frau in den Trümmern. Sie trug eine bedruckte Schürze und er einen verschlissenen Baumwolloverall. Als die beiden auf den Schutt sahen, auf das, was von ihrem arbeitsreichen Leben übrig geblieben war, weinten sie wie kleine Kinder.

Wir fuhren an einem weiteren Bauernhaus vorbei, von dem nur noch einige tragende Wände standen. Sogar die Möbel und Küchengeräte lagen zertrümmert über den ganzen Hof verstreut. Freunde, die mit uns im Auto saßen, erzählten uns, dass die ganze Familie, darunter auch kleine Kinder, umgekommen war. Kurz bevor wir weiterfuhren, sahen wir etwas, das wir niemals vergessen werden: Über einem Balken im ersten Stock hing die Puppe eines kleinen Mädchens – eine grauenvolle Erinnerung daran, welche Tragödie hier geschehen war.

Dann begann ich mich zu fragen, wie es wohl gewesen wäre, eine Straße hinunterzugehen, durch die Jesus kurz zuvor gegangen war.

Vielleicht sind Sie diesem Jesus noch nie begegnet, haben noch nie seinen Namen gehört. Doch während Sie die kopfsteingepflasterte Straße hinuntergehen, merken Sie, dass hier irgendetwas Besonderes geschehen sein muss. Am Straßenrand liegt eine zerbrochene Krücke, die jemand hoch in die Luft geschleudert hat und dann auf dem Pflaster aufschlagen ließ, um sie niemals wieder aufzuheben! Sie gehen ein paar Schritte weiter und sehen einen Haufen dreckiger, zerrissener, stinkender Verbände, die ein Leprakranker abgerissen hat, als er entdeckte, dass seine Haut auf einmal rein und heil, ja so glatt wie die eines Kindes war. Noch ein Stückchen weiter liegt eine Matte, auf der ein Gelähmter von seinen Freunden umhergetragen wurde – doch sie ist leer, weil der Mann auf seinen eigenen Füßen nach Hause gegangen ist.

Sie sehen all diese Dinge, doch Sie verstehen nicht ganz, was dort vorgefallen ist. Sie bemerken einen Mann am Ende der Straße und entschließen sich, ihn zu fragen, was das alles zu bedeuten hat. Sie eilen auf ihn zu, wollen ihn fragen, doch irgendetwas lässt Sie innehalten. Er ist ein erwachsener Mann und hält eine zarte Rose in der Hand. Es kommt Ihnen seltsam vor, wie er sie hält – behutsam, fast ehrfürchtig. Und als Sie sein Gesicht sehen, den Ausdruck in seinen Augen, die Tränen, die ihm über die Wangen rinnen, da dämmert es Ihnen, dass dieser Mann zum ersten Mal in seinem Leben eine Rose sieht.

Sie warten respektvoll einen Augenblick, und dann wagen Sie es schließlich, ihn am Arm zu zupfen: „Mein Herr, was ist hier los? Was hat das alles zu bedeuten?"

Er schaut sie mit weit geöffneten Augen an und sagt: „Oh, mein Freund, Sie waren nicht dabei? Sie haben es noch nicht gehört? Jesus ist hier vorbeigekommen! Sehen Sie, ich wurde blind geboren, hatte keine Hoffnung, jemals zu sehen, und dieser Mann, den man Jesus nennt, kam genau hier vorbei, und er hat meine Augen berührt, wie er auch viele andere Menschen berührt hat. Ach, wenn Sie das nur alles selbst erlebt hätten!"

Mehr sagt er nicht, ihn hält nichts mehr. Mit der Rose in der Hand läuft er die Straße hinab und ruft seinen Freunden entgegen: „Johannes! Markus! Kommt, seht mich an! Jesus ist vorbeigekommen." Und er ruft zu seiner Frau hinüber: „Maria, Maria, komm her – und bring die Babys mit! Oh, Maria, ich habe sie auf meinem Schoß gehalten, ich habe ihre kleinen Gesichter berührt, aber ich habe sie niemals mit eigenen Augen gesehen. Maria, nun wird alles anders. Ganz anders. Jesus ist vorbeigekommen! Jesus ist vorbeigekommen ..."

Wir waren damals nicht mit auf dieser Straße, doch Bill und ich sind im übertragenen Sinne viele Straßen hinuntergezogen, auf denen Jesus vorher gegangen war. Wo immer er auch geht, hinterlässt er eine Spur, die von Heilung und Freude zeugt und eindeutig seine Handschrift trägt.

Das ist letzten Endes der Grund, warum wir an Jesus glauben. Die Theologie ist eine interessante Disziplin. Die Bibel ist ein wundervolles Buch. In einer stillen Kirche zu sitzen, im bernsteinfarbenen Licht, das durch die bunten Fenster einfällt, und sich dabei von den Akkorden einer Orgel einhüllen zu lassen – all das kann uns inspirieren. Aber um die Wahrheit zu sagen: Wenn wir den Gemeinderaum verlassen, die Tür hinter uns ins Schloss fallen lassen und uns auf den Weg in die wirkliche Welt machen, ist es die Tatsache, dass sich das Leben von Menschen verändert, die uns an Jesus glauben lässt.

Since Jesus passed by
Like the blind man I wandered, so lost and undone / A beggar so helpless / Without God or His Son / Then my Savior in mercy / Heard and answered my cry / Oh, what a diff'rence since Jesus passed by

45

Since Jesus passed by / Since Jesus passed by / Oh, what a diff'rence since Jesus passed by / Well, I can't explain it / And I cannot tell you why – but / Oh, what a diff'rence / Since Jesus passed by

All my yesterday are buried in the deepest of the sea / That old load of guilt I carried / Is all gone. Praise God, I'm free / Looking for that bright tomorrow / Where no tears will dim the eye / Oh, what a difference since Jesus passed by

Since Jesus passed by / Since Jesus passed by / Oh, what a diff'rence since Jesus passed by / Well, I can't explain it / And I cannot tell you why – but / Oh, what a diff'rence / Since Jesus passed by

Seit Jesus vorbeikam

Wie der Blinde irrte ich umher, orientierungslos und verloren, ein Bettler, hilflos ohne Gott und seinen Sohn; dann hörte mein Retter meinen Schrei und antwortete gnädig. Mein Leben sieht völlig anders aus, seit Jesus vorbeikam!

Seit Jesus vorbeikam, seit Jesus vorbeikam, ist alles völlig anders! Ich kann's nicht erklären und dir nicht sagen, warum, aber es ist alles völlig anders, seit Jesus vorbeikam!

Die Vergangenheit ist an der tiefsten Stelle des Meeres vergraben; die alte Schuld, die ich mit mir herumtrug, ist weg. Preist den Herrn, ich bin frei! Ich blicke in die helle Zukunft, wo keine Tränen mehr meinen Blick trüben werden – alles ist anders, seit Jesus vorbeikam!

Seit Jesus vorbeikam, seit Jesus vorbeikam, ist alles völlig anders! Ich kann's nicht erklären und dir nicht sagen, warum, aber es ist alles völlig anders, seit Jesus vorbeikam!

Text: William J. Gaither
Melodie: William J. Gaither
Copyright © 1966 by William J. Gaither. Alle Rechte vorbehalten.

The Longer I Serve Him

Je länger ich ihm diene

Wir nannten sie „Mom" Hartwell – zum einen weil sie Bills Großmutter war, zum anderen weil sie wirklich für alle wie eine Mutter war.

Sie hatte sieben Kinder ganz allein großgezogen, auch einige ihrer Enkel und dazu noch andere Kinder. In Innesdale, einem Stadtteil von Alexandria im Bundesstaat Indiana, war es allgemein bekannt, dass jeder, der eine warme Mahlzeit oder ein Bett zum Übernachten brauchte, im Haus der Hartwells immer Obdach fand und vielleicht sogar ein Zuhause für immer, wenn er sich benahm.

Ich mochte sie von Anfang an. Wie meine eigene Großmutter kam sie aus Irland und sie konnte genauso gutes Brot und Fruchttörtchen backen. Sie hatte Obstbäume und einen ganzen Garten voller Gemüsebeete. Wenn sie geerntet hatte, ging es ans Einkochen. Sie las und schrieb Gedichte, spielte Choräle auf einem alten Klavier, und sie liebte es, von Jesus zu reden.

Als Bill mich zum ersten Mal mit zu Mom Hartwell nahm, hatte ich das Gefühl, nach Hause gekommen zu sein, und zwar zu jemandem, den ich mit vierzehn Jahren verloren hatte. So alt war ich, als meine eigene Großmutter starb. Ich hatte sofort das Gefühl, diese Frau schon zu kennen.

Sie nahm mich an, ohne groß nachzufragen. Wenn Bill mich liebte, war ihr das genug. Sie band sich eine Schürze um, drückte mir einen Stapel Teller in die Hand, genügend, um damit einen Festsaal einzudecken, und deutete auf den langen Tisch im Esszimmer. Mit dieser Geste wurde ich in die Familie aufgenommen.

Dieser ersten warmen Mahlzeit folgten noch viele weitere. Kinder jeglichen Alters fegten durch das Haus oder stürmten von draußen herein, wenn der Duft von Moms Küchenherd an ihre Nasen drang. Sie wurden regelrecht davon angezogen wie Eisenspäne von einem Magneten. Sie lüfteten

47

die Topfdeckel, unter denen grüne Bohnen oder dampfender Kartoffelbrei, Maiskolben oder duftende Brathähnchen vor sich hinköchelten.

Diesem Heer von Enkelinnen, Nichten, Cousinen und Schwiegertöchtern, die Gemüse, Kartoffeln und Fleisch in große weiße Schüsseln füllten, literweise Eistee und Limonade einschenkten und große Kaffeebecher aus Steingut aus der Kaffeekanne füllten, die immer hinten auf dem Herd stand, schloss ich mich an.

Wenn das Essen auf dem Tisch stand, waren auch die Männer zur Stelle, die vorher in kleinen Gruppen im Garten herumgestanden hatten, die Daumen in die Gesäßtaschen eingehakt, und sich über das Wetter, die Ernte und den Preis der Angusrinder unterhalten hatten.

Großvater, der indianische Vorfahren hatte, überragte die anderen Männer. Sein kahler Schädel war viel heller als das sonnengebräunte Gesicht und sein Nacken. Mit seiner donnernden Stimme rief er die Kinder zur Ruhe, die wie Mäuse zwischen den Beinen der Erwachsenen herumwuselten. „Jetzt wird nicht mehr geredet!" Dann in sanfterem Ton: „Mom, bete mit uns."

Mit ihrem weichen irischen Akzent begann Mom Hartwell dann zu beten. Sie brachte im Gebet alle Kinder und die ganze Familie vor Gott, dankte für das Fleisch und Gemüse, das unseren Körper stärken würde, und stellte uns schließlich unter den Segen des Herrn.

Dann erfüllte fröhlicher Lärm das Haus. Das Fest begann, man tauschte Erinnerungen aus, erzählte sich lustige Geschichten und lachte laut.

Wie ein Schwamm, der ans Ufer gespült und von der Sonne ausgetrocknet worden war, sog ich die Liebe auf, die mir von dieser Familie entgegengebracht wurde. Ich lebte weit weg von meiner eigenen Familie, und meine Großeltern lebten nicht mehr. Oft denke ich daran, wie Bills Familie – zu der ich heute auch gehöre – am Rand der Armut lebte und selbst Nahrungsmittel anbaute, weil sie dazu gezwungen war. Ich denke an das alte Haus, das kaum genug Platz für so viele Personen bot. Immer wieder hatten sie Hypotheken aufgenommen und das Geld dazu genutzt, um die kleine Kirche nebenan und deren Pastor zu unterstützen, der finanziell ebenfalls nicht auf Rosen gebettet war.

Und ich denke an Großvater, der als kleiner Junge schon verwaist war. Er hatte sich mit Gelegenheitsarbeiten über Wasser gehalten, bis er Bauer wurde und lernte, wie man Brunnen baut. Er war ein lebendiges Beispiel dafür, dass jede ehrliche Arbeit „ehrenhafte Arbeit" ist, wie er sagte.

Und ich denke an Mom – ich sehe sie als das Mädchen mit den braunen Augen, das auf einem Foto im Vorderzimmer zu sehen war. Dieses kleine, hübsche Mädchen heiratete Burl Hartwell, der selbst keine Familie hatte, um gemeinsam eine zu gründen. Ich höre sie immer noch, wie sie sich nach all den Jahren unter Tränen daran erinnerte, dass sie drei Babys verloren hatte – sie starben an Lungenentzündung, Diphterie und Krupp, zu einer Zeit, in der es noch keine Antibiotika und Notfallbehandlung im Krankenhaus gab. Ich konnte beobachten, wie sie die Kinder umsorgte, die am Leben geblieben waren, und wie sie niemals ein Kind abweisen konnte, „das ein Zuhause brauchte".

Irgendwann brachten Bill und ich unser erstes Baby in das winzige Haus. Wie stolz war Mom auf dieses Kind! Sie saß in ihrem alten Schaukelstuhl aus Ahornholz mit dem Baby im Arm und sang ihm die alten Choräle vor, die sie liebte, weil sie deren Wahrheit am eigenen Leib erfahren hatte.

„Spiel uns was vor, Billy Jim", sagte sie einmal, während sie unser Baby hielt. Bill ging zum verstimmten Klavier hinüber und stimmte unser neuestes Lied an.

„Gefällt dir das, Mom?", fragte er und fing dann an: „Shackled by a heavy burden ..."

„Oh, das ist schön, Kinder", meinte sie.

In solchen Momenten betete ich dafür, dass diese Erfahrungen sich in unserem Baby ganz tief einprägen würden, dass sein Verstand und seine Seele von solch kostbaren Erlebnissen beeinflusst würden. Bill und ich wussten, dass es nicht selbstverständlich war, solche Tage genießen zu dürfen. Für unser Baby war es ein wertvolles, aber zerbrechliches Geschenk, seine Urgroßeltern um sich haben zu dürfen.

Bills Großvater verloren wir zuerst. Vielleicht war das gut so, denn er hätte niemals ohne Mom leben können. Und dann wurde sie krank (Es hat manchmal den Anschein, als könnten Menschen, die einander lieben, nicht lange ohne den jeweils anderen leben.) und die sieben Kinder rangelten miteinander – nicht darum, wer sich um sie kümmern *müsste*, sondern wer sich um sie kümmern *dürfte*.

Wir erlebten mit, wie sie langsam von uns ging. Hin und wieder versank sie im Delirium, was teils auf den Schlaganfall, teils auf die Medikamente zurückzuführen war. Wir machten uns innerlich darauf gefasst, dass das Unterbewusste, wie es oft geschieht, an die Oberfläche kommen und schmutzige und für sie untypische Wesenszüge mit sich herausspülen würde, die sie dazu brächten, die Familie mit Schimpfwörtern und Flüchen zu schockieren. Dagegen kann man nichts tun und man darf den Betreffenden auch nicht verurteilen. Doch bei Mom geschah so etwas nicht. Wenn wir bei ihr auf der Bettkante saßen, sang sie im Delirium die alten Jesuslieder. „Ja, er ist so kostbar", sang sie. „Ja, er ist so kostbar." Manchmal flüsterte sie etwas, das kaum zu verstehen war. Wir beugten uns dicht über sie. „Jesus", hauchte sie dann. „Wie gut er ist. Jesus."

Kurz vor ihrem Tod war sie einmal noch bei klarem Verstand und konnte sich mit uns unterhalten. Bill und ich saßen mit unserer kleinen Suzanne an ihrem Bett. Sie erinnerte sich an schwierige und auch fröhliche Zeiten. Nach einer Weile meinte Bill: „Mom, du hast ein langes Leben hinter dir. Wir fangen jetzt gerade erst an, mit unserem Baby unser Leben zu gestalten. Sag mir, war es wirklich wert, Jesus all die Jahre zu dienen?"

Sie blinzelte ihn mit ihren braunen Augen, in denen immer noch so viel Leben steckte, an und sagte: „Billy, je länger ich ihm diene, desto wertvoller wird er mir."

Wenig später – den Namen Jesus hatte sie noch immer auf den Lippen – glitt sie aus unseren Armen hinüber in die seinen. Zu diesem Zeitpunkt war aus den Worten, die sie uns hinterlassen hatte, schon ein Lied geworden. Es wurde unter dem Titel *The Longer I Serve Him* (dt.: Je länger ich ihm diene) veröffentlicht, doch für mich und Bill wird es immer „Das Testament von Mom Hartwell" bleiben. Das war alles, was sie uns hinterlassen hat, aber wir wissen, dass wir damit ein reiches Erbe angetreten haben.

The Longer I Serve Him (The Sweeter He Grows)
Since I started for the kingdom / Since my life He controls / Since I gave my heart to Jesus / The longer I serve Him, the sweeter He grows

The longer I serve Him, the sweeter He grows / The more that I love Him, more love He bestows / Each day is like heaven, my heart overflows / The longer I serve Him, the sweeter He grows

Ev'ry need He is supplying / Plenteous grace He bestows / Ev'ry day my way gets brighter / The longer I serve Him, the sweeter He grows

The longer I serve Him, the sweeter He grows / The more that I love Him, more love He bestows / Each day is like heaven, my heart overflows / The longer I serve Him, the sweeter He grows

Je länger ich ihm diene
Seit ich für Gottes Reich lebe, seit er mein Leben in der Hand hält, seit ich mein Herz Jesus gab – er wird mir immer wertvoller, je länger ich ihm diene.

Je länger ich ihm diene, desto wertvoller wird er mir. Je mehr ich ihn liebe, desto mehr liebt er mich. Jeder Tag gleicht dem Himmel, mein Herz fließt über. Je länger ich ihm diene, desto wertvoller wird er mir.

Er sorgt für mich und gibt mir alles; reiche Gnade erweist er mir, an jedem Tag scheint der Weg vor mir heller – er wird mir immer wertvoller, je länger ich ihm diene.

Je länger ich ihm diene, desto wertvoller wird er mir. Je mehr ich ihn liebe, desto mehr liebt er mich. Jeder Tag gleicht dem Himmel, mein Herz fließt über. Je länger ich ihm diene, desto wertvoller wird er mir.

Text: William J. Gaither
Melodie: William J. Gaither
Copyright © 1965 by William J. Gaither. Alle Rechte vorbehalten.

I'll Worship Only at the Feet of Jesus
Deshalb bete ich nur zu Jesu Füßen an

Den meisten Menschen des 21. Jahrhunderts kommt es seltsam vor, dass das wichtigste Gebot im Juden- und Christentum lautet: „Du sollst außer mir keine anderen Götter haben" (5. Mose 5,7). Jesus griff dieses Gebot auf, als er das Gesetz und die Propheten und damit seinen eigenen Auftrag so zusammenfasste: „Du sollst den Herrn, deinen Gott, lieben, von ganzem Herzen, mit ganzer Seele und mit all deinen Gedanken ... Liebe deinen Nächsten wie dich selbst" (Matthäus 22,37.39L).

Früher bezeichnete man das, was in diesem Gebot abgelehnt wird, als Götzendienst. Weil wir nicht in einer Kultur leben, in der verschiedene Götter angebetet werden, neigen wir zu der Auffassung, dass wir keine Götzendiener sind. Statuen, Sonnengötter, Mondgöttinnen oder heilige Kühe anzubeten oder dem Nil Opfer darzubringen – all das finden religiöse Amerikaner und Europäer lächerlich. „Natürlich dienen wir dem einen wahren Gott! Götzendienst gab es nur früher, weit weg von hier, oder?"

In seinem Buch *Sehnsucht, Sucht und Gnade* hält uns Gerald May einen Spiegel vor und bezeichnet unsere Selbstgerechtigkeit als „Abhängigkeit" oder „Sucht" – und das ist nur ein anderes Wort für Götzendienst.

„‚Nichts', sagt Gott, ‚darf dir wichtiger sein als ich. Ich bin der letztgültige Wert, an dem sich alle anderen Werte messen lassen müssen und in dem die wahre Liebe allen Dingen gegenüber gefunden werden muss ...' Die Sucht ist dafür verantwortlich, dass unsere Nächstenliebe unvollkommen bleibt. Die Sucht ist es, die uns andere Götter erschafft. Aufgrund unserer Sucht werden wir uns immer Schätze außerhalb des Himmels sammeln, und diese Schätze fesseln unser Herz, unsere Seele und unsere Kraft."

Sofort wollen wir einwenden: „Ich bin doch nicht süchtig. Ich habe nie Drogen genommen. Ich bin kein Alkoholiker." Wenn wir uns aber neben Gott an andere Dinge und Beziehungen binden, dann rutschen wir damit, ohne es zu merken, in „Abhängigkeiten hinein, die aus jedem von uns einen Götzendiener machen", wie Gerald May es ausdrückt.

Götzendienst ist das Gegenteil von Freiheit. Jesus sagte: „Nur dann, wenn der Sohn euch frei macht, seid ihr wirklich frei" (Johannes 8,36). Er ist die Wahrheit in Person. Und alles, was uns von ihm wegzieht – sei es an sich auch noch so gut –, blendet uns und macht uns abhängig. Alles, was in unserem Leben in den Mittelpunkt rückt, den Platz Gottes einnimmt und zu unserem Maßstab für Freude und Lebensqualität wird, macht uns abhängig und zu Götzendienern. Wenn sich der Brennpunkt so verschiebt und die Dinge aus dem Gleichgewicht geraten, können sie traurigerweise genau die Freude zunichtemachen, die sie zunächst zu versprechen scheinen.

Kein Wunder, dass Jesus sagte: „Wer Vater oder Mutter mehr liebt als mich, ist es nicht wert, zu mir zu gehören; und wer seinen Sohn oder seine Tochter mehr liebt als mich, der ist es nicht wert, zu mir zu gehören" (Matthäus 10,37). Wenn wir unsere ganze Liebe auf das falsche Ziel richten, wird sie sich zum Schluss daran festbeißen, es aussaugen und

53

schließlich zerstören. Kein Ehepartner, Kind oder Freund ist in der Lage, unsere tiefsten Sehnsüchte zu stillen. Niemand, den wir lieben, kann diese Leere ausfüllen. Allein Gott ist so unendlich groß, dass wir niemals auf Grund stoßen. Er ist die Quelle, aus der wir all die Liebe schöpfen können, die wir brauchen, um Beziehungen am Leben zu erhalten und gleichzeitig unsere tiefsten Sehnsüchte zu stillen.

Ich habe es mir zur Gewohnheit gemacht, Anzeigen ganz genau zu lesen und mir Reklame sehr aufmerksam anzusehen. Werbeagenturen verstehen es ausgezeichnet, die tiefen spirituellen Bedürfnisse anzusprechen, die wir alle haben, und diese Bedürfnisse dann mit dem Versprechen zu verknüpfen, dass ein bestimmtes Produkt diese Bedürfnisse stillen kann. Was brauchen wir? Das Gefühl, angenommen zu sein? Glück? Frieden? Einen Ort, an dem wir das Gefühl haben, zu Hause zu sein? Sicherheit? Liebe? Wertschätzung? Die Dinge, die uns die Befriedigung all unserer Sehnsüchte versprechen, stehen förmlich Schlange. Unsere Wirtschaft wird von der Überzeugung angetrieben, dass wir ohne Produkte, die es vor einem Jahrzehnt, einem Jahr oder sogar einem Monat noch nicht einmal gab, nicht mehr leben können.

Dann kaufen wir uns ein neues Auto, richten unser Haus mit Couch und Sessel ein, legen Parkett oder besorgen uns kostbare Teppiche, schicken unsere Kinder auf die besten Schulen, tragen maßgeschneiderte Anzüge und Make-up, haben eine Aktentasche aus echtem Leder in der Hand und fühlen uns trotzdem zunehmend unruhig und leer.

Nur wenige von uns würden zugeben, dass wir wirklich glauben, solche Produkte könnten den Hunger der Seele stillen, und doch können Christen wie Nichtchristen kaum diesen beschwörenden Versprechungen widerstehen, wir könnten unser Leben einfach so in Ordnung bringen. Es fällt ihnen schwer, die richtigen Prioritäten zu setzen und furchtlos und ohne Zögern die reine Wahrheit anzuerkennen.

Leider ist es so, dass wir unsere Freude nicht mehr an Gott messen, sondern umgekehrt unsere Süchte und Abhängigkeiten als Maßstab für Gott hernehmen. Unseren geistlichen Hunger versuchen wir, mit eigenen Ideen für den Gottesdienst zu stillen – Ideen im Hinblick auf den Stil, bestimmte Ausdrucksformen, das theologische System, Gegenstände, die uns zur Anbetung führen sollen, bestimmte emotionale, verstandesmäßige oder künstlerische Erfahrungen, die mit Religion verknüpft sind.

Manche von uns sind dem Hochgefühl auf den Leim gegangen, das wir verspüren, wenn wir Gutes tun, anderen helfen oder auf andere Weise Beifall einheimsen. Wir setzen etwas anderes an Gottes Stelle, indem wir vielleicht Kirchen bauen, Versammlungen abhalten, ein großes Publikum begeistern und beeinflussen, eine wunderschöne Liturgie abhalten, unser Viertel evangelisieren, die Armen speisen. So gut diese Dinge auch sein mögen, sie sind nicht Gott selbst.

Kein Wunder, dass Jesus den Menschen, die Maria dafür kritisierten, dass sie das kostbare Salböl aus Liebe zu ihrem Herrn „verschwendet" hatte, Folgendes entgegenhielt: „Warum fallt ihr über sie her? Sie tut mir etwas Gutes. Die Armen werdet ihr immer bei euch haben, aber ich werde nicht mehr lange bei euch sein" (Matthäus 26,10–11). Er wusste, dass die Verehrung Gottes naturgemäß dazu führt, dass man den Armen hilft, doch wenn diese Hilfe ins Zentrum des Interesses gerät, werden wir zu Götzendienern, die die Freude daran verlieren, mit Jesus auf dem Weg zu sein.

In der alten Geschichte um König Artus und die Ritter von der Tafelrunde sucht Artus nach dem Heiligen Gral – dem Kelch, den sein Herr seinen Freunden beim letzten Abendmahl gereicht hatte. Er wird für Artus und seine Ritter zu einem fassbaren Zeichen dafür, den Leidenskelch zu trinken, den Menschen zu dienen, ein gottesfürchtiges Leben zu führen und edle Taten zu vollbringen. Auf der Suche nach dem Gral geraten sie in allerlei Abenteuer. Doch schließlich verschlingt diese Jagd all ihre Zeit und Kraft, sodass Jesus, der Herr, aus dem Blickfeld gerät. Diese Männer streben dem Guten nach, sie setzen ihre ganze Energie für die Suche ein, verlieren dabei jedoch das Gesicht Jesu und seine Hände, die den Kelch hielten, aus den Augen.

Das Buch des Propheten Hosea ist ein Weckruf für alle Menschen, die sich auf ein Abenteuer eingelassen haben, bei dem sie einem falschen Ziel hinterherjagen. Noch durch die Gerichtsdrohungen hindurch lässt sich die liebende Stimme Gottes vernehmen: „Treue will ich von euch und nicht, dass ihr mir Tiere schlachtet! Ihr sollt mir nicht Brandopfer bringen, sondern erkennen, wer ich bin und was mir gefällt ... Aber auch auf dich, Juda, wartet eine schreckliche Ernte, bevor ich für mein Volk alles wieder zum Guten wende" (Hosea 6,6.11; GN).

Doch was für einen gnädigen Gott wir haben! Obwohl wir so untreu sind, ruft uns seine Liebe immer zum wahren Mittelpunkt zurück, wo wir umfassende Heilung erfahren. Seine Auferstehung hat uns den Kelch der Freude gebracht.

Kommt, wir wollen wieder zum Herrn zurückkehren! Er hat uns in Stücke gerissen, aber er wird uns auch wieder heilen. Er hat uns mit seinen Schlägen verwundet, aber er wird unsere Wunden verbinden. Nur noch zwei Tage, dann wird er uns wieder Kraft zum Leben geben, am dritten Tag wird er uns wieder aufrichten, damit wir in seiner Gegenwart leben können. Kommt, wir wollen den Willen des Herrn erkennen! Ja, lasst uns alles daransetzen, dass wir den Herrn erkennen! Dann wird er erscheinen – das ist so sicher wie der Morgen, mit dem jeder Tag beginnt, oder wie der Regen, der jedes Frühjahr kommt.
Hosea 6,1–3

I'll Worship Only at the Feet of Jesus
I went to visit the shrine of plenty / But found its storerooms filled with dust / I bowed at altars of gold and silver / But as I knelt there, they turned to rust

So I'll worship only at the feet of Jesus / His cup alone: my Holy Grail / There are no other gods before Him / Just Jesus only will never fail

The call of fortune made me a pilgrim / To journey to fame's promised heigths / But as I climbed thee, the promise faded / And wind blew lonely all through the night

Just desert dust and empty shadow / All promises that turned to lies / The gods of earth fail and betray me / You alone are my Truth and Life

So I'll worship only at the feet of Jesus / His cup alone: my Holy Grail / There are no other gods before Him / Just Jesus only will never fail

Deshalb bete ich nur zu Jesu Füßen an
Ich kam und sah den Schrein des Reichtums, doch in den Räumen lag nur Staub. Vor Gold und Silber fiel ich nieder, doch als ich kniete, zerfiel's zu Rost.

Deshalb bete ich nur zu Jesu Füßen an; sein Kelch allein mein Heil'ger Gral. Keine anderen Götter gibt es vor ihm. Jesus allein verlässt mich nicht.

Der Ruf des Glücks machte mich zum Pilger, der die Höhen erklomm, die Ruhm versprachen. Doch als ich hochstieg, zerstob das Versprechen, und in der Nacht wehte mir nur Wind ins Gesicht.

Nur Wüstensand und leere Schatten, Versprechen entpuppen sich als Lügen. Die Götter dieser Erde betrügen und lassen mich im Stich. Nur du bist meine Wahrheit und mein Leben.

Deshalb bete ich nur zu Jesu Füßen an; sein Kelch allein mein Heil'ger Gral. Keine anderen Götter gibt es vor ihm. Jesus allein verlässt mich nicht.

Text: Gloria Gaither
Melodie: William J. Gaither und J. D. Miller
Copyright © 1991 Gaither Music Company; Life Gate Music und Lojon Music (verwaltet vom Gaither Copyright Management). Alle Rechte vorbehalten.

Let's Just Praise the Lord

Lasst uns einfach den Herrn preisen

Es geschah auf einem Konzert an der Ostküste. Man hatte uns gesagt, dass die Leute dort etwas reserviert seien und wir von einem solch konservativen Publikum keine allzu enthusiastischen Reaktionen erwarten dürften. Zu unserer Überraschung ließen sich die Menschen begeistern und waren sehr warmherzig.

Das Publikum war im Hinblick auf Alter und ethnische Herkunft bunt gemischt. Von Anfang an sangen sie begeistert mit. Sie ließen sich auf unseren Humor und auch auf den Inhalt unserer Botschaft ein.

Als wir ihnen erzählten, was wir und unsere Familie von Gott gelernt hatten, fühlten wir uns mit ihnen verbunden – so verschieden, wie sie waren, so hatten sie aber ebenso wie wir erfahren, dass Christus auch die Antwort für ihre Familien ist.

Wir sangen *Because He Lives*, *There's Something About That Name* und *The King ist Coming*. Gegen Ende des Konzerts waren wir überwältigt, als alle aufstanden und der Beifall nicht enden wollte. Zuerst war es ein schönes Gefühl zu wissen, dass sich die Menschen mit unserer Botschaft identifizierten. Doch der Applaus hielt so lange an, dass wir uns schließlich in unserer Haut nicht mehr wohlfühlten. Sie lobten nicht mehr den Herrn, sondern uns.

Schließlich begann Bill am Klavier zu singen: „Oh, How I love Jesus!" („Oh, wie sehr ich Jesus liebe!") Allmählich hörte das Publikum auf zu klatschen und stimmte in das Lied mit ein. Wir spürten, wie das Lob sich aus der Waagerechten – an uns gerichtet – wieder in die Senkrechte verschob – auf Gott gerichtet, dem es auch zukam.

Als wir an diesem Abend wieder in unseren Bus stiegen, sprachen wir miteinander über das, was geschehen war. „Wir brauchen ein Lied", meinte Bill, „mit dem wir den Menschen danken können, dass sie zu uns so freundlich und so nett gewesen sind, aber das uns allen hilft, das Lob zum Himmel zu richten."

„Warum sagen wir das nicht einfach genau so?", schlug ich vor.

Bill schaltete also ein elektronisches Keyboard an, das wir im Bus hatten, ich griff nach einem Block und fing an zu schreiben:

Ihr seid so gut zu uns gewesen, und dafür danken wir. Es war schon wie im Himmel, den Segen spürten wir. Wir hatten Anteil an all dem Guten, das die Familie bieten kann. Doch wollen wir nur das Lob gen Himmel richten und unsern Herrn preisen.

In den folgenden Jahren waren wir oft so sehr von Dankbarkeit und Ehrfurcht erfüllt, dass wir einfach nicht anders konnten, als zu singen „Let's just Praise the Lord" („Lasst uns einfach den Herrn preisen"). Es gab allerdings auch Situationen, in denen wir nicht in der Lage waren zu erkennen, dass Gott tatsächlich auch in den dunklen Etappen des Lebens da war. Trotzdem haben wir gelernt, dass er immer und in jeder Lage etwas Gutes aus unserem Leben machen will und dieses „Gute" ewig Bestand haben wird. Wir lernen jeden Tag, dass das Leben ein Prozess ist, und für Gott ist ein Prozess nicht Mittel zum Zweck, sondern das Ziel – er will mit uns eine Beziehung eingehen. Was immer uns in seine ausgebreiteten Arme laufen lässt, uns dazu bringt, uns ganz und gar auf ihn zu verlassen, ist das Beste, was uns passieren kann.

Einmal bekamen wir einen Brief von einem Mann, der uns wegen des Wörtchens „einfach" im Liedtext kritisierte. „Warum sagen Sie, dass wir ‚nur' den Herrn loben wollen?", schrieb er. „Warum nicht: ‚Wir wollen den Herrn immer loben!' oder ‚Wir sind so glücklich, dass wir den Herrn loben können'?"

In derselben Woche bekamen wir einen Brief von einem Vater, der mit dem Auto rückwärts aus der Garage gefahren war und dabei seinen dreijährigen Sohn überrollt hatte, der hinter dem Wagen mit seinem Dreirad gespielt hatte. Die Verzweiflung angesichts einer solchen Tragödie wäre unerträglich, wäre dieser Mann nicht in der Lage gewesen, sich an die Hoffnung zu klammern, dass Gott in seiner Familie alles zum Guten wirkte, zu einem Guten, das in Ewigkeit Bestand hat. „Ich möchte Ihnen für dieses Lied danken", schrieb er. „Ich entdecke gerade, dass wir ,nur' den Herrn preisen, wenn wir nichts anderes mehr tun können."

Manches, was uns im Leben zustößt, scheint uns einfach sinnlos, anderes zu furchtbar, um es ertragen zu können. Wenn wir aber unser Leben auf ein stärkeres Fundament als die vorherrschende Weltanschauung bauen, können wir darauf vertrauen, dass unser souveräner Gott nicht der Knecht dessen ist, was auf dieser Welt geschieht, sondern umgekehrt alles, was hier geschieht, seinen Zielen und Plänen dienen muss.

Dafür wollen wir den Herrn preisen.

Let's Just Praise the Lord
We'd like to thank you for you kindness; thank you for your love / We've been in heavenly places, felt blessing from above / We've been sharing all the good things the family can afford / Let's just turn our praise toward heaven and praise the Lord

Let's just praise the Lord! Praise the Lord / Let's just lift our hands to heaven and praise the Lord / Let's just praise the Lord, praise the Lord / Let's just lift our hands to heaven and praise the Lord

Just the precious name of Jesus is worthy of our praise / Let us bow our knees before Him, our hands to heaven raise / When he comes in clouds of glory, with Him we'll ever reign / We'll just lift our hands t'ward heaven and praise the Lord

Let's just praise the Lord! Praise the Lord / Let's just lift our hands to heaven and praise the Lord / Let's just praise the Lord, praise the Lord / Let's just lift our hands to heaven and praise the Lord

Lasst uns einfach den Herrn preisen
Ihr seid so gut zu uns gewesen, und dafür danken wir. Es war schon wie im Himmel, den Segen spürten wir. Wir hatten Anteil an all dem Guten, das die Familie bieten kann. Doch wollen wir nur das Lob gen Himmel richten und unsern Herrn preisen.

Lasst uns nur den Herrn preisen! Preist den Herrn! Hebt die Arme gen Himmel und preist den Herrn! Lasst uns nur den Herrn preisen! Preist den Herrn! Hebt die Arme gen Himmel und preist den Herrn!

Nur der kostbare Name Jesu ist es wert, dass wir ihn preisen. Wir wollen vor ihm knien, die Hände himmelwärts. Wenn er in Herrlichkeit wiederkommt, werden wir mit ihm herrschen. Wir erheben glücklich unsere Stimme und preisen seinen Namen!

Lasst uns nur den Herrn preisen! Preist den Herrn! Hebt die Arme gen Himmel und preist den Herrn! Lasst uns nur den Herrn preisen! Preist den Herrn! Hebt die Arme gen Himmel und preist den Herrn!

Text: William J. und Gloria Gaither
Melodie: William J. Gaither
Copyright © 1972 by William J. Gaither. Alle Rechte vorbehalten.

Something Beautiful

Etwas Schönes

Suzanne, unsere Erstgeborene, liebte es immer schon, etwas mit ihren Händen zu machen. Solange wir etwas bastelten, bauten, anstrichen oder kochten, war sie zufrieden. Wenn ich das Geschirr abwusch, stand sie auf ihrem Stühlchen da-

neben, die Arme bis zum Ellenbogen ins Abwaschwasser getaucht, und redete ununterbrochen. Wenn ich Kekse backte,
rollte sie den Teig aus und stach Valentinsherzen, Osterhasen
oder Weihnachtssterne aus, streute gefärbten Zucker oder
Liebesperlen darüber oder pinselte den Zuckerguss darauf.

Hin und wieder veranstalteten wir im Garten hinter dem
Haus einen „Zirkus", Paraden zum vierten Juli, Laubhark-
Partys mit den Nachbarn, Kürbisschnitz-Wettbewerbe oder
Ostereiersuchen. Freundinnen und Cousinen wurden für
Malwettbewerbe auf dem Bürgersteig rekrutiert oder auch
für eine Gemäldegalerie im Sommer, und einmal führten wir
sogar einen Angelwettbewerb an unserem Bach durch, der
von der Stadt finanziell gefördert wurde. Wenn Suzanne von
morgens bis abends mit allen möglichen Projekten beschäftigt war, war sie glücklich.

Als sie fast drei Jahre alt war, malte sie einmal an ihrem
Tischchen in einer Ecke unseres Wohnzimmers mit Tem-
perafarben. Von der Küche aus konnte ich aus den Augen-
winkeln beobachten, wie sie mit selbstbewussten Strichen
kräftige Farben auf ein großes Blatt Papier pinselte, das den
ganzen Tisch bedeckte. Immer wieder tunkte sie ihren Pinsel ins Wasser und in die Farbe, so wie Kinder es gerne tun,
als mit einem Mal – während sie ihre Hand von der Farbe
zum Papier bewegte – ein großer schwarzer Tropfen vom
Pinsel mitten auf das Papier fiel. Ich beobachtete sie, wie sie
den Fleck betrachtete und dann versuchte, an diesem Fleck
weiterzumalen. Weil aber das Papier von der Farbe völlig
durchnässt war, breitete sich die Farbe in kleinen Bächen
in alle Richtungen aus und mischte sich in all die anderen
Farben: in das schöne Gelb, Rot und Grün.

Ich hörte, wie sie durch das Wohnzimmer zum Bad lief.
Sie kam mit einem Waschlappen zurück und versuchte, damit die Farbe aufzunehmen, indem sie mit einem Zipfel des
Lappens über das nasse Papier rieb. Bald hatte sie ein Loch
mitten in das Bild gerubbelt und die Farbe war zu einem
hässlichen Dunkelbraun geworden.

Die Tränen fingen an zu laufen. Sie griff nach dem triefenden Papier und brachte es zu mir in die Küche.

„Mama", schluchzte sie, „ich wollte dir etwas Schönes malen, aber guck mal! Mir ist ein Farbklecks auf das Bild gefallen." Sie holte tief Luft. „Ich hab versucht, es heil zu machen, aber es ist immer schlimmer geworden. Guck dir das an!"

Ich nahm den nassen Papierbogen und legte ihn auf den Küchentresen. Dann kniete ich mich neben sie und nahm sie in die Arme, damit sie sich die Enttäuschung und den Ärger von der Seele weinen konnte. Als sie sich schließlich beruhigt hatte und bereit war, mir zuzuhören, sagte ich: „Ich glaube, wir haben noch so ein großes Blatt Papier in unserem Bastelschrank. Lass mich mal nachsehen."

Dort, wo wir unsere Bastelsachen aufbewahrten, fand sich tatsächlich noch ein großer Bogen. Sie hätten ihr Gesicht sehen sollen, als sie das Papier nahm und zu ihrem Tisch rannte, um noch einmal von vorn zu beginnen!

Wie oft gleichen wir Suzanne und ihrem Bild! Wir fangen mit großen Träumen und Erwartungen an, mit hochfliegenden Hoffnungen und hartnäckigem Ehrgeiz. Wir sind fest entschlossen, die Fehler unserer Eltern nicht zu wiederholen, nicht den Weg zu gehen, den unsere Schwestern eingeschlagen haben, nicht alles in den Sand zu setzen wie unsere Brüder.

Zunächst sieht es auch so aus, als hätten wir die Situation im Griff. Wir fassen den Entschluss, uns unser eigenes gesundes Umfeld zu schaffen. Niemals wieder wollen wir den Entscheidungen anderer Leute zum Opfer fallen. Doch dann kommt eins zum anderen, und ehe wir uns versehen, steht der dreißigste Geburtstag vor der Tür und das Leben wird kompliziert. Mit 40 begreifen wir zum ersten Mal, dass wir Entscheidungen getroffen haben, die wir heute bereuen, manchen Weg eingeschlagen haben, von dem wir niemals gedacht hätten, dass wir ihn gehen würden. Ja natürlich, wir versuchen das selbst in Ordnung zu bringen, heimlich zuzudecken, was unser Herz uns sagt, denn wenn die Wahrheit herauskäme, würden wir morgens mit einem Loch in unserer Seele aufstehen, das groß genug ist, dass ein Sattelschlepper hindurchfahren könnte. Und in den seltenen Augenblicken, in denen wir uns selbst gegenüber ganz ehrlich sind, wissen wir, dass wir unseren Träumen und Hoffnungen nicht näher sind als ganz am Anfang.

Vielleicht ist es das Beste, was uns überhaupt passieren kann, wenn wir einsehen, dass wir alleine nicht klarkommen. Wie ein Kind können wir den Scherbenhaufen, den wir angerichtet haben, vor unseren himmlischen Vater bringen und sagen: „Oh Herr, ich wollte aus meinem Leben etwas so Schönes machen, aber sieh doch mal ..."

Das Erstaunliche an Jesus ist, dass er unser Leben nicht einfach nur wieder zusammenflickt. Für das, was noch von uns übrig ist, lässt er sich nicht nur eine Notlösung einfallen. Er gibt uns ein ganz neues Blatt Papier, sodass wir noch einmal von vorne anfangen können. Das ist das Wunder der Gnade: Wenn wir begreifen, dass wir uns fadenscheinige Götzen gebastelt haben, und Gott die Kontrolle über unser Leben geben, macht er einen neuen Menschen aus uns. Bei Gott kommt niemals Plan B zum Zug. Er gibt sich für uns nicht mit dem Zweitbesten zufrieden. Es handelt sich immer um Plan A. Und wenn wir ihn gewähren lassen, macht er aus unserem Leben etwas Schönes.

Something Beautiful

If there ever were dreams / That were lofty and noble / They were my dreams at the start / And the hope for life's best / Were the hopes that I harbored / Down deep in my heart / But my dreams turnd to ashes / My castles all crumbled / My fortunes turned to loss / So I wrapped it all / In the rags of my life / And laid it at the cross

Something beautiful, something good / All my confusion He understood / All I had to offer Him / Was brokenness and strife / But He made something beautiful of my life

Etwas Schönes

Träume, hochfliegend und edel – das waren meine Träume, als ich ins Leben trat. Die Hoffnung, dass das Leben gut verlaufen würde, das war auch meine Hoffnung tief in meinem Herzen. Doch die Träume zerfielen zu Asche, meine Schlösser sanken in sich zusammen, Vermögen wandelte sich in Verlust. Alles wickelte ich ein in die Lumpen meines Lebens und legte sie vor dem Kreuz nieder.

Etwas Schönes, etwas Gutes – er verstand meine Verwirrung; ich konnte ihm nur mein zerbrochenes Leben geben, doch er machte etwas Schönes daraus.

Text: Gloria Gaither
Melodie: William J. Gaither
Copyright © 1971 by William J. Gaither. Alle Rechte vorbehalten.

The Family of God

Gottes Familie

Es war Karfreitag und unsere Kinder kamen früher aus der Schule als sonst. Gerade hatten wir die Ostereier, die wir am Donnerstagabend gefärbt hatten, in den großen gelben Korb auf das Ostergras aus Papierschnitzeln gelegt, als das Telefon klingelte.

Eine Stimme am anderen Ende sagte: „In der Faust-Werkstatt hat es eine Explosion gegeben. Ronnie Garner hat schwere Verbrennungen davongetragen. Er konnte gerade noch aus dem Gebäude entkommen, ehe es explodierte. Aber die Ärzte rechnen nicht damit, dass er die Nacht überlebt. Ein paar von uns treffen sich in der Kirche, um für ihn zu beten. Ruft noch mehr Leute an, bittet sie mitzubeten und haltet die Gebetskette in Gang."

Ich legte auf und rief Bill in seinem Büro an. Dann rief ich die Kinder zusammen, um mit ihnen gemeinsam für diesen jungen Vater aus unserer Gemeinde zu beten, und telefonierte mit einigen anderen Leuten, von denen ich wusste, dass sie mit uns beten würden.

Erst später erfuhren wir die ganze Geschichte. Ron hatte Überstunden gemacht, weil er und seine Frau Darlene mehr Geld brauchten, um eine Herzoperation für ihre Tochter Diane zu bezahlen. Er hielt sich allein in der Autowerkstatt auf und reinigte einige Maschinen mit einer leicht entzündlichen Substanz, ohne daran zu denken, ein Fenster für die Belüftung zu öffnen. Er arbeitete unter einer Deckenheizung mit offener Zündflamme. Als die Dämpfe des Lösungsmittels mit der Flamme in Kontakt kamen, explodierte die gesamte Werkstatt. Als Ron hörte, wie die Gase an der Deckenheizung verpufften, versuchte er sofort, die Tür nach draußen zu öffnen, doch sie klemmte. Als seine Kleidung schon Feuer gefangen hatte, half ihm ein kleines Wunder, sich vor der großen Explosion durch einen Spalt zu quetschen.

Vom *Methodist Burn Center* in Indianapolis hörten wir, dass sich die Ärzte entschlossen hatten, die Verbrennungen nicht zu behandeln, da es keinen Zweck mehr habe. Es bestand kaum die Aussicht auf Erfolg und das Behandlungstrauma hätte ihn das Leben kosten können. Doch seine Freunde, die sich in der Kirche versammelten, beteten umso inständiger für Ron, Darlene und seine beiden kleinen Mädchen. Den ganzen Freitag und Sonnabend bis in die Nacht zum Sonntag betete die Gemeinde. Unsere Herzen waren zerrissen: Wir wollten daran glauben, dass Gott eingreifen würde, doch um ehrlich zu sein, machten wir uns auf die Nachricht gefasst, dass er sterben würde.

Müde und angeschlagen versammelten wir uns zum Gottesdienst am Sonntagmorgen. Von dem Optimismus, der für die Feier des Osterfests typisch ist, war nichts zu spüren. Der Pastor war zunächst nicht da; wir wussten, dass er Darlene und die Familie besuchte. Niemandem war danach zumute, Osterlieder zu singen. Die Auferstehung war für uns Millionen von Lichtjahren weit weg. Doch als die Musik einsetzte, stimmten dennoch einige schwache Stimmen in die altbekannte Choräle ein.

Als wir uns so bemühten, den Gottesdienst zu feiern, betrat unser Pastor den Gemeinderaum und ging durch den Mittelgang nach vorne. Er ließ die Schultern hängen, sein Anzug war zerknittert, doch auf seinem unrasierten Gesicht lag ein Leuchten, als er uns bedeutete, das Lied abzubrechen.

„Ron lebt", sagte er. „Die Ärzte haben gesagt, er würde nicht einmal die erste Nacht überstehen, und sie sind verwundert darüber, dass er heute noch am Leben ist. Sie verstehen nicht, wie er es geschafft hat. Wir schon, oder? Und weil er noch lebt, haben sie sich entschlossen, nun doch mit der Behandlung anzufangen."

„Amen!" und „Preist den Herrn!", hörte man die versammelte Gemeinde rufen. Wir alle richteten uns in unseren Stühlen auf wie welke Pflanzen, die gerade einen wohltuenden Regenschauer bekommen hatten.

„Wir wollen unserem Herrn danken", sagte Pastor McCurdy, „und dann weitersehen. Das hier ist nur der Anfang. Es gibt viel zu tun. Die Familie braucht etwas zu essen. Darlene benötigt vielleicht Hilfe mit den Kindern. Jemand muss sie nach Indianapolis und wieder zurück bringen. Ron braucht einige Liter Blut für die Transfusionen. Und sie alle – die Ärzte eingeschlossen – brauchen unser Gebet. Jeder von uns sollte darüber nachdenken, wie er helfen kann. Wir sind schließlich Gottes Familie. Und jetzt lasst uns beten."

Wir erhoben uns und dankten Gott für das erhörte Gebet und für die Realität der Auferstehung. Die Sonne schien durch die Fenster und wärmte den Saal. Aber nicht nur das: Es war, als ob das Licht der Dämmerung des ersten Ostermorgens unsere müden Seelen durchströmte.

Was für einen fröhlichen Gottesdienst wir nun doch noch feierten! Keine Predigt hätte uns die Botschaft so eindringlich vermitteln können wie die Nachricht, dass

Ron lebte und unser Gebet erhört worden war. Begeistert sangen wir die alten Osterlieder. Voller Freude und Siegesgewissheit verließen wir an diesem Mittag die Kirche und stiegen mit unseren Familien in die Autos, um nach Hause zu fahren.

Im Auto stellten Bill und ich fest: „Die Gemeinde würde all das auch für uns tun." Bill und ich waren nicht gerade Vorzeigemitglieder der Gemeinde. Wir waren praktisch jedes Wochenende fort und schafften es nach einem Konzert kaum pünktlich in den Gottesdienst. Wir konnten nie etwas für einen Kuchenbasar backen, an Gemeindefreizeiten teilnehmen oder Bibelgruppen leiten. Wenn man selbst seinen Beitrag leisten müsste, damit sich die Familie Gottes auch um einen kümmert, wären wir mit Sicherheit übergangen worden. Und trotzdem waren wir sicher, dass sie dasselbe für uns tun würden wie für Ron und seine Familie.

Als wir nach Hause kamen, sah ich nach dem Braten im Ofen, wickelte die Babys und schickte Suzanne auf ihr Zimmer, damit sie sich umzog. Bill ging zum Klavier, und ich hörte, wie er eine schlichte, schöne Melodie spielte.

„Schatz, komm mal einen Augenblick her!", rief er schließlich aus dem Wohnzimmer.

Er sang mir einen Satz vor: „I'm so glad I'm a part of the family of God. Dah, dah, dah, la la la-la, la la la-la" („Ich bin so glücklich, dass ich zu Gottes Familie gehöre. Da, da, da, la la la-la, la la la-la.").

Ich schnappte mir einen Schreibblock und einen Bleistift. Der Braten war vergessen, als wir uns an der wunderbaren Einrichtung „der Familie" erfreuten, und ich brachte zu Papier, was uns auf dem Herzen brannte.

Ihr merkt, dass wir „Bruder" und „Schwester" zueinander sagen, weil wir eine Familie sind und wir uns so nahe stehen. Wenn einer leidet, fließen bei allen die Tränen, und wir freuen uns mit, wenn einem etwas gelingt. Ich bin so glücklich, dass ich zu Gottes Familie gehöre ...

Wir kamen schließlich doch noch zu unserem Sonntagsbraten, auch wenn er ein wenig zu lange im Ofen gewesen war. Am Montag verarbeitete ich die restlichen Ostereier zu einem Salat, und auch sonst ging unser Leben weiter wie immer, und doch war nichts mehr so wie vorher. Pastor McCurdy hatte recht: Der Sonntag war nur der Anfang gewesen. Doch auch die Auferstehung war nur ein Anfang gewesen! Viele Monate lang musste Rons Familie nach Indianapolis fahren. Viele Leute kochten Eintöpfe, hüteten die Kinder und machten bei Darlene sauber. Viele schickten Karten, die die Garners aufmuntern sollten und ihnen versicherten, dass für sie gebetet wurde.

Ron musste viele Hauttransplantationen über sich ergehen lassen und er litt sehr unter Schmerzen, doch eines Tages kam er endlich wieder nach Hause. Er konnte nach einer Weile sogar sein Sportstudium am *Anderson College* abschließen. Er wurde zweiter Trainer an der *Alexandria High School* und bekam noch zwei weitere Kinder. Diane wurde am Herzen operiert und wurde ein paar Jahre später Lehrerin. Und eins der Kinder, das bei dem Unglück noch gar nicht auf der Welt war, wurde eine der besten Sportlerinnen im Bundesstaat Indiana.

Mich erfüllt es mit Freude, dass dieselbe Familie, die damals auf tausenderlei Weise die Garners unterstützt hat, auch uns unterstützt. Wir verdienen es nicht. Wir wurden einfach in diese Familie hineingeboren. Sie behandelt uns königlich, weil wir es auch sind! Wir sind Kinder des Königs!

The Family of God
You will notice we say „brother" and „sister" round here / It's because we're a family and these folks are so near / When one has a heartache we all share the tears / And rejoice in each vict'ry in this fam'ly so dear

I'm so glad I'm a part of the fam'ly of God / I've been washed in the fountain / Cleansed by his blood / Joint heirs with Jesus as we travel this sod / For I'm part of the fam'ly / The fam'ly of God

From the door of an orph'nage to the house of the King / No longer an outcast; a new song I sing / From rags unto riches, from the weak to the strong / I'm not worthy to be here, but praise God, I belong

I'm so glad I'm a part of the fam'ly of God / I've been washed in the fountain / Cleansed by his blood / Joint heirs with Jesus as we travel this sod / For I'm part of the fam'ly / The fam'ly of God

Gottes Familie

Ihr merkt, dass wir „Bruder" und „Schwester" zueinander sagen, weil wir eine Familie sind und wir uns so nahe stehen. Wenn einer leidet, fließen bei allen die Tränen, und wir freuen uns mit, wenn einem etwas gelingt.

Ich bin so glücklich, dass ich zu Gottes Familie gehöre! In der Quelle gewaschen und rein durch sein Blut. Ich bin Miterbe Jesu hier auf der Erde, denn ich gehöre zur Familie, zu Gottes Familie.

Von der Tür des Waisenhauses zum Haus des Königs, nicht mehr ausgestoßen, ich sing ein neues Lied. Nicht mehr zerlumpt und schwach, sondern reich und stark, bin ich nicht wert, hier zu sein, doch preist Gott, ich gehöre hierher.

Ich bin so glücklich, dass ich zu Gottes Familie gehöre! In der Quelle gewaschen und rein durch sein Blut. Ich bin Miterbe Jesu hier auf der Erde, denn ich gehöre zur Familie, zu Gottes Familie.

Text: William J. und Gloria Gaither
Melodie: William J. Gaither
Copyright © 1970 by William J. Gaither. Alle Rechte vorbehalten.

$\mathcal{I}$ Have Seen the Children

Ich habe die Kinder gesehen

Der Alltag liefert den Stoff zu den meisten Liedern, die Bill und ich schreiben. Vielleicht liegt das daran, dass eine Lebensphilosophie im Alltag funktionieren muss, wenn sie sich in einer Krisensituation bewähren soll.

30 Jahre lang führe ich nun schon Tagebuch, und ich glaube, dass jeder von dieser Praxis profitieren kann, weil sie einem wirklich die Augen öffnet. Das Tagebuchschreiben hat mich gelehrt, dass viele Dinge, die wir im Augenblick für unglaublich wichtig halten, sich oft als gar nicht so bedeutsam entpuppen. Und oft ist das, was wir für so unwichtig halten, dass es sich gar nicht lohnt, es festzuhalten, genau das, was uns Einblicke von ewigem Wert in das Leben selbst eröffnet. Jemand hat einmal gesagt, dass es keine unwichtigen Entscheidungen gibt; der Lauf unseres Lebens hängt oft an einer Entscheidung, die wir routinemäßig getroffen haben.

Als unsere Kinder noch klein waren, waren Bill und ich nur am Wochenende auf Tour, damit wir unter der Woche ganz normale Eltern sein konnten. Oft nahmen wir eins unserer Kinder mit, damit wir dem Kind, das es im Moment am nötigsten zu haben schien, ein ganzes Wochenende unsere ungeteilte Aufmerksamkeit schenken konnten. Die anderen beiden blieben dann mit meinen Eltern zu Hause.

Als Suzanne dann von der Grundschule auf eine höhere Schule wechselte, entschieden wir uns dafür, am Wochenende – bis auf Ausnahmen – zu Hause zu bleiben und stattdessen zwei- oder dreimal im Jahr für jeweils etwa zwei Wochen auf Tournee zu gehen. Das kam uns jedes Mal sehr lang vor, doch dieses Arrangement erlaubte es uns, Sportveranstaltungen, Konzerte und andere Aktivitäten unserer Kinder mitzuerleben.

Während einer solchen Tournee im Herbst 1981 schrieb ich etwas in mein Tagebuch, das mich später zu einem Lied inspirierte. Der Eintrag lautete folgendermaßen:

1. Oktober – unterwegs: Ich habe gemerkt, dass in meinem Verstand irgendwie Leerlauf herrscht, wenn wir so lange von zu Hause fort sind. Das scheint meine ganze Körperchemie durcheinanderzubringen.

Die Konzerte liefen hervorragend, aber es fällt mir schwer, zwischen den Konzerten zur Ruhe zu kommen. Ich führe ein Zirkusleben: aufstehen, frühstücken, lesen, ein Bad nehmen, ein frühes Abendessen einnehmen, dann der Soundcheck, sich bereit machen, das Konzert geben, mit den Konzertgästen reden, in den Bus steigen, die ganze Nacht durchfahren und dann wieder alles von vorn.

Dazwischen gibt es einige schöne Augenblicke mit dem Team und oft kann ich auch Zeit mit Bill verbringen. Aber wenn man ständig unterwegs ist, fühlt man sich wie in einem Traum – es ist wie mit einem Segelflugzeug zu fliegen und nach einem sicheren Landeplatz Ausschau zu halten.

Ich habe jetzt mit Sticken angefangen. Ich würde lieber schreiben, aber der Bus schaukelt zu sehr, und meine kreative Energie wird von der unglaublichen Anstrengung, die mir die Konzerte abverlangen, und von der einschläfernden Langeweile der endlosen Fahrten aufgefressen.

Die Busfahrten würden mir schon gefallen, wenn wir die Zeit hätten, irgendwo anzuhalten und uns etwas anzusehen, aber an allen Weltwundern sind wir vorbeigefahren, weil unser Zeitplan es nicht erlaubt anzuhalten. Ich bin in jedem Bundesstaat der USA gewesen, habe jedoch noch nie den Grand Canyon, Yellowstone, Yosemite, die Tetons, den Glacier National Park, ein Passionsspiel in den Black Hills oder die Inseln im Puget Sound gesehen.

Aber ich habe Menschen gesehen – und das Terrain, das ihr Temperament formt und ihre Werte prägt. Ich habe die Anforderungen gespürt, die die harten Felsen oder das strenge Klima an sie stellen. Ich habe öde Wüsten gesehen, die sie bedrohen, und die übervölkerten Städte, die sie ihrer Einzigartigkeit berauben. Ich habe die dünn besiedelten Gebiete gesehen, die sie lehren, anderen Menschen zu ver-

trauen, und auch dicht besiedelte Viertel, die sie lehren, mit furchtsamen Augen in die Welt zu blicken.

Ich habe Kinder kennengelernt – von Manhattan bis Montana, von San Antonio bis Saginaw – und die Hoffnung und die Angst in ihnen gespürt. Ich habe gesehen, wie sie mir voller Zuneigung die Hand reichen und wie sie ängstlich vor mir zurückschrecken. Ich habe kleine Mädchen mit blonden Zöpfen und Elfen mit schwarz glänzender Haut gesehen. Schwarze, braune, gelbe, weiße und rötliche Arme haben sich um meinen Hals geschlungen. Mit meinem Herzen habe ich Liebe in einem Dutzend Sprachen verstehen gelernt.

Ich habe Eltern sagen hören: „Kommt zu uns!" Sie rufen es aus den entlegenen Winkeln von Norddakota. Sie rufen es von den anonymen Straßen der Bronx. Sie rufen es aus den ärmlichen, gebirgigen Gebieten von Kentucky und aus dem erleuchteten Glitzerplastik von Las Vegas.

„Kommt zu uns!", sagen sie. „Vergesst uns nicht!"

Als ob wir das könnten.

„Warum tun Sie das?", fragen uns aalglatte Reporter. Ich merke, wie ich tief in ihre Augen blicke, um hinter der Fassade des professionellen Interesses einen lebendigen Menschen zu entdecken – denn nur ein lebendiger Mensch könnte so etwas verstehen. Andernfalls würde ich keine Worte dafür finden. Ich bin sicher, sie würden ihr einstudiertes, objektives, distanziertes Lächeln aufsetzen und höflich nicken, wenn ich sage: „Wegen Jesus. Er ist zu uns gekommen und hat uns das Leben geschenkt. Jetzt müssen wir aber leider gehen."

Dann nicken sie meistens höflich und denken: Geld, Glamour, Reisen, Ruhm, aufregendes Leben. Sie würden es nur für eine PR-Masche halten, wenn ich ihnen erzählte, dass es mein Mutterherz zerreißt, dass ich selbst völlig erschöpft bin und mir der Kopf schwirrt. Sie würden mir nicht glauben, wenn ich ihnen sagte, dass der Grund etwas ist, das höher ist als das Leben, ein Ort, der weiträumiger ist als unsere Erde,

73

eine Zeit jenseits der Gegenwart und dass es die unvergessli-
chen Stimmen sind, die über Millionen Meilen und fünfzehn
Jahre hinweg Tag für Tag in einem ohrenbetäubenden Chor
rufen, der nicht verklingen will: „Kommt zu uns – vergesst
uns nicht!"

Und ich weiß, dass ich gehen muss, weil Gott zu mir
gekommen ist.

Als ich diesen Eintrag später noch einmal las, schrieb ich
den Text zu *I Have Seen the Children*. Ein guter Freund,
der Country-Songschreiber Paul Overstreet, komponierte die
Melodie dazu, und Bill und ich nahmen ihn im Rahmen unseres *Welcome Back Home*-Projekts mit dem Bill Gaither Trio
auf. Dieses Lied erinnert mich immer daran, weshalb wir singen, auf Tour gehen, schreiben und Gott und den Menschen
dienen. Und daran, dass wir niemals äußerliche Aktivität mit
unserem wahren Lebensziel verwechseln dürfen.

I Have Seen the Children

I have never climbed a mountain / Sailed the surf off Waikiki / Ridden
horseback down the canyon / Never sailed the seven seas / Never cam-
ped out in the Tetons / Seen a Black Hills Passion Play / Watched Old
Faithful in the sunset / Walked the island in the bay

Oh, but I have seen the children / Black and yellow, white and brown /
And I've felt their arms around me / Heard them laugh and watched them
frown / And I've listened to their parents / Had them look me in the eye /
"Bring the music, don't forget us / Desert days are hot and dry / And
sometimes the heart's a desert / And the music is the rain / Bring the
singing; send the music / Won't you come our way again?"

In Nova Scotia there's a lighthouse / Rising from the jagged rocks / And
in London there's a craftsman / Who hand-makes a perfect clock / In
South Tucson is a cowboy / Who can rope the wildest steer / In Seattle
there's an artist / Painting saw blades on the pier

But what I have seen are windows / Looking out on parking lots / Dressing rooms and motel lobbies / Airport gates and night truck stops / Backstage gray and green arenas / And their hollow empty space / Changed into a great cathedral / By some miracle of grace / When ten thousand, three or twenty / Gather here to praise His name / There's no sight earth has to offer / That can rival such a place

And I have seen the children / Black and yellow, white and brown / And I've felt their arms around me / Heard them laugh and watched them frown / And I've listened to their parents / Had them look me in the eye / "Bring the music, don't forget us / Desert days are hot and dry / And sometimes the heart's a desert / And the music is the rain / Bring the singing; send the music / Won't you come our way again?"

Ich habe die Kinder gesehen

Ich habe nie einen Berg bestiegen, bin nie vor Waikiki gesurft, auf dem Pferderücken einen Canyon hinuntergeritten, in den Weltmeeren umhergesegelt, habe nie in den Tetons gezeltet, ein Passionsspiel in den Black Hills gesehen, den Old Faithful bei Sonnenuntergang betrachtet oder bin um eine Insel herumgewandert.

Doch ich habe die Kinder gesehen, schwarz und gelb, weiß und braun, ich habe ihre Arme um meinen Hals gespürt, habe gehört, wie sie lachten, gesehen, wie sie die Stirn kraus zogen. Ich habe ihre Eltern gehört, die mir in die Augen sahen und sagten: „Bringt die Musik zu uns, vergesst uns nicht. Die Tage in der Wüste sind heiß und trocken. Und manchmal gleicht das Herz einer Wüste und Musik ist der Regen. Bringt uns die Lieder, schickt die Musik. Kommt ihr wieder zu uns?"

In Neuschottland steht ein Leuchtturm, der sich aus den zerklüfteten Felsen erhebt. In London gibt es einen Uhrmacher, der die vollkommene Uhr von Hand fertigt. In South Tucson lebt ein Cowboy, der den wildesten Stier mit dem Lasso einfängt. In Seattle gibt es einen Künstler, der Bilder auf Sägeblätter malt.

Doch was ich gesehen habe, sind Fenster mit Blick auf den Parkplatz – Garderoben und Eingangshallen von Motels, Flughäfen und Rastplätze. Graue Backstage-Bereiche und grüne Arenen, die sich durch ein Wunder der Gnade in eine große Kathedrale verwandelten; wo zehntausend, drei oder zwanzig zusammenkommen, um Gott zu loben – nichts, was die Erde zu bieten hat, kommt einem solchen Ort gleich.

Doch ich habe die Kinder gesehen, schwarz und gelb, weiß und braun, ich habe ihre Arme um meinen Hals gespürt, habe gehört, wie sie lachten, gesehen, wie sie die Stirn kraus zogen. Ich habe ihre Eltern gehört, die mir in die Augen sahen und sagten: „Bringt die Musik zu uns, vergesst uns nicht. Die Tage in der Wüste sind heiß und trocken. Und manchmal gleicht das Herz einer Wüste und Musik ist der Regen. Bringt uns die Lieder, schickt die Musik. Kommt ihr wieder zu uns?"

Text: Gloria Gaither
Melodie: Paul Overstreet
Copyright © 1987 Gaither Music Company und Scarlet Moon Music (verwaltet von MCS Music America, Inc.). Alle Rechte vorbehalten.

I know where I am now

Ich weiß, wo ich bin

Man erzählt sich, dass der legendäre Country Music-Star Roy Acuff seine Freunde bat, ihn noch ein letztes Mal in das alte *Ryman Auditorium* zu bringen, bevor er starb. Er war alt und fast erblindet.

Das *Ryman* war geschlossen worden, als der schöne *Opryland*-Komplex gebaut wurde, der nun die *Grand Ole Opry* beherbergen sollte. Mr Acuff hatte in der voll besetzten neuen Halle viele Konzerte gegeben, doch sein Herz hing immer noch am *Ryman*, wo viele junge Künstler ihre ersten Erfolge gefeiert hatten, bevor sie Stars geworden waren. Wenn Nashville, die Musikstadt, ein Theaterstück wäre, würde das *Ryman* darin eine Hauptrolle spielen. Eigentlich war es von

Thomas Ryman, einem gläubig gewordenen Binnenschiffer, als Gotteshaus errichtet worden, und zwar zu Ehren des Predigers Sam Jones, den Gott gebraucht hatte, um Rymans Leben eine neue Richtung zu geben. Viele Jahre fanden dort Evangelisationen statt, und schließlich beherbergte es die wichtigste Live-Show der Countrymusik, die *Grand Ole Opry*, die landesweit ausgestrahlt wurde.

Wer über 50 ist und in Amerika lebt, erinnert sich daran, hat wahrscheinlich mit der Familie samstagabends vor dem Röhrenempfänger gesessen und durch das Rauschen Hank Williams, Little Jimmy Dickens, Hank Snow, Red Folly oder Minnie Pearl gehört, wie sie „How-dee" sagten.

In dem umfunktionierten Gotteshaus gab es keinen richtigen Backstage-Bereich. Um das ganze Gebäude herum verlief jedoch eine großzügig angelegte Straße, die auch am Bühneneingang – wenn man ihn denn so nennen wollte – vorbeiführte. Dort warteten winters wie sommers die Künstler, die man zu einem Konzert eingeladen hatte, bis sie an der Reihe waren. Nach und nach zogen in die kleinen Druckereien, die die Straße säumten, Cafés und Bars ein, wo Künstler und Fans vor dem Wetter geschützt warteten. Weil man dort am Samstagabend vielen Prominenten begegnete, wurde die Straße, die Printers' Alley, bald fast so berühmt wie das *Ryman* selbst.

So kam es also, dass einige Freunde von Roy Acuff seinen letzten Wunsch erfüllten und mit dem Auto über die Printers' Alley bis vor den Bühneneingang fuhren. Sie halfen dem alten Mann heraus, geleiteten ihn die Stufen hinauf bis zum Eingang und über die selbst gebaute Holzrampe, die bis zur eigentlichen Bühne führte. Als Mr Acuff seine Hand über das abgegriffene Geländer gleiten ließ, das die Rampe säumte, wandte er sich seinen Freunden zu und sagte: „Jetzt geht es mir gut; ich weiß, wo ich bin." Dann richtete er sich auf, straffte die Schultern und betrat die Bühne vor dem leeren Zuschauerraum ... allein.

Man kann nur vermuten, was dem alten Mann durch den Kopf ging, als er zum letzten Mal auf die Bühne ging. Nur in seiner Erinnerung lief das Konzert ab, doch eins ist sicher: Er war nach Hause gekommen. Seine Freunde sahen es an seiner Miene.

Als Bill und ich diese Geschichte hörten, drängte sich uns das Gefühl auf, es handele sich um eine Metapher für das Lied des Lebens, das wir beide singen. Und wir mussten einfach ein Lied darüber schreiben. Dabei dachten wir an Jake Hess, einen Freund, der schon lange Gospel singt. Er trug dieses Lied im ganzen Land vor und nahm es auch auf Video auf. Es erinnerte uns daran, dass „die ganze Welt Bühne" ist, „und alle Frau'n und Männer bloße Spieler", um es mit Shakespeare zu sagen.*

Wie gut wir unser Lied hier singen, wie deutlich wir in die ewige Melodie des Heiligen Geistes einstimmen, wird auch darüber entscheiden, ob wir im Gesang des Himmels Frieden finden. Wenn wir uns, solange wir auf der Erde leben, zum Rhythmus und Tempo bewegen, den Text und die Melodie lernen, jede Gelegenheit wahrnehmen, dieses Lied vorzusingen – egal, wie klein das Publikum auch sein mag –, werden wir merken, dass unser Vortrag eine natürliche Schönheit entwickelt.

I Know Where I am now

They loaded him in and drove to the Opry / He was old now, and weary and very near blind / They pulled in the alley that led to the stage door / They'd granted his last wish, just to be kind / Many the time he had stood by the curtain / Waiting his turn to walk out on the stage / Thund'rous applause once welcomed the entrance / Of this old performer now crippled with age

Don't worry 'bout me; I know where I am / Thanks for the hand, but now I can stand / I'll walk alone / The voices and faces – I know them all well, now / I can hear; I can see – don't worry about me / I'm finally home

---

* Wie es euch gefällt, II/7.

In life's traveling road show, I've been a performer / When burdens were heavy, when days were too long / When there was a part for an old country singer / Where folks needed hope, I sang them my son. / One of these days Someone will lead me / Through heaven's stage door and into the wings / There'll be a place in that final performance / I know my part, and I'm ready to sing

Don't worry 'bout me; I know where I am / Thanks for the hand, but now I can stand / I'll walk alone / The voices and faces – I know them all well, now / I can hear; I can see – don't worry about me / I'm finally home

Ich weiß, wo ich bin

Sie setzten ihn ins Auto und fuhren zur Opry. Er war nun alt und müde und fast vollkommen blind. Sie bogen in den Weg ein, der zum Bühneneingang führt. Sie erfüllten seinen letzten Wunsch, weil sie ihm etwas Gutes tun wollten. So oft hatte er am Vorhang gestanden, gewartet, bis er an der Reihe war, die Bühne zu betreten. Donnernder Applaus hatte ihn begrüßt, den greisen Sänger, vom Alter gebeugt.

Macht euch keine Sorgen um mich, ich weiß, wo ich bin. Danke, dass du mir die Hand reichst, doch hier kann ich steh'n. Ich gehe allein weiter – die Stimmen, die Gesichter – ich kenne sie alle. Ich kann hören, ich kann sehen – macht euch um mich keine Sorgen. Ich bin endlich zu Hause!

Auf der Konzerttournee des Lebens war ich ein Künstler. Wenn die Last schwer wurde und die Tage lang, wenn es irgendwo einen Platz für einen alten Country-Sänger gab, wenn die Menschen Hoffnung brauchten, dann sang ich ihnen mein Lied. Eines Tages wird mich einer durch den Bühneneingang des Himmels und in die Kulissen geleiten. Da gibt es einen Platz für mich im letzten Konzert – ich kenne meinen Part und bin bereit zu singen.

Macht euch keine Sorgen um mich, ich weiß, wo ich bin. Danke, dass du mir die Hand reichst, doch hier kann ich steh'n. Ich gehe allein weiter –

die Stimmen, die Gesichter – ich kenne sie alle. Ich kann hören, ich kann sehen – macht euch um mich keine Sorgen. Ich bin endlich zu Hause!

Text: Gloria Gaither
Melodie: William J. Gaither
Copyright © 1997 Gaither Music Company. Alle Rechte vorbehalten.

There's Something About That Name

Hinter diesem Namen steckt mehr

Ein Name ist ein Symbol für das, was den Namensträger ausmacht. Name und Realität müssen übereinstimmen. In der ganzen Bibel wird deutlich: Gott legt großen Wert auf Namen. Oft gab er Menschen neue Namen, die besser passten als ihr alter Name. Andere beurteilte er danach, ob sie ihrem Namen gerecht wurden.

Als Gott seine Liebe für die Menschheit dadurch offenbarte, dass er durch seinen Sohn mitten unter ihnen wohnen würde, legte er dessen Namen eindeutig fest: „Dem sollst du den Namen Jesus geben", sagte der Bote Gottes zu der Jungfrau, „denn er wird sein Volk aus den Sünden erretten." Das war nur der Anfang der Selbstoffenbarung Gottes. Später wurde an dem Fleisch gewordenen Wort deutlich, wie Gott wirklich war.

Ich musste wie alle, die ihren Weg mit Gott gehen, lernen, „welches die Breite und die Länge und die Höhe und die Tiefe, auch die Liebe Christi [zu mir] erkennen, die alle Erkenntnis übertrifft, damit [ich] erfüllt werde mit der ganzen Gottesfülle" (siehe Epheser 3,18–19; L).

Als ich noch jung war, sangen wir oft „Jesus is All I Need" („Ich brauche nur Jesus"). Im Grunde mochte ich dieses Lied nicht besonders. Wenn wir es anstimmten, dachte ich bei mir: *Also, ich brauche noch eine ganze Menge mehr. Ich brauche jemanden, der mich liebt. Ich brauche einen Körper, der mich wärmt, ein freundliches Gesicht, jemanden, mit* dem ich beim Frühstück reden kann und der dann auch etwas erwidert. Ich brauche ruhige Spaziergänge am Strand und eine gute Tasse Kaffee mit einem Freund, dem ich nicht erklären muss, wie es mir geht.

Wie oberflächlich ich war! Im Laufe der Jahre habe ich dann begriffen, dass in den Berichten der Evangelien Jesus immer mit den uralten Gottesworten „ICH BIN" antwortete, wenn jemand eine Not vor ihn brachte. Und das Leben hat mich gelehrt, warum Jesus „ICH BIN" entgegnete.

Ich kann seine Jünger förmlich hören. Sie sitzen um ein Lagerfeuer am See Genezareth, singen „Ich brauche nur Jesus", und Petrus wirft in seiner direkten und ungehobelten Art ein: „Na ja, das ist ja alles schön und gut, aber ich jedenfalls brauche jetzt auch mein Abendbrot." Und Jesus entgegnet schlicht, aber mit der Gewissheit des Endgültigen: „ICH BIN das Brot."

Oder nehmen wir die Frau am Brunnen. Als sie den schweren Eimer mit dem Trinkwasser über den Brunnenrand hievt, denkt sie: *Wie gut, dass wir schon seit vielen Generationen diesen tiefen Brunnen haben. Ich mag eine Ausgestoßene sein, aber zumindest habe ich diesen Brunnen.* Plötzlich sagt der Fremde, der sie um etwas zu trinken gebeten hat: „Wenn du nur wüsstest, wer ich bin, würdest du mich um Wasser bitten. Dieser Brunnen wird irgendwann austrocknen, aber ICH BIN das Wasser, dessen Quelle nie versiegt, und ich stille auch den Durst, den kein Wasser löschen kann."

Maria und Marta sehen, wie Jesus die staubige Straße nach Betanien heraufzieht. Sie laufen ihm entgegen. Marta platzt heraus: „Unser Bruder Lazarus ist tot, und ehrlich gesagt kann ich einfach nicht glauben, dass du nicht früher gekommen bist. Warum hast du so lange gebraucht? Du wusstest doch, dass er krank war! Wenn du hier gewesen wärst, wäre er nicht gestorben!"

Marta, die so viele „Wenns" auf den Lippen hat. Jesus packt sie bei den Schultern und hebt ihr Kinn, sodass sie seinem Blick nicht ausweichen kann. „ICH BIN die Auferstehung und das Leben", sagt er.

Jesu engste Freunde sind verwirrt, weil er offenbar eine Abschiedsparty feiert. Wo will er hingehen? Können sie mitkommen? Wie lange wird er wegbleiben? Wer wird ihn als Lehrer vertreten, während er unterwegs ist? So viele Fragen. „Ich werde eine Weile weg sein, und dann werdet ihr dorthin kommen, wo ich bin", sagt Jesus zu ihnen und gibt ihnen damit zu verstehen, dass er zeitlich oder örtlich – vielleicht sogar beides – von ihnen getrennt sein wird, und möglicherweise werden sie sich orientierungslos fühlen.

„Wie können wir dorthin kommen, wo du bist?", fragt Thomas. „Wir haben nicht die geringste Ahnung, in welche Richtung wir gehen sollen."

„ICH BIN der Weg", sagt er ihnen.

„Aha!", rufen seine Peiniger. „Du bist also der König der Juden?" Sie müssen sich vor Lachen den Bauch halten. „Ein König braucht ein Zepter! Hier!", brüllt ein Soldat und bricht einen Ast von einem Strauch ab, der dort wächst. Er steckt ihn Jesus in die Hände. Die Wachen packen Jesus an den Stricken, mit denen man seine Hände zusammengebunden hat, und zerren ihn vor Pilatus, der in den Spott einstimmt: „Malen wir doch ein großes Schild: König der Juden!" Er tritt einen Schritt zurück, um sich sein „Kunstwerk" vorzustellen, und wendet sich dann Christus zu.

„Du bist also der König?", fragt Pilatus und grinst selbstgefällig angesichts dieser lächerlichen Scharade.

„ICH BIN es", entgegnet Jesus nur.

„Gut – und was ist die Wahrheit?", fragt Pilatus zynisch.

Selbst Fesseln, Dornen, Wunden und Erniedrigung können seine Autorität nicht untergraben: „ICH BIN die Wahrheit."

Und auch wir bringen wie die anderen unseren Protest vor. Der hungrige Petrus in uns sagt: „Aber wir brauchen doch jemanden, der mit uns isst, der weiß, wie es um unseren tiefsten Hunger steht."

„ICH BIN das Brot", sagte Jesus, und irgendwie wissen wir, dass er damit nicht nur unseren knurrenden Magen meint, sondern auch unseren ausgehungerten Geist und die ausgetrocknete Seele.

Der zynische Pilatus in uns sagt: „Wir brauchen intellektuelle Anregung. Wir brauchen Antworten auf die Fragen, die sich nicht unterdrücken lassen. Wir wollen lernen. Wir müssen fragen. Wir brauchen die Wahrheit."

„ICH BIN die Wahrheit", hören wir ihn sagen.

Wir sind es leid, uns um so viele komplizierte Einzelheiten zu kümmern, und schauen uns nach jemandem um, der für uns das Denken übernimmt. Wir haben es satt, „an uns selbst zu arbeiten, damit wir gerettet werden", „Furcht und Zittern" laugen uns aus. Wir brauchen jemanden, der für uns denkt, vielleicht eine charismatische Führungspersönlichkeit, der all die Grauzonen unseres moralischen Dilemmas in Schwarz und Weiß malen kann, der uns leicht verdauliche Antworten auf unsere schweren Fragen gibt. Vielleicht den Ehemann oder eine andere Autorität, der wir uns unterordnen, einen Evangelisten vielleicht oder einen Prediger – oder auch einen neu gewählten Politiker, der diese schwierigen gesellschaftlichen Fragen zu einem Problem der Regierung macht, damit wir uns nicht mehr darum kümmern müssen. Wir brauchen einen König – ja, das ist es: einen Monarchen, einen Profi, der den Weg freimacht.

Voller Entsetzen blicken wir auf seinen entstellten Körper. Jesus richtet sich auf – trotz seiner Todesqualen –, um uns anzublicken. Er kann nicht die Hände nach uns ausstrecken. Er ist gebunden, er ist machtlos. Und doch liegt in seiner Machtlosigkeit eine erstaunliche Kraft. Wir sehen das Wort „König" wie eingraviert auf seiner Stirn. „Darum wurde ich geboren und darum kam ich in die Welt", sagt er noch, bevor sie ihm das Kreuz auflegen und ihn abführen.

Frustriert tragen wir unsere Träume in den Leinentüchern zu Grabe. Wir vergießen Tränen der Trauer, versuchen, nicht darüber nachzudenken, wie es anders hätte kommen können. Ja, das sind wirklich die traurigsten Worte, die es gibt.

Einige Menschen, die uns nahe stehen, besuchen uns, um ihr Beileid darüber auszudrücken, dass wir unsere hochfliegenden Hoffnungen begraben mussten. Andere täuschen nur vor zu trauern, doch wir wissen, dass sie heimliche Schadenfreude empfinden. „Sie haben mehr als ihren Anteil bekommen. Jetzt wissen sie, wie wir uns fühlen. Wir hatten nicht einmal die Chance zu träumen."

Dann sehen wir ihn kommen und spüren seine angenehme Gegenwart. Wir stürzen uns in seine Arme. „Wo warst du?", weinen wir. „Wenn du hier gewesen wärst ... Wir haben dich gebraucht, aber du warst so lange weg. Warum bist du nicht zu uns gekommen? Wenn du hier gewesen wärst, wären unsere Träume nicht gestorben."

Wir spüren, wie er die Hand unter unser Kinn legt, sodass wir aufschauen. Durch den Tränenschleier sehen wir kaum etwas, doch seinem Blick können wir nicht ausweichen. „Meine Tochter, mein Sohn, ICH BIN die Auferstehung und das Leben." Und dann begreifen wir, dass er in das eiskalte Grab unserer Seele blickt; mit lauter Stimme ruft er aus: „Mein Geliebter, komm heraus!" Bis in die Zehen breitet sich die Wärme aus. Seine Stimme erweckt auch uns zum Leben!

Der Weg, den ich zurückgelegt habe, seit mir die Bedeutung hinter den Namen bewusst wurde, hat mich gelehrt, dass im Namen Jesu Kraft liegt, denn das ist der Name, der all die Eigenschaften dieses großen „ICH BIN" in unsere menschliche Existenz bringt. Wir werden Jahwes Größe niemals wirklich ermessen können, die Größe dieses „ICH BIN", der durch sein Wort das Universum ins Leben rief. Doch wir können Zugang dazu erhalten. Das sind die Worte, die Gott in die Leere spricht, die in jedem von uns herrscht. Sie sind die Antwort auf alle Fragen.

Wenn ein Kind im Fieberdelirium liegt, hören Sie auf das „ICH BIN" Jesu, und Sie dürfen erfahren, dass er eine kühlende Hand ist, die sich auf die Stirn des Kindes legt. Wenn

Verbitterung und Streit Familien auseinanderreißen und Herzen verhärten lassen, dann liegt in dem „ICH BIN" die Kraft, die uns heilt und uns neue Zuversicht schenkt. Wenn unsere Eltern in die Ewigkeit eingehen und wir sie nicht zurückholen können, dürfen wir sicher sein, dass sie auf der anderen Seite als Erstes den Willkommensruf „ICH BIN" hören. Wenn Diktatoren unseren Planeten bedrohen und ganze Völkerschaften auslöschen, dann ist das „ICH BIN" jenes Wort, an das wir uns klammern können, um in einer irre gewordenen Welt geistig gesund zu bleiben.

Wenn sich aus der Asche bitterer Enttäuschung neue Träume wie ein Phönix auf den Flügeln des neuen Morgens erheben, wir auf unser Leben zurückblicken und Asche wie Altäre zu beiden Seiten unseres Lebensweges aufgehäuft sehen, dann können wir sicher sein, dass wir wirklich nur Jesus brauchen. In diesem Namen steckt wirklich und in der Tat Kraft.

There's Something About That Name

Jesus. Jesus. Jesus. There's just something about that name / Master, Savior, Jesus – like the fragrance after the rain / Jesus! Jesus! Jesus! Let all heaven and earth proclaim / Kings and kingdoms will all pass away / But there's something about that name

Hinter diesem Namen steckt mehr

Jesus. Jesus. Jesus. Hinter diesem Namen steckt mehr. Meister, Retter, Jesus – wie der frische Duft nach dem Regen. Jesus! Jesus! Jesus! Himmel und Erde sollen ihn verkünden! Könige und Reiche werden abtreten, doch hinter diesem Namen steckt noch mehr.

Gesprochen: Allein seinen Namen auszusprechen kann den Sturm stillen, die Zerbrochenen heilen, die Toten auferwecken. Ich habe erlebt, wie Männer, hartnäckige Sünder, in Tränen ausbrachen, innerlich zerbrochene Menschen neu

wurden und in den Augen eines verzweifelten Kindes wieder ein Hoffnungsschimmer aufblitzte, wenn der Name Jesu ausgesprochen wurde.

Dann wandeln sich Hass und Verbitterung in Liebe und Vergebung; der Streit nimmt ein Ende.

Ich habe gehört, wie eine Mutter am Bett ihres fiebernden Kindes den Namen Jesu flüsterte, und gesehen, wie der kleine Körper ruhig wurde und die heiße Stirn kühl.

Ich habe neben einer sterbenden Heiligen gesessen, ihr Körper wand sich in Schmerzen, und in den letzten Sekunden brachte sie noch einmal die Kraft auf, den schönsten Namen der Erde zu flüstern: „Jesus, Jesus ..."

Kaiser versuchten, diesen Namen auszulöschen; Philosophen wollten ihn ausmerzen. Tyrannen versuchten, ihn mit dem Blut derjenigen vom Antlitz der Erde zu waschen, die ihn anriefen. Und doch bleibt dieser Name bestehen.

Es wird der Tag kommen, da jede Stimme, die auch nur einmal einen Laut von sich gegeben hat, sich in einem gewaltigen Chor erheben wird, um den Namen Jesu zu proklamieren, denn an jenem Tag wird sich jedes Knie beugen und jede Zunge bekennen, dass Jesus Christus wahrhaft Herr ist.

Ihr seht also, es war kein Zufall, dass der Engel eines Nachts vor langer Zeit zu der Jungfrau sagte: „Er wird Jesus heißen."

Jesus. Jesus. Jesus. In diesem Namen steckt Kraft.

Text und Lesung: William J. und Gloria Gaither
Melodie: Bill Gaither
Copyright © 1970 by William J. Gaither. Alle Rechte vorbehalten.

The King is Coming

Der König kommt

1970 beschäftigten Bill und ich uns nicht gerade intensiv mit der Wiederkunft Christi. Gerade war unser drittes Kind geboren worden. Wir waren oft unterwegs und gaben an den Wochenenden Konzerte, und wie die meisten jungen Ehepaare dachten wir viel mehr an Neuanfänge als an ein wie auch immer geartetes Ende. Wir glaubten ganz fest, dass Jesus eines Tages wiederkommen würde, um die Menschen, die zu Gott gehörten, zu sich nach Hause zu holen, doch unsere Liedtexte konzentrierten sich eher darauf, was Gott heute in unserem Leben tun und wie es unsere Entscheidungen und Prioritäten beeinflussen kann, wenn wir ihm dienen.

Eines Tages kam unser Freund Chuck Millhuff, ein Evangelist, zusammen mit dem Musikevangelisten Jim Bohi zu uns zum Essen. Wir redeten über verschiedene Ideen, und Bill erwähnte eine Predigt über die Wiederkunft Christi, die er von Jim Crabtree, einem anderen großartigen Evangelisten, gehört hatte. Jim erzählte, dass Crabtree darauf hingewiesen habe, dass wir in der hektischen Welt von heute diese Wahrheit zwar oft aus dem Blick verlieren, das aber nichts an der Tatsache ändern würde, dass Jesus eines Tages wiederkommt. Zum Schluss des Gottesdienstes war er durch die Reihen der Gemeinde gegangen wie ein Stadtausrufer im Amerika der Kolonialzeit und hatte mit erhobener Stimme gerufen: „Der König kommt! Der König kommt!"

Wir redeten darüber, wie wichtig es für alle Menschen – junge wie alte – ist, so zu leben, als ob Jesus noch heute wiederkommen würde, uns Ziele zu setzen, Entscheidungen zu treffen, Kinder großzuziehen und unserer Arbeit nachzugehen mit der Perspektive, dass unser Herr jederzeit wiederkommen kann.

Wie konnten wir diese aufregende Vorstellung in einem Lied festhalten, das denselben drängenden Unterton hatte wie die Botschaft dieses großen Evangelisten?

Wir begannen darüber nachzudenken, wie normal – oder eben nicht normal – der Tag der Wiederkunft Jesu sein würde. Bill brachte einige Bilder und Vergleiche ins Gespräch, wie etwa das Entfalten königlicher Roben oder die Zusammenstellung des größten Chors aller Zeiten.

Als uns Chuck und Jim an jenem Tag verließen, redeten Bill und ich noch weiter über die Wiederkunft Christi und darüber, wie sie sich auf die Welt, in der wir lebten und arbeiteten, auswirken würde. Wie würde sie den Alltag der Menschen, die wir kannten, verändern?

Bill kann das, was ihn im Innersten bewegt, am besten mit Musik ausdrücken, und schon bald war er dabei, sich einen Song auszudenken, der zu diesem Thema am besten passte, er sollte schlicht und doch großartig sein – wie eine Krönungsprozession. Der Refrain fällt ihm meistens als Erstes ein. In diesem Fall wussten wir, dass wir mit dem Lied das Gleiche wollten wie die Predigt: Wir wollten im übertragenen Sinne durch die Straßen unserer Welt laufen und die Menschen darauf aufmerksam machen, dass der König kommt. Der Text für den Refrain lautete folglich: „Der König kommt! Der König kommt!"

Zu der Zeit hatten wir unser Büro noch im Haus. Den ganzen Tag gingen Leute ein und aus. Doch selbst mit drei Kleinkindern, für die ich zu sorgen hatte, und einem Telefon, das den ganzen Tag klingelte, ging mir die Idee nicht mehr aus dem Kopf. Ich summte Bills Melodie vor mich hin, während ich das Essen kochte, den Abwasch erledigte und ans Telefon ging.

Mit einem Mal nahm die Idee Gestalt an, und ich hatte das Gefühl, als würde mir der Text diktiert. Ich legte Benjamin in den Stubenwagen, ließ Amy um meine Füße herumkrabbeln, schnappte mir einen Bleistift und fing so schnell ich konnte an zu schreiben:

Der Marktplatz liegt verlassen da – kein Auto fährt mehr in der Stadt. Der Arbeiter lässt sein Werkzeug liegen – keine Zeit mehr, den Weizen zu ernten. Hausfrauen hören auf zu arbeiten; keine Debatten mehr im Gerichtssaal. Die Arbeit auf der Erde kommt zum Stillstand, wenn der König durch das Tor einzieht.

Davor hatte ich mir das Ende der Welt immer in erster Linie als Gerichtstag vorgestellt, aber an diesem Tag dachte ich daran, wie die Lebensgeschichten all dieser Menschen, die der Satan vergebens versucht hatte, ins Verderben zu reißen, ein gutes Ende fanden. Ich dachte daran, dass Jesus der Meister der Heilung und Wiederherstellung war. Kaputte Ehen und Beziehungen machte er wieder heil, sein Geist überwand auch den Generationenkonflikt. Vor mir sah ich das Bild eines Königs, der die Zeitläufe entlanggeht. Sein Weg wird gesäumt von den Scharen der Zeugen, die seine rettende Gnade erlebt haben.

Glückliche Gesichter säumen die Korridore: Menschen, die er errettet hat. Zerbrochene Beziehungen, die er geheilt hat, Menschen, die er aus dem Gefängnis befreit hat. Kleine Kinder und Alte stehen Hand in Hand und strahlen über das ganze Gesicht. Einst verkrüppelte, zerbrochene, kaputte Menschen sind alle in weiße Gewänder gehüllt.

Vor mir sah ich das Bild einer großen Prozession. Der große Erlöser, der aus freien Stücken als hilfloses Baby mit all den Begrenzungen des Menschseins in unsere Welt kam, die lebendige Wahrheit in Person, der seine Botschaft in menschlicher Sprache mit all ihren Begrenzungen verkündete – er würde wiederkommen. Dieses Mal würde er nicht weinend in einer Krippe liegen oder stöhnend am Kreuz hängen. Dieses Mal würde es keine „stille Nacht" geben. Dieses Mal würde Jesus in Herrlichkeit erscheinen, als König aller Könige, Herr aller Herren – in einem triumphalen Einzug, wie es ihn niemals im Laufe der Geschichte gegeben hat.

Als ich den Liedtext weiterschrieb, kamen mir Chucks Bilder wieder in den Sinn, und ich fügte sie in die Zeilen ein, die mir wie von selbst aus der Feder flossen.

Ich höre die Kutsche nahen, sehe die marschierende Menschenmenge. Die Posaunen kündigen an, dass Sünde und

Schuld vergangen sind. Die königlichen Gewänder werden entfaltet, die himmlische Tribüne steht *und die versammelten Himmelschöre stimmen „Oh Gnade Gottes"* an.

Als der Text fertig war, fühlte ich mich erschöpft, aber ich zitterte fast vor Aufregung. Ich nahm den Text mit zu Bill hinüber, der sich gleich ans Klavier setzte, eine Melodie spielte und dazu meinen Text sang. Die Worte passten genau zu der Musik, die ihm im Kopf herumgegangen war. Sein Refrain beendete das Lied mit einer schlichten, aber kraftvollen Melodie.

Noch einige Male durften wir Ähnliches erfahren: solche seltenen Momente, in denen wir wussten, dass Gott uns etwas geschenkt hatte, das wir nicht als unser geistiges Eigentum beanspruchen durften. Ob nun jemand unser Lied sang oder nicht – wir hatten etwas Wichtiges von unserem Vater gehört, und zumindest *wir* mussten unser Leben an einer Wahrheit ausrichten, die größer war als wir selbst oder ein Lied.

Im Laufe der Jahre haben viele Künstler „The King Is Coming" aufgenommen, und wir selbst haben es Hunderte von Malen in Konzerten gesungen. Immer hat es auf das Publikum eine Wirkung, die man nur als heilige Ehrfurcht beschreiben kann.

Irgendwann einmal werden wir oder jemand anders dieses Lied zum letzten Mal singen. Der Klang der Posaunen auf der Bühne wird von einer gewaltigen Fanfare aus der Posaune des Erzengels Michael übertönt werden, und statt uns die Wiederkehr unseres Herrn nur vorzustellen, werden wir den „Menschensohn mit Macht und großer Herrlichkeit in den Wolken des Himmels kommen sehen" (Lukas 21,27).

Denn der Herr selbst wird mit einem lauten Befehl, unter dem Ruf des Erzengels und dem Schall der Posaune Gottes vom Himmel herabkommen. Dann werden zuerst alle Gläubigen, die schon gestorben sind, aus ihren Gräbern auferstehen. Und mit ihnen zusammen werden auch wir Übrigen,

die noch auf der Erde leben, auf den Wolken hinaufgehoben werden in die Luft, um dem Herrn zu begegnen und in Ewigkeit bei ihm zu bleiben.
1. Thessalonicher 4,16–17

Tröstet einander mit diesen Worten: Der König kommt!

The King is Coming
The marketplace is empty – no more traffic in the streets / All the builders' tools are useless – no more time to harvest wheat / Busy housewives cease their labors; in the courtroom, no debate / Work on earth has been suspended, as the King comes through the gate

The railroad cars are empty as they rattle down the tracks / In the newsroom no one watches as machines type pointless facts / All the planes veer off their courses; no one sits at the controls / For the King of all the ages comes to claim eternal souls

Happy faces line the hallways, those whose lives have been redeemed / Broken homes that he has mended, those form prison He has freed / Little children and the aged hand in hand stand all aglow / Who were crippled, broken, ruined, clad in garments white as snow

The King is coming! The King is coming / I just heard the trumpet sound and now His face I see / Oh, the King is coming! The King is coming / Praise God, He's coming for me

I can hear the chariot's rumble; I can see the marching throng / The flurry of God's trumpet spells the end of sin and wrong / Regal robes are now unfolding; heaven's grandstand's all in place / Heaven's choirs, now assembled, start to sing „Amazing Grace."

The King is coming! The King is coming / I just heard the trumpet sound and now His face I see / Oh, the King is coming! The King is coming / Praise God, He's coming for me

Der König kommt

Der Marktplatz liegt verlassen da – kein Auto fährt mehr in der Stadt. Der Arbeiter lässt sein Werkzeug liegen – keine Zeit mehr, den Weizen zu ernten. Hausfrauen hören auf zu arbeiten; keine Debatten mehr im Gerichtssaal. Die Arbeit auf der Erde kommt zum Stillstand, wenn der König durch das Tor einzieht.

Leere Eisenbahnwaggons rattern über die Schienen. Niemand sieht zu, während die Maschinen bedeutungslose Zeitungsnachrichten drucken. Alle Flugzeuge kommen vom Kurs ab, niemand sitzt am Steuer, denn der König aller Zeitalter kommt, um die Menschen zu sich zu holen.

Glückliche Gesichter säumen die Korridore: Menschen, die er errettet hat. Zerbrochene Beziehungen, die er geheilt hat, Menschen, die er aus dem Gefängnis befreit hat. Kleine Kinder und Alte stehen Hand in Hand und strahlen über das ganze Gesicht, einst verkrüppelte, zerbrochene, kaputte Menschen sind alle in weiße Gewänder gehüllt.

Der König kommt! Der König kommt! Gerade habe ich die Posaune gehört und nun sehe ich sein Gesicht. Oh, der König kommt! Der König kommt! Preist Gott, er kommt für mich!

Ich höre die Kutsche nahen, sehe die marschierende Menschenmenge. Die Posaunen kündigen an, dass Sünde und Schuld vergangen sind. Die königlichen Gewänder werden entfaltet, die himmlische Tribüne steht und die versammelten Himmelschöre stimmen „Oh Gnade Gottes" an. Der König kommt!

Der König kommt! Gerade habe ich die Posaune gehört und nun sehe ich sein Gesicht. Oh, der König kommt! Der König kommt! Preist Gott, er kommt für mich!

Text: William J. und Gloria Gaither und Charles Milhoff
Melodie: William J. Gaither
Copyright © 1970 by William J. Gaither. Alle Rechte vorbehalten.

$\mathcal{I}$ Could Never Outlove the Lord

Niemals könnte ich mehr lieben als der Herr

„Mit dem bin ich fertig", sagte Bill, als er durch die Hintertür hereinkam. „Er nimmt und nimmt, aber gibt nie etwas zurück. Es wäre eine andere Sache, wenn ich bei ihm allmählich Anzeichen der Reife wahrnehmen könnte, aber mit ihm zu arbeiten ist wie Wasser in ein Sieb zu gießen." Bill verschwand im Schlafzimmer und kam kurz darauf in seinen Bermudashorts zurück. „Ich gehe jetzt den Rasen mähen."

Ich konnte nicht viel dazu sagen. Er hatte recht. Die Person, von der er sprach, war völlig unreif, und mehr als einmal hatte ich mitbekommen, wie er Bill ausgenutzt hatte. Der sonst so geduldige Mann, den ich geheiratet hatte, war mit seiner Geduld am Ende. Er hatte keine Lust mehr; unser Freund hatte dieses Mal nicht nur Unreife gezeigt, sondern ihn mehr oder weniger übers Ohr gehauen.

Bill zog mit dem Rasenmäher eine Runde nach der anderen. Wenn er ein schweres Problem zu wälzen hatte, arbeitete er gern im Garten – mähte den Rasen, schnitt Äste oder sammelte Tannenzapfen auf.

Doch bald hörte ich, wie er den Motor abstellte. Er kam in die Küche, wo ich gerade unsere kleine Tochter fütterte.

„Weißt du, was ich in dieser Sache unternehmen werde?" Er nahm ganz zu Recht an, dass ich wusste, was er mit „dieser Sache" meinte.

Ich wartete.

„Ich mache genau das, was ich bisher schon gemacht habe. Ich werde weiter geben und vergeben und ihn lieben. Was kann ich denn sonst tun? Solange Gott mir Gnade schenkt und vergibt, habe ich gar keine andere Wahl."

Dann sagte er einen Satz, der bei uns zu Hause fast ein geflügeltes Wort war: „Schließlich können wir niemals mehr lieben als unser Herr", meinte Bill.

Wir überlegten gemeinsam, was das für diese konkrete Situation bedeuten könnte. Bald saßen wir im Wohnzimmer am Klavier und machten ein Lied daraus. Wir erinnerten uns, wie oft Gott ein geduldiger Freund, ein vergebender Vater, ein gnädiger Seelsorger gewesen war. Wir sprachen auch über die Grenzen unserer Verantwortung: Unsere Aufgabe ist es, den anderen zu lieben, ihm zu vergeben und auch die zweite Meile mit ihm zu gehen. Gottes Aufgabe hingegen ist es, Herz und Wesen eines Menschen zu verändern.

Wie wohl die meisten Menschen fragten wir uns, wo dabei die Grenze zu setzen wäre. Gibt es überhaupt Grenzen? Wir fühlten uns an eine Bibelstelle erinnert, wo Petrus von Jesus wissen wollte: „Wie oft soll ich denn vergeben? Reicht sieben Mal?" (vgl. Matthäus 18,21) In der Bibel wird die Sieben oft als Symbol für Vollkommenheit gebraucht. Wählte Petrus diese Zahl, weil er sich für außerordentlich großzügig hielt, was seine Vergebungsbereitschaft anging? Stellte die Sieben für ihn die äußerste Grenze menschlicher Vollkommenheit dar?

Die Antwort ließ Petrus erstarren. „Nicht sieben Mal musst du vergeben, sondern siebzig mal sieben Mal", sagte Jesus. Damit schien er sozusagen die Vollkommenheit, multipliziert mit Unendlich zu fordern. Offenbar verlangte er von Petrus, sich nach Jesu unendlich weiten Grenzen zu richten, was Gnade und Vergebungsbereitschaft betraf.

Lehrte nicht auch Jesus, dass die direkte Konfrontation manchmal notwendig ist? Ja. Sagte er nicht zuweilen, dass man klar die Richtung angeben muss? Ja. Doch er zeigte auch immer Mitleid, Geduld und den Glauben an das positive Potenzial selbst im schlechtesten Menschen.

„Gehe hin und sündige hinfort nicht mehr."

„Geh heim. Dein Glaube hat dich geheilt."

„Auch ich will dich nicht verurteilen."

„Noch an diesem Tag wirst du mit mir im Paradies sein."

Das sind Beispiele dafür, wie Jesus mit Menschen umging, die etwas falsch gemacht hatten.

Noch am gleichen Tag war das Lied *I Could Never Outlove the Lord* fertig. Wir taten, was wir immer getan hatten.

Und Gott tat das, was er immer tut. Wir sind mit dem Mann, über den sich Bill beim Rasenmähen solche Gedanken gemacht hatte, immer noch befreundet. Er ist immer noch dabei, der Mensch zu werden, den Gott bei seiner Erschaffung eigentlich im Sinn hatte. Der Herr hat ihn gebraucht, um Hunderte von Menschen zu erreichen, die wir niemals hätten erreichen können. Ist er schon vollkommen? Noch nicht. Sind wir vollkommen? Oh nein!

Doch was Gott in jedem von uns angefangen hat, wird er auch vollenden. Das hat er versprochen. Und heute, 25 Jahre nach jenem Tag, an dem die Freundschaft auf der Kippe stand, begreifen wir, dass es immer noch stimmt: Wir können niemals, niemals mehr lieben als unser Herr.

I Could Never Outlove the Lord
There've been times when giving and loving brought pain,/ And I promised I would never let it happen again / But I found that loving was well worth the risk / And that even in losing, you win

I'm going to live the way He wants me to live / I'm going to give until there's just no more to give / I'm going to love, love 'til there's just no more love / I could never, never outlove the Lord

He showed us that only through dying we live / And He gave when it seemed that there was nothing to give / He loved when loving brought heartache and loss / He forgave from an old rugged cross

I'm going to live the way He wants me to live / I'm going to give until there's just no more to give / I'm going to love, love 'til there's just no more love / I could never, never outlove the Lord

Niemals könnte ich mehr lieben als der Herr
Manchmal bereitet es Schmerzen, den anderen zu lieben und ihm etwas zu geben; und ich habe mir geschworen, dass mir das nicht noch einmal

passieren wird. Doch ich habe herausgefunden, dass Liebe den Einsatz wert ist. Denn selbst wenn man verliert, gewinnt man.

Ich will so leben, wie Jesus es von mir will. Ich will geben, bis nichts mehr übrig ist. Ich will lieben, bis keine Liebe mehr übrig ist, denn niemals, niemals könnte ich mehr lieben als der Herr.

Er zeigte uns, dass wir leben, indem wir sterben, und er gab, als scheinbar nichts mehr da war, das man geben konnte. Er liebte uns, als Liebe nur Verlust und Schmerzen bedeutete, und vergab, als er am Kreuz hing.

Ich will so leben, wie Jesus es von mir will. Ich will geben, bis nichts mehr übrig ist. Ich will lieben, bis keine Liebe mehr übrig ist, denn niemals, niemals könnte ich mehr lieben als der Herr.

Text: William J. und Gloria Gaither
Melodie: William J. Gaither
Copyright © 1972 by William J. Gaither. Alle Rechte vorbehalten.

The Church Triumphant
Die triumphierende Gemeinde

Meine Eltern verbrachten ihre gesamte Dienstzeit als Pastoren in kleinen Gemeinden im ländlichen Michigan. Ihre Gabe und Berufung bestand augenscheinlich darin, neue Gemeinden zu gründen und ihnen durch Lehre und Seelsorge ein festes Fundament an die Hand zu geben. An manchen Orten gestaltete sich ihr Dienst schwierig. An anderen war es die reine Freude. Überall mussten sie mehrere Jahre in die Arbeit investieren. Die Gemeinden lagen oft weitab von den großen Städten. Oft kamen nur wenige Menschen zum Gottesdienst und Pastoren wie sie erfuhren kaum Ermutigung.

Doch jedes Jahr im Juni fuhr unsere Familie zur internationalen Konferenz unseres Gemeindebundes. Das war eine Oase der Gemeinschaft inmitten der seelischen Wüste. Diese Reise schenkte meinen Eltern auch immer wieder die Gewissheit, dass der Leib Christi ein großer lebendiger Organismus ist, der mit Christus, dem Haupt, harmonisch zusammenwirkt. Dieses Gesamtbild vor Augen zu haben, ließ sie durchhalten, wenn sie zu Hause – bildlich gesprochen – nur einzelne Körperteile wie etwa Kniescheiben oder Ellenbogen zu Gesicht bekamen.

Auch Bill war in einer kleinen Gemeinde aufgewachsen, in einem Dorf in Indiana. Dort begleitete er als Junge zum ersten Mal am Klavier und dirigierte als College-Student den Chor. Dort sammelte er auch Erfahrungen als Anbetungsleiter und Leiter von Gesangsgruppen – Trios, Quartetten oder größeren Ensembles.

Er erlebte, dass Pastoren manchmal der Mut sank und sie keine Perspektive mehr hatten, bis schließlich ein Reise-Evangelist oder Missionar in die Stadt kam, der den Menschen zeigte, wie Gott draußen in der Welt wirkte. Sie erzählten Geschichten oder zeigten Dias, die den Menschen wieder Mut machten und sie neu sehen lehrten, dass das Feld außerhalb der Grenzen ihrer Kleinstadt im mittleren Westen „weiß zur Ernte" war.

Im Laufe der Jahre hatten Bill und ich das Vorrecht, viele sehr unterschiedliche Mitglieder von Gottes wunderbarer Familie kennenzulernen. Weil wir beide wissen, wie man sich fühlt, wenn man isoliert und entmutigt ist, liegt uns viel daran, Gottes großer Familie deutlich zu machen, wie sehr wir einander brauchen.

Jedes Mal, wenn ein Mensch zu Gott findet, jedes Mal, wenn jemand seine Gaben in der Gemeinschaft der Gläubigen ausübt, jedes Mal, wenn eine Familie in Not von einer liebevollen Gemeinde aufgefangen wird, bestätigt sich diese Wahrheit aufs Neue: Die triumphierende Gemeinde lebt und es geht ihr gut!

Jemand hat einmal gesagt, dass die Gemeinde auf ihrem Tiefpunkt besser ist als die Welt in Hochform. Unserer Erfahrung nach stimmt das. Wir sind nicht vollkommen, aber wir sind Menschen, in denen Gott ein gutes Werk begonnen hat, und er hat versprochen, dass er es „vollenden wird bis zu dem Tag, an dem Christus Jesus wiederkommt" (Philipper 1,6).

Im Laufe der Jahrhunderte gab es immer wieder Menschen, die die Gemeinde auszulöschen versuchten. Feinde des Kreuzes Christi wollten sie in Misskredit bringen. Tyrannen versuchten sie auszumerzen, indem sie die Gläubigen umbrachten, in der irrigen Annahme, dass sie die Wahrheit töten könnten, indem sie ihren Verkündigern das Leben nahmen. Andere verwässerten ihre Botschaft, bis die Wahrheit fast nicht mehr zu erkennen war, weil sie nicht verstanden, dass die Kirche Jesu Christi kein System der Situationsethik, sondern ein lebendiger Organismus ist.

Doch in allen geschichtlichen Epochen gab es echte Gläubige, die sich still dafür entschieden, ihren Blick auf ein besseres Reich zu richten. Sie setzten ihr Leben aufs Spiel, weil sie auf Gottes Verheißung vertrauten: Auch wenn ihr „irdisches Zelt abgebrochen" und sie ihr Leben verlieren würden, hätten sie doch ein „Haus im Himmel, das nicht von Menschen gebaut ist und in Ewigkeit bestehen bleibt" (2. Korinther 5,1; GN).

Bill und ich schrieben das folgende Lied, um Christen Mut zu machen, Christen wie denen, die ich in den Gemeinden meiner Eltern kennenlernte und denen Bill in seiner Kindheit begegnete: Gläubigen, die Gott an entlegenen Orten dienen. Da wir uns manchmal selbst einsam und isoliert fühlen, zuweilen überwältigt sind von der großen Not und unseren begrenzten Möglichkeiten, ihr zu begegnen, hilft uns dieses Lied auch persönlich, das Gesamtbild im Blick zu behalten: Gott ist am Werk, und wir sind lediglich berufen, an unserem Platz treu zu dienen. Die Gemeinde ist sein Leib und es geht ihr gut!

The Church Triumphant
This old ship's been through battles before / Storms and tempests and rocks on the shore / Though the hull may be battere / Inside it's safe and dry / It will carry its cargo / To the port in the sky

Let the Church be the Church / Let the people rejoice / For we've settled the question / We've made our choice / Let the anthem ring our / Songs of victory swell / For the Church Triumphant / is alive and well

Die triumphierende Gemeinde
Dieses alte Schiff hat schon manche Schlacht erlebt, Stürme, Orkane und Felsen vor dem Ufer. Der Rumpf mag mitgenommen aussehen, doch drinnen ist es trocken und sicher. Das Schiff wird seine Fracht zum himmlischen Hafen bringen.

Lasst die Kirche doch Kirche sein! Lasst die Menschen frohlocken! Denn für uns ist die Frage erledigt, die Entscheidung getroffen. Lasst das Loblied erschallen, singt das Siegeslied laut! Denn die triumphierende Gemeinde lebt und es geht ihr gut.

Gesprochen: Gott hatte schon immer ein Volk. Viele törichte Eroberer glaubten fälschlicherweise, dass sie die Stimme der Gemeinde zum Verstummen gebracht und ihr Lebenslicht ausgeblasen hätten, nur weil sie sie aus ihrem Sichtfeld vertrieben hatten. Doch Gott hatte schon immer ein Volk. Die Strömung eines Flusses wird nicht schwächer, nur weil man ihn zwingt, unterirdisch zu fließen; das reinste Wasser findet man dort, wo ein Strom kristallklar an die Oberfläche sprudelt, nachdem er sich seinen Weg durch den Fels gebahnt hat!

Es gibt Scharlatane, die wie Simon der Zauberer versuchen, sich die Kraft, die man weder kaufen noch verkaufen kann, auf dem Marktplatz zu ergattern, doch Gott hatte immer ein Volk, Männer, die sich nicht kaufen ließen, und Frauen, die man nicht bestechen konnte. Gott hatte schon immer ein Volk!

Es gab Zeiten des Wohlstands und der wirtschaftlichen Blüte, in denen die Botschaft der Kirche verwässert wurde, und zwar von Menschen, die sie gesellschaftlich attraktiv, gut organisiert und finanziell profitabel machen wollten. Man hat sie mit Gold überzogen, in Purpur gekleidet und mit Juwelen geschmückt. Man hat sie verzerrt dargestellt, lächerlich gemacht, gepriesen und verspottet. Jene Menschen, die Jesus Christus nachfolgen, hat man, je nachdem, welcher Zeitgeist herrschte, zu geistlichen Oberhäuptern erhoben oder als Ketzer verbrannt. Doch durch die Zeit hindurch marschiert das Heer der Sanftmütigen weiter, Gottes auserwähltes Volk, das sich nicht kaufen, nicht schmeicheln, nicht töten, nicht zum Verstummen bringen lässt. Durch alle Zeitalter hindurch wird es marschieren. Die Gemeinde, Gottes triumphierende Gemeinde, lebt und es geht ihr gut!

Text von Lied und Lesung: William J. und Gloria Gaither
Melodie: William J. Gaither
Copyright © 1973 by William J. Gaither. Alle Rechte vorbehalten.

Jesus Is Lord of All
Jesus herrscht über alles

Es war im Juni, in der Woche, in der wir Amys dritten Geburtstag feierten. Sie hatte sich ein Picknick unten am Bach gewünscht und sogar die Speisekarte selbst zusammengestellt: Hotdogs und Hamburger, Maiskolben, grüne Bohnen, Wassermelonen und Himbeertorte.

Am Nachmittag des großen Tages trafen Oma und Opa als Erste ein. Benjy, damals knapp zwei, hatte einen brandneuen Baseballschläger mit Ball und bat seine Oma, mit ihm zu spielen. Während Amy darauf wartete, dass ihre Cousins und Cousinen in den Anhänger stiegen, den wir an unseren Gartentraktor angehängt hatten, gingen Benjy und Oma schon mal zu Fuß vor, um Ball zu spielen.

Die älteren Kindern setzten sich zu Bill auf den Traktor oder in den Anhänger und fuhren die Straße hinunter zum Bach. Ich kam zu Fuß mit einer Kanne heißen Kaffees in der Hand den Hügel hinab hinterher. Unter einer Weide sah ich Oma und Benjy. Oma warf den Ball, und Benjy versuchte, ihn mit seinem Schläger zu treffen. Bei dieser wunderbaren Szene wurde mir warm ums Herz. Doch plötzlich kippte die Stimmung, als Benjy seinen Schläger zu Boden warf, mit seinen kleinen Füßen auf den Boden stampfte und aus Leibeskräften schrie: „Oma! Du hast schon wieder daneben geworfen! Du hast meinen Schläger schon wieder nicht getroffen!"

Wie sich herausstellte, war ihm der Tag gründlich verdorben. Nichts lief nach seinem Willen. Er wollte, dass er Geburtstag hatte, aber es war Amy, deren Geburtstag wir feierten. Er wollte Wassermelone essen, als wir alle Hotdogs zubereiteten. Er wollte im Boot paddeln, aber alle anderen veranstalteten Wettläufe. Gegen Abend war Bennjy vom Spielen, Laufen, Kämpfen und Weinen ganz erschöpft.

Er streckte mir seine Arme entgegen und sagte: „Mama, trag mich." Und so trug ich ihn den Hügel hoch bis zu unserem Haus. Seine Stirn war heiß und er war von oben bis unten dreckig, und noch bevor ich die Hügelkuppe erreichte, war er an meiner Schulter eingeschlafen.

Ich trug ihn in sein Zimmer und legte ihn auf die grüne Bettdecke. Wie süß er aussah: das blonde Haar an der Stirn festgeklebt, Ketchup auf der Nase, den kleinen Baseball in der Hand! Wie ich ihn liebte! Ich nahm ihm den Baseball, den er fest umklammert hielt, aus der Hand und musste lächeln, als ich daran dachte, wie er sich beschwert hatte, dass Oma seinen Schläger nicht getroffen hatte.

Während ich so neben dem kleinen erschöpften Jungen stand, sein Spielzeug in meiner Hand, wurde mir bewusst, dass es auch in meinem Leben Dinge gab, die ich nur schwer loslassen konnte.

Manchmal benahm ich mich in geistlicher Hinsicht selbst wie ein zweijähriges Kind. Dann stand ich da mit meinen

Bedürfnissen, Sehnsüchten und Wünschen und schrie meine Kinder, meinen Mann, meine Gemeinde und alle, die in meiner Nähe waren, an, wenn ich es auch ein wenig raffinierter formulierte: „Ihr habt meinen Schläger nicht getroffen! Hier stehe ich, ihr seht, was ich brauche, und ihr habt meinen Schläger nicht getroffen!"

Ich merkte, wie abgespannt ich mich tief in meinem Innersten fühlte. Diese Müdigkeit kannte ich nur zu gut. Sie rührte daher, dass ich darum kämpfte, wer in einem bestimmten Bereich meines Lebens der Herr sein sollte. Vielleicht war dieser Kampf schon so lange im Gange, weil es darin um meine Kinder und um Bill ging. Ich wusste sehr gut: „Wer sein Leben behalten will, der wird's verlieren", war jedoch nicht bereit, dieses Prinzip auf die Menschen anzuwenden, die ich am liebsten hatte. Haus und Grundbesitz, Autos und Pläne – das alles konnte ich loslassen. Aber meine Familie? Das war nicht so leicht. Vom Verstand her wusste ich sehr wohl, dass ich sie verlieren könnte, wenn ich sie zu sehr festhielt. Doch in der Praxis versuchte ich genau das: Ich sorgte dafür, dass sie mich brauchten, ich bürdete ihnen das Wissen auf, dass ich sie brauchte – subtile kleine Winkelzüge, um sie an mich zu binden und meine Bedürfnisse zu erfüllen.

An jenem Tag kniete ich neben meinem kleinen schlafenden Jungen nieder und gab alles an Jesus ab: unsere Kinder, unsere Ehe, unsere Hoffnungen, Pläne und Träume, meine Ängste und mein Versagen – einfach alles. Frieden und Zufriedenheit erfüllten mich, als ich den Kampf aufgab.

Ich würde liebend gerne behaupten, dass ich an diesem Tag ein für alle Mal begriffen hatte, dass Jesus Herr sein muss. Die Wirklichkeit sieht jedoch anders aus: Sobald wir Gott einen Lebensbereich übergeben, macht er uns auf andere Bereiche aufmerksam, die ihm noch nicht gehören. Das bewog uns, ein Lied zu schreiben, das wir an vielen anderen Knotenpunkten unseres Lebens gesungen haben. Wir schrieben *Jesus Is Lord of All* auch, um uns zu ermutigen, wenn Satan versuchte, uns unser Versagen anklagend vorzuhalten.

Ich kann mich daran erinnern, dass ein Freund von uns diesen Wachstumsprozess einmal damit verglich, ein antiquarisches Buch zu verschenken. „Stellt euch einmal vor, ich hätte ein schönes seltenes Buch gefunden, das ich euch schenken möchte", meinte er, „und es weggelegt, bis ich euch das nächste Mal wiedersehe. Ich gebe es euch dann, ihr freut euch über diesen Schatz, und ich bin glücklich, dass ich es euch schenken konnte. Doch etwas später räume ich die Schublade auf, in der ich das Buch aufbewahrt habe, und finde noch ein paar lose Seiten, die herausgefallen sind. Ich rufe euch an und sage: ‚Es tut mir leid, aber ich habe einige Seiten von dem Buch übersehen, das ich euch geschenkt habe. Ich will sie euch vorbeibringen. Ich möchte, dass ihr alles habt.'"

Sagen wir einmal, dieses Buch stellt unser Leben dar, das wir der Herrschaft Christi unterstellen. Doch manchmal nutzt unser Ankläger eine Gelegenheit, um uns vorzuhalten: „Siehst du, du bist ein Versager. Du hast dein Geschenk – dieses Buch – deinem Freund eigentlich gar nicht überreicht. In Wirklichkeit willst du gar nicht, dass er es bekommt." Wenn wir über ein antiquarisches Buch reden, sehen wir sofort ein, wie lächerlich ein solcher Vorwurf wäre. Doch wenn es darum geht, Jesus die Herrschaft über unser Leben zu geben, verwirrt uns genau dieser hässliche Vorwurf häufig.

Gott will uns Folgendes lehren: Wenn wir ihm unser Leben übergeben, dann schenkt er uns seinen Heiligen Geist, diesen wunderbaren Lehrer. Er leitet uns in diesem fortwährenden Prozess, jeden einzelnen Bereich unseres Lebens der Herrschaft Gottes zu unterstellen, der uns als einen Schatz betrachtet, weil er jeden von uns einzigartig gemacht hat und uns liebt.

Wenn wir das Werk, das er in uns begonnen hat, bremsen, berauben wir uns selbst aller Dinge, die Gott für uns im Sinn hat. Wenn wir ihn aber gewähren lassen, hat er uns verheißen, dass er alles mit uns teilen will. In 2. Petrus 1,3–4 wird das so ausgedrückt:

Wenn wir Jesus immer besser kennenlernen, gibt seine göttliche Kraft uns alles, was wir brauchen, um ein Leben zu führen, über das sich Gott freut. Er hat uns durch seine Herrlichkeit und Güte berufen! Und durch dieselbe mächtige Kraft hat er uns seine kostbaren und größten Zusagen geschenkt. Er hat versprochen, dass ihr Anteil an seiner göttlichen Natur haben werdet, denn ihr seid dem Verderben dieser verführerischen Welt entflohen.

Wenn der Herrscher des Universums uns anbietet, alles mit uns zu teilen, dann ist das ein lohnendes Geschäft!

Jesus Is Lord of All
All my tomorrow, all my past / Jesus is Lord of all / I've quit my struggle, contentment at last / Jesus is Lord of all

All of my conflicts, all my thoughts / Jesus is Lord of all / His love wins the battles I could not have fought / Jesus is Lord of all

All of my longings, all my dreams / Jesus is Lord of all / All my failures His powers redeems / Jesus is Lord of all

King of kings, Lord of lords / Jesus is Lord of all / All my possessions and all my life / Jesus is Lord of all

Jesus herrscht über alles
Meine ganze Zukunft, meine ganze Vergangenheit – Jesus herrscht über alles; ich habe den Kampf aufgegeben, bin endlich zufrieden – Jesus herrscht über alles.

All meine Konflikte, all meine Gedanken – Jesus herrscht über alles; seine Liebe gewinnt die Schlachten, die ich nicht hätte austragen können – Jesus herrscht über alles.

All meine Sehnsüchte, all meine Träume – Jesus herrscht über alles.
Seine Kraft rettet mich, obwohl ich versagt habe. Jesus herrscht über
alles.

König aller Könige, Herr aller Herren, Jesus herrscht über alles. Alles, was
ich habe und was ich bin – Jesus herrscht über alles.

Text: William J. und Gloria Gaither
Melodie: William J. Gaither
Copyright © 1974 by William J. Gaither. Alle Rechte vorbehalten.

It's beginning to rain

Es fängt an zu regnen

Ich habe schon immer Wasser geliebt. Nichts beruhigt mich
mehr und gibt mir mehr das Gefühl, genau dort zu sein, wo
ich hingehöre. Ich liebe den Fluss, der sich durch Wiesen
und Felder, durch Wälder und Städte schlängelt; ich liebe
seine ruhige Kraft, die sich durch Granit beißt, Schluchten
aushöhlt, Berge durchschneidet und ganze Zivilisationen in
Bewegung setzt. Ich liebe die Fragen, die der Fluss aufwirft:
Wo komme ich her? Wo gehe ich hin? Was werde ich mit-
nehmen? Ich liebe seine Sicherheit und Entschlossenheit.
„Den Fluss verändert man nicht", sagte Mark Twain einmal.
„Der Fluss fließt auf seinem Weg zum Meer, wo er will."

Ich liebe Seen, still und rätselhaft, beruhigend und ge-
heimnisvoll. Sie spiegeln alles, was sich am Ufer befindet,
rufen die Kinder auf, über Steine zu hüpfen, und den Fischer,
seine Arbeit liegen zu lassen. Ich mag Seen, die aus kalten
Quellen gespeist werden und nach Leben riechen. Ich liebe
das Geräusch, wenn Vögel auf der Suche nach Elritzen die
Wasseroberfläche durchstoßen und wenn Fische auftauchen,
um Wasserinsekten zu fangen. Ich mag das Geräusch, wenn
das Wasser nach Einbruch der Dunkelheit gegen den Rumpf
des Fischerbootes schwappt und wenn die Ruder tief und

kraftvoll eintauchen, um müde Kinder zurück ans Ufer zu bringen.

Doch am meisten liebe ich das Meer. Ich liebe seine Schönheit und seinen Schrecken. Ich mag seine Sicherheit und seine Unsicherheit, seine erstaunliche Kraft und seine wohltuende Sanftheit. Es erinnert mich daran, mich niemals darauf zu beschränken, nur das Mögliche zu glauben, und vor allem daran, Gott nicht auf das zu beschränken, was uns machbar erscheint. Es erinnert mich daran, dass ein Gott, den ich mir mit meinem Verstand erklären kann, überhaupt kein Gott ist, sondern ein Götze, den ich mir selbst zurechtgezimmert habe, oder schlimmer noch, ein Haustier, das ich an der Leine spazieren führe. Ich muss oft am Meeresufer stehen, damit ich nicht vergesse, dass nicht ich der Schöpfer des Universums bin und ich niemals Gott nach meinem Bild erschaffen darf. Seine Wege sind unbeschreiblich viel höher als meine.

Wenn ich mir Gedanken über Beziehungen mache, die anscheinend kommen und gehen, lasse ich mich von den Gezeiten daran erinnern, dass alles seine Ebbe und Flut hat und das Meer, wenn es sich bei Ebbe zurückzieht, zu seiner Zeit wieder zurückkommen wird, wenn ich nur dem Gott vertraue, der ihm seine Grenzen gesetzt hat und das Maß aller Dinge ist.

Ich hörte einmal die Geschichte von einem Mann, der am Meer stand und ausrief: „Schau dir nur das viele Wasser an." Sein zu Scherzen aufgelegter Freund erwiderte: „Ja, und stell dir vor ... das ist nur die Oberfläche."

Genau! Wenn die Wasseroberfläche uns schon Ehrfurcht einflößt, dann sollten wir einmal an die unermesslichen Tiefen denken. Wissenschaftler sagen, dass wir über das Weltall und die Galaxien mehr wissen als über die Wunder der Tiefsee. Eins aber wissen wir: Wasser ist Leben. Ohne das Meer gäbe es kein Leben. Aus diesem Wasserreservoir zieht die Feuchtigkeit in die Wolken, die den Regen auf das durstige Land fallen lassen. Weder Pflanzen noch Tiere könnten ohne

Wasser leben. Wasser bedeutet alles für unser Überleben auf dieser Erde.

Ich liebe auch den Regen. An Regentagen bin ich am kreativsten. Ich mag auch Nebel, Dunst, Regengüsse und kleine Schauer. Ich mag Gewitter mit Donner und Blitz und dunkelviolettem Himmel. Mir gefällt es, wenn die Feuchtigkeit hoch oben in der Atmosphäre gefriert und als Schnee auf mein Gesicht fällt.

Ich liebe Wasser. Ich war schon immer der Meinung, dass wir da etwas komplett falsch machen. Wenn Wasser wirklich das entscheidende Leben spendende Element auf unserer Erde ist, dann sollten wir bei Regen alle hinausrennen statt hinein, um nur ja nicht nass zu werden. Statt die Fenster und Türen zu schließen, sollten wir sie weit öffnen, um das Leben spendende Geschenk, dieses Naturschauspiel, zu beobachten, zu hören und auf der Haut zu spüren. Wir sollten die Kinder zusammenrufen und unser Gesicht im Regen baden – und für dieses Wunder danken.

Jesus sagte: „Ich bin das Wasser des Lebens." Nur allzu oft greifen wir nach unserem Schirm, wenn der Regen des Heiligen Geistes zu fallen beginnt. Wenn die Blitze um unsere Kirchen herum zucken und Gottes Stimme donnert, verriegeln wir die Tür und die bunten Glasfenster und beten den Guten Hirten an, der hinter dem Taufbecken dargestellt ist und uns nicht gefährlich wird.

Doch das Wasser des Lebens sagt uns: „Es kommt die Zeit, da werde ich meinen Geist ausgießen über alle Menschen. Eure Männer und Frauen werden dann zu Propheten [Predigern!], Alte und Junge haben Träume und Visionen" (Joel 3,1; GN). Wenn wir den Donner hören, weil alte Männer plötzlich träumen, junge Männer zu Visionären werden, junge Männer und Frauen inspirierte Botschaften verkünden, sollten wir Fenster und Türen öffnen. Wir sollten unsere Kinder zusammenrufen, auf die Straße laufen und dafür beten, dass das Wasser des Lebens uns alle bis auf die Haut durchnässt. Wir sollten in den Pfützen der neu gewon-

107

nenen Einsichten herumplantschen und spielen, in den Seen der Erneuerung schwimmen und in den Strom der Gnade eintauchen. Und schließlich sollten wir uns in das Meer von Gottes erstaunlicher Leben spendender Gnade stürzen.

Spüren Sie schon, wie der Wind auffrischt? Merken Sie schon, dass sich der Himmel und die Bäume verändern? Es fängt an zu regnen. Das Wasser des Lebens kommt!

It's beginning to rain

The turtledove is singing its sweet song of mourning / The leaves on the trees turn their silver cups to the sky / The silent clouds are beginning to gather / The barren land is thirsty, and so am I

The young man's eyes start to shine as he tells of his vision / The old understand what he sees for they've dreamed their dreams / With the thrill of being alive, they reach for each other / And they dance in the rain with the joy of the things that they've seen

At the first drop of rain that you hear, throw open the windows / Go call all your children together and throw wide the door / When the rains of the Spirit are falling, fill every vessel / For he who drinks his fill will thirst no more

It's beginning to rain / Hear the voice of the Father / Saying „Whosoever will / Come drink of this water / I have promised to pour My Spirit out / On your sons and your daughters / If you're thirsty and dry / Look up to the sky / It's beginning to rain"

Es fängt an zu regnen

Die Turteltaube stimmt ihren süßen Trauergesang an, die Blätter an den Bäumen wenden ihre Silberkelche zum Himmel. Stumme Wolken ziehen sich zusammen. Das ausgetrocknete Land ist durstig und ich bin es auch.

Die Augen des jungen Mannes leuchten auf, während er von seinen Visionen erzählt. Die Alten verstehen, was er sieht, denn auch sie hatten Träume. In der übermäßigen Freude, ganz lebendig zu sein, fassen sie sich an den Händen und tanzen im Regen, voller Freude über das, was sie gesehen haben.

Beim ersten Regentropfen öffnen sie die Fenster, rufen die Kinder zusammen und reißen die Tür auf! Füllt alle Gefäße, wenn der Regen des Geistes fällt, denn wer davon trinkt, wird niemals mehr durstig sein.

Es fängt an zu regnen, hört die Stimme des Vaters, der uns sagt: „Komme, wer will, und trinke von diesem Wasser. Ich habe verheißen, meinen Geist auf eure Söhne und Töchter auszugießen. Wenn ihr durstig und ausgetrocknet seid, schaut zum Himmel auf – es fängt an zu regnen."

Text (nach Joel 3 und Apostelgeschichte 2,17–21): Gloria Gaither und C. Aaron Wilburn
Melodie: William J. Gaither und C. Aaron Wilburn
Copyright © 1979 by William J. Gaither und Word Music LLC. Alle Rechte vorbehalten.

Gentle Shepherd

Guter Hirte

Vor einigen Jahren verbrachte ich meinen Urlaub mit meiner Tochter Amy, ihrem Mann Andrew und ihrem kleinen Sohn Lee in einem Ferienhaus in England. Amy und Andrew, die gerade ihr Schauspielstudium abgeschlossen hatten, hatten schon lange geplant, das Land zu besuchen, das uns William Shakespeare und viele andere große Dichter, Schriftsteller und Dramatiker geschenkt hat.

Zwei Wochen wollten sie ein Ferienhaus in den Cotswolds mieten, in den sanft geschwungenen Hügeln im Herzen Englands, in denen sich in den letzten Jahrhunderten nur wenig verändert hat. Das war das England, wie ich es mir immer vorgestellt hatte, auch wenn ich glaubte, dass es so schon lange nicht mehr existierte. Von unserem Ferienhaus aus wollten sie Tagesausflüge unternehmen, um die Schauplätze und Wurzeln der Dramen, die sie gelesen und aufgeführt hatten, zu besichtigen. Ich begleitete sie auf der Reise, weil ich England mochte und mich um den kleinen Lee kümmern wollte – den ich auch sehr mochte.

Die Gegend der Cotswolds ist von Landwirtschaft und Viehzucht geprägt. Überall sah man Schafe und Lämmer. An den engen Straßen sah man immer wieder Schilder mit der Aufschrift: „Bitte das Gatter immer geschlossen halten." Die Schäfer erklärten uns, dass einem Schaf, das ausbricht, alle anderen folgen, und wenn sie sich erst einmal von ihrer Wiese entfernt haben, verlieren sie völlig die Orientierung und verlaufen sich. Anders als Hunde oder Gänse finden sie nicht wieder nach Hause. Sie verfangen sich im Dickicht oder fallen in einen Graben. Sie fressen Dinge, die ihnen nicht bekommen, und fallen leicht Raubtieren zum Opfer. Und am schlimmsten ist vielleicht, dass sie nicht einmal eine Ahnung haben, dass sie so ahnungslos sind.

Der Psalmist David war ein Hirte, und deshalb findet man in seinen Liedern viele Metaphern und Sprachbilder, die sich um Schafe drehen. „Der Herr ist mein Hirte, mir wird nichts mangeln" (Psalm 23,1, L) – So beginnt das Kapitel der Bibel, das am häufigsten auswendig gelernt wird. In diesem Psalm wird jeder Aspekt unseres Lebens mit dem eines Schafs verglichen, um das sich ein weiser und aufmerksamer Hirte kümmert. Psalm 28 schließt mit Davids Bitte: „Hilf deinem Volk und segne dein Erbe und weide und trage sie ewiglich" (L). In Psalm 119 bekennt der Psalmist: „Ich bin wie ein verirrtes und verlorenes Schaf" (V. 176, L).

Auch Jesus bezeichnete sich als Hirte und die Menschen im Allgemeinen sowie die Jünger im Besonderen als Schafe. Als er die Unmengen an Menschen sah, die verloren und bedürftig waren, „ergriff ihn das Mitleid, denn sie waren so hilflos und erschöpft wie Schafe, die keinen Hirten haben" (Matthäus 9,36; GN). Er sagte seinen Jüngern, dass der

110

„gute Hirte [...] sein Leben für die Schafe [opfert]" (Johannes 10,11) und er sich nichts sehnlicher wünschte, als dass sie eine einzige Herde mit einem einzigen Hirten seien.

All diese Bibelstellen, in denen von Schafen die Rede ist, kamen mir wieder in den Sinn, als ich die zufriedenen, gut genährten und gut beschützten Schafe auf den saftigen Weiden der Cotswolds sah, wo klare Bäche rauschten und große Hecken verhinderten, dass die Schafe weglaufen und Raubtiere eindringen konnten.

Als wir einmal jedoch auf einer schmalen Straße voller Schlaglöcher um die Kurve bogen, waren wir erstaunt, als wir zwei Schafe sahen, die nur eine Handbreit von der Fahrbahn entfernt grasten. Sie schienen sich der Gefahr, in der sie sich befanden, überhaupt nicht bewusst zu sein. Solange es einen Grashalm gab, den sie sich in den Magen schlagen konnten, fraßen sie sich Stück für Stück ins Verderben. Sie brauchten wirklich einen Hirten!

Wie sehr gleichen wir Menschen doch diesen Geschöpfen! Während von unserem beschränkten Standpunkt aus alles gut aussieht, schweben wir möglicherweise ganz besonders in Gefahr; denn wir sind dann so selbstzufrieden, dass wir überzeugt sind, überhaupt keinen Hirten zu brauchen.

Doch wenn uns Probleme in Panik versetzen, befinden wir uns möglicherweise viel eher in Sicherheit, weil wir begreifen, dass wir jemanden brauchen, der uns führt, einen Beschützer mit einem Hirtenstab, der uns den Weg zu unserem Ziel weist, nach dem wir uns sehnen, das wir jedoch niemals auf eigene Faust finden könnten.

Wir haben das Lied *Gentle Shepherd* geschrieben, als wir Eltern wurden. Die Aufgabe, die Kinder zu erziehen, die Gott uns geschenkt hat, hat uns mehr als alles andere ins Bewusstsein gerufen, dass wir auch selbst einen Hirten brauchen. Wie Schafe verlieren auch wir manchmal vollkommen die Orientierung. Wir wissen nicht, was für eine Persönlichkeit Gott in unsere Kinder hineingelegt hat. Anzeichen ihrer

111

Begabungen können wir entdecken, oft jedoch nur solche, mit denen wir uns identifizieren können. Das dahinter liegende Potenzial ist dagegen nur schwer einzuschätzen. Wir bereiten sie darauf vor, in einer Welt zu leben, die wir noch gar nicht kennen; die Berufe, die sie einmal ergreifen werden, gibt es vielleicht noch gar nicht.

Das Gleichgewicht zwischen positiver Bestärkung und Bestrafung, Freiheit und Grenzen, Ermutigung und Warnung sieht für jedes Kind, jede Zeit und jede Generation anders aus. Trotzdem sind die absoluten Wahrheiten im Wort Gottes notwendig und verlässlich, wie unstet die Zeiten auch sein mögen. Doch wie man diese Prinzipien unterschiedlichen Kindern unterschiedlichen Alters in unterschiedlichen Epochen der Geschichte am besten vermittelt, übersteigt die Weisheit von Vätern und Müttern bei Weitem, wenn sie sich nicht selbst von dem Guten Hirten leiten lassen.

Als ich noch zur Schule ging, schrieb mir meine Mutter die folgenden Worte, mit denen sie mich ermutigte, mich diesem Hirten anzuvertrauen:

Der Hirte, der Freund. Die Schafe kennen wohl die Weide, doch der Hirte kennt die Schafe. Die Schafe legen sich behaglich nieder, doch ihr Hirte schläft nicht.

Er beschützt die Jungen und Dummen, damit sie sich nicht in Gefahr bringen, und treibt die Alten sanft voran, damit sie nicht stecken bleiben.

Wenn die Jungen ein wenig weiser geworden sind, ist es zum Handeln viel zu spät. Wenn die Alten die Methode beherrschen, sind sie sich der Sache nicht mehr so bewusst.

Doch der Hirte kennt die Antwort, den Anfang und das Ende. Nichts ist weiser, meine Tochter, als ihn zum Freund zu wählen.

Schon lange bevor unsere Eltern um Weisheit beteten, um uns Orientierung zu geben und uns etwas beizubringen, noch bevor ich mich selbst in Bezug auf das Elterndasein so hilflos wie ein Schaf fühlte, schrieb der Prophet Jesaja ausführlich über den Messias, der jeder Generation ein guter Hirte sein würde:

Sag den Städten Judas: „Seht, da ist euer Gott! Seht, der Herr, euer Herrscher, kommt mit Macht. Der Herr regiert zu seinem Nutzen. Seht hin: Er bringt eine Belohnung mit und führt sein wiedererworbenes Volk vor sich her. Er wird seine Herde weiden wie ein Hirte: Die Lämmer wird er im Arm tragen und sie auf seinem Schoß halten, die Mutterschafe wird er freundlich leiten."
Jesaja 40,9–11

Inzwischen sehen Bill und ich zu, wie unsere Kinder unsere fünf Enkel erziehen. Innerhalb nur einer Generation hat sich die Situation grundlegend geändert. Unsere Kinder gehörten zu den Ersten, die einen der frühen Spielcomputer zu Gesicht bekamen. Heute sitzen unsere Enkel (vier, acht, zwölf und vierzehn Jahre alt) am Computer, um Geschichten zu schreiben, mit Lernprogrammen Mathematik zu üben, ihre Lieblingsbücher zu lesen und ins Internet zu gehen; im Umgang mit dem Computer sind sie absolut versiert. Die Welt unserer Enkel wird völlig anders aussehen als die, die wir heute kennen. Und doch wird der Gute Hirte auch sie auf grüne Weiden und zum frischen Wasser führen.

Ein Schaf wird der Notwendigkeit, einen Hirten zu haben, niemals entwachsen, und andererseits erwartet der Hirte von einem Schaf auch niemals, ein Hirte zu sein, sondern weiß, dass Schafe nun einmal Schafe sind, für die man sorgen muss, bis sie sterben.

113

Gentle Shepherd

Gentle Shepherd, come and lead us / For we need You to help us find our way / Gentle Shepherd, come and feed us / For we need Your strength from day to day / There's no other we can turn to / Who can help us face another day / Gentle Shepherd, come and lead us / For we need You to help us find our way

There is no other we can turn to / Who can help us face another day / Gentle Shepherd, come and lead us / For we need You to help us find our way.

Guter Hirte

Guter Hirte, komm und führe uns, denn wir brauchen deine Hilfe, um den richtigen Weg zu finden. Guter Hirte, komm und weide uns, denn wir brauchen Tag für Tag deine Kraft. An niemand anderen können wir uns wenden, dass er uns hilft, den morgigen Tag zu bestehen; guter Hirte, komm und führe uns, denn wir brauchen deine Hilfe, um den richtigen Weg zu finden.

Gesprochen: Wenn verlockende Stimmen auf uns einprasseln und unsere Welt von Geräuschen überflutet wird, dann hilf uns, Herr, auf dich zu hören.

In einem Land, das von einem Labyrinth von Straßen und nicht endenden Autobahnen zerschnitten und verunstaltet wird, hilf uns, Herr, deinen Weg zu finden.

In einer Zeit leichtfertiger Versprechungen, hohl klingender Garantien und Versicherungspolicen, die sofortige Entschädigung versprechen, reich uns, Herr, deine Hand, denn dort sind wir sicher.

Wenn wir es wagen, in dieser gefährlichen Zeit Eltern zu werden, und unsere Kinder auf eine Zeit vorbereiten wollen, von der wir nicht wissen, wie sie aussieht, dann brauchen wir dich, Herr.

In allen Dingen, guter Hirte, hilf uns, den Weg zu finden.

An niemand anderen können wir uns wenden, dass er uns hilft, den morgigen Tag zu bestehen; guter Hirte, komm und führe uns, denn wir brauchen deine Hilfe, um den richtigen Weg zu finden.

Text und Lesung: Gloria Gaither
Melodie: William J. Gaither
Copyright © 1974 by William J. Gaither. Alle Rechte vorbehalten.

It Is Finished

Es ist vollbracht

Bill und ich mögen es ebenso gern, hervorragenden Rednern zuzuhören, wie Bücher der Weltliteratur zu lesen. Wir haben das Vorrecht genossen, viele gute Redner entweder persönlich oder in den Medien zu hören. Niemals werden wir vergessen, wie Martin Luther King Jr. seine berühmte Rede „I Have a Dream" –„Ich habe einen Traum" hielt.

Um im Englischunterricht die Prinzipien der Kommunikation deutlich zu machen, bedienten wir uns der Grabrede, die Mike Mansfield, der Senator von Montana, nach der Ermordung Kennedys hielt: „Und sie nahm einen Ring und steckte ihn auf seinen Finger ..."

Und wer könnte die Zehntausende von Stimmen vergessen, die auf dem *Praise Gathering for Believers* wie aus einer Kehle den Satz riefen, den uns Tony Campolo eingehämmert hatte: „Heute ist Freitag, aber der Sonntag kommt!"

Weil wir gelernt hatten, solche Augenblicke zu erkennen und zu schätzen, wussten Bill und ich, dass es eine Ehre war, im gleichen Gottesdienst zu singen, in dem der bekannte Radiosprecher B. R. Lakin eine Predigt über die letzten Worte Jesu am Kreuz halten sollte: „Es ist vollbracht!"

Es ist schwer zu vergessen, wie Dr. Lakin seine Predigt schloss:

115

Bluttropfen fielen von seinen Händen in den Sand unter dem Kreuz und sprachen zu dem Sand: „Es ist vollbracht!" Die Sandkörner flüsterten die Botschaft den Grashalmen zu: „Es ist vollbracht!" Ein kleiner Vogel flatterte vorbei, riss einen Grashalm ab, flog auf die Pinienspitze und gab dem obersten Ast die Botschaft weiter: „Es ist vollbracht!" Die Pinie richtete ihre Äste wie ein Wachsoldat zum Himmel und wiederholte es für die Wälder ringsherum und die Wolken über ihr: „Es ist vollbracht!" Die Himmel hallten wider von der wunderbaren, befreienden Nachricht: „Es ist vollbracht!", bis der Wind über das Meer blies und die Wellen, die sich am Strand brachen, die Botschaft bis zum entferntesten Ozean weitertrugen: „Es ist vollbracht!"

Bill und ich waren von der Schönheit und Erhabenheit dieses Bildes überwältigt. Ich war nicht sonderlich überrascht, als Bill meinte: „Darüber müssen wir ein Lied schreiben, Schatz. ‚Es ist vollbracht' – was für ein Titel!"

Trotzdem schwirrte mir der Kopf, ich suchte und fragte. Was war vollbracht? Dieser Frage konnte ich nicht ausweichen. Wie konnte ich jemals hoffen, das Ausmaß des Errettungswerks zu begreifen und es in einem Lied einzufangen?

Ein Jahr lang kämpfte ich mit mir selbst. Bill sagte immer wieder: „Schatz, wir müssen dieses Lied schreiben."

Ich entgegnete: „Ja, das stimmt. Aber ich bin noch nicht bereit. Ich kann diese Aussage nicht in vier Versen und einen Refrain fassen. Gib mir noch ein wenig Zeit."

Immer wieder las ich die Geschichte von der Kreuzigung. Dadurch eignete ich mir Stück für Stück die großen biblischen Wahrheiten an. Der Kelch des Messias beim letzten Abendmahl am Passahfest, das Gebet Jesu für seine Freunde und für uns. Der Verrat durch Judas, die Verleugnung durch Petrus. Das Verhör, die Verhandlung und die Hinrichtung. Die erstaunlichen letzten Worte Jesu.

Ich dachte darüber nach, was die Entfesselung der Naturgewalten bedeutete: das Erdbeben, die ungewöhnliche

Dunkelheit, der eigenartige Sturm. Und ich versuchte zu verstehen, wie diese chaotischen Ereignisse im Reich der Natur dazu dienten, neue Grundsätze im Reich Gottes zu proklamieren: der zerrissene Vorhang zum Allerheiligsten, der nun freie Zugang zum Gnadenthron und der Ehrfurcht gebietenden Gegenwart Gottes, die Neudefinition der Begriffe „Königtum", „Priesterschaft", „Opfer" und „Mittler".

Zu dieser Zeit war unser Land in den langen und dem Anschein nach sinnlosen Vietnamkrieg verwickelt. Als dieser „Konflikt", wie wir ihn nannten, endlich vorbei war, hatte er viele junge Amerikaner das Leben gekostet. Das war der einzige Krieg, den ich bis zu diesem Zeitpunkt von Anfang bis Ende mitbekommen habe. Ich wurde nach der Bombardierung von Pearl Harbor geboren und an den Koreakrieg konnte ich mich kaum erinnern. Vietnam war der Krieg meiner Generation – der erste Krieg, der das Land zerriss, statt es zu vereinen. Die, welche für ihr Land gekämpft, und die, welche den Wehrdienst verweigert hatten, waren nun verwirrt, verstört und untereinander zerstritten. Dieser Krieg war eine zweischneidige Angelegenheit.

Ich kann mich noch gut an den Abend erinnern, an dem Bill und ich zu Hause vor dem Fernseher saßen und weinten, als wir die Bilder der heimkehrenden Kriegsgefangenen sahen. Einige ließen sich fallen und küssten den amerikanischen Boden. Andere warfen sich ihren Eltern, Frauen und Freundinnen in die Arme, die lange Zeit in der Furcht gelebt hatten, dass diese Soldaten nie wieder heimkehren würden. Manche umarmten ihre zwei-, drei- und vierjährigen Kinder, die sie noch nie gesehen hatten. Die Erleichterung auf ihren Gesichtern, die Tränen, die Freude, die Hoffnung und der Schmerz waren fast mehr, als man aushalten konnte.

Etwa zu dieser Zeit kauften Bill und ich ein Nachrichtenmagazin, in dem vom Schicksal eines anderen amerikanischen Soldaten berichtet wurde. Dieser Mann war aus dem

117

Wald auf einer abgelegenen Insel im Südpazifik herausgekommen. Er trug ein rostiges Gewehr und eine zerschlissene amerikanische Uniform. Verdächtig und ängstlich, wie er war, wurde er von den Behörden in Gewahrsam genommen. In dem Artikel wurde ausgeführt, dass es sich um einen Soldaten aus dem Zweiten Weltkrieg handelte, der von seinem Truppenteil abgeschnitten und zurückgelassen worden war. Niemand hatte ihm gesagt, dass die Alliierten den Krieg gewonnen hatten, dass er nach Hause zurückkehren durfte, dass schon vor langer Zeit der Sieg ausgerufen worden war. All die Jahre hindurch war er seiner Auffassung nach noch im Krieg gewesen und hatte eine Schlacht ausgefochten, die schon längst gewonnen war.

Das Lied, das Bill mit mir schreiben wollte, fügte sich auf einmal wie von selbst zusammen.

Krieg – beim Kreuz Jesu ging es um einen Krieg, einen Krieg von kosmischen Ausmaßen. Er hatte ein klares Ziel: Freiheit für jeden Menschen seit den Geschehnissen im Garten Eden. Es war ein Krieg, der vor den Augen der Menschen auf der Erde ausgetragen wurde, gleichzeitig aber auch in der unsichtbaren Welt, vom Himmel bis zum Abgrund der Hölle. Was war nun vollbracht? Diese Frage hatte ich mir ein ganzes Jahr lang gestellt. Bill hatte die Melodie bereits komponiert; der Text würde nun folgen.

Ich verstand den Riss, der sich über die Erde zog, verursacht durch das Beben, das Golgatha erschütterte, als Riss durch das gesamte Universum, eine Grenzlinie, die die Weltgeschichte in eine Zeit vor und nach Christus teilte. So begann ich zu schreiben:

Eine Grenzlinie zieht sich durch die Zeiten, und darauf steht ein altes Kreuz. An diesem Kreuz tobt eine Schlacht um die Seele des Menschen.

Auf der einen Seite marschieren die Mächte des Bösen, die Dämonen und Teufel der Hölle, auf der anderen Seite die

Engel der Herrlichkeit, und auf Golgatha treffen sie aufeinander.

Die gesamte Natur befand sich im Aufruhr – es war nicht nur einfach ein Sturm oder ein Erdbeben. Dieses Beben erschütterte das Firmament in seinen Grundfesten und klang bis in die Ewigkeit nach.

Die Erde bebt in dieser Auseinandersetzung, die Sonne weigert sich zu scheinen. Denn dort hängt Gottes Sohn am Kreuz, und durch die Dunkelheit ruft er:

Es ist vollbracht! Die Schlacht ist vorbei. Es ist vollbracht! Es wird keinen Krieg mehr geben. Es ist vollbracht! Der Konflikt ist beendet. Es ist vollbracht! Und Jesus ist Herr.

Von einem besiegten Feind geht keine Gefahr mehr aus. Jeder kriegsmüde Soldat muss die Botschaft hören: Der Krieg ist vorbei!

Ich dachte an den armen Mann, der misstrauisch aus dem Wald spähte, Angst hatte, ins helle Tageslicht zu treten, und seine kleine Insel bewachte. Dann sah ich mich selbst und begriff plötzlich, dass dieses Bild auf uns alle zutrifft. Weil Jesus für uns gestorben und auferstanden ist, hat Satan keine Macht mehr über uns, es sei denn, er kann uns davon abhalten, die gute Nachricht vom Sieg zu hören, oder uns überreden, dass dieser Krieg überhaupt noch nicht gewonnen ist.

Keine Erklärung, die politische oder bürgerliche Freiheiten verkündet – etwa die Magna Carta oder die Unabhängigkeitserklärung –, klingt so wunderbar und wurde mit so viel Blut erkauft wie die drei Worte vom Kreuz: Es ist vollbracht! Jeder Soldat in der Schlacht des Lebens, der von seiner Einheit abgeschnitten ist, muss sie hören.

Doch in meinem Herzen tobte die Schlacht; nicht alle Kriegsgefangenen sind wieder zu Haus. Diese Schlachtfelder habe ich mir selbst geschaffen, ich wusste nicht, dass der Krieg schon gewonnen war. Dann hörte ich, dass der König aller Zeitalter all meine Schlachten für mich geschlagen hatte. Der Sieg war mein, ich musste ihn nur in Anspruch nehmen, und nun preist seinen Namen, ich bin frei! Es ist vollbracht!

Bill setzte sich ans Klavier, spielte seine Melodie und sang den Text von dem Notizblock vor ihm ab. Tränen rannen uns über die Wangen, als wir uns noch einmal die Wahrheit bewusst machten, die uns frei gemacht hatte. Nun verstanden wir noch tiefer und besser, was die Worte bedeuteten, die der Grashalm an jenem Tag dem Vogel auf Golgatha zuflüsterte: Es ist vollbracht!

It Is Finished
There's been a line that's been drawn through the ages / On that line stand an old rugged cross / On that cross a battle is raging / For the gain of man's soul or its loss

On one side march the forces of evil / All the demons and devils of hell / On the other the angels of glory / And they meet on Golgathas's hill / The earth shakes with the force of the conflict / The sun refuses to shine / For there hangs God's Son in the balance / And the through the darkness He cries

Yet in my heart the battle was raging / Not all prisoners of war have come home / These were battlefields of my own making / I didn't know that the war had been won / Then I heard that the King of Ages / Had fought all my battles for me / And the victory was mine for the claiming / And now, praise His name, I am free

It is finished! The battle is over / It is finished! There'll be no more war / It ist finished! The end of the conflict / It is finished! And Jesus is Lord

120

Es ist vollbracht

Eine Grenzlinie zieht sich durch die Zeiten, und darauf steht ein altes Kreuz. An diesem Kreuz tobt eine Schlacht um die Seele des Menschen.

Auf der einen Seite marschieren die Mächte des Bösen, die Dämonen und Teufel der Hölle; auf der anderen Seite die Engel der Herrlichkeit, und auf Golgatha treffen sie aufeinander.

Die Erde bebt in dieser Auseinandersetzung, die Sonne weigert sich zu scheinen. Denn dort hängt Gottes Sohn am Kreuz, und durch die Dunkelheit ruft er.

Doch in meinem Herzen tobte die Schlacht; nicht alle Kriegsgefangenen sind wieder zu Hause. Diese Schlachtfelder habe ich mir selbst geschaffen, ich wusste nicht, dass der Krieg schon gewonnen war. Dann hörte ich, dass der König aller Zeitalter all meine Schlachten für mich geschlagen hatte. Der Sieg war mein, ich musste ihn nur in Anspruch nehmen, und nun preist seinen Namen, ich bin frei! Es ist vollbracht!

Es ist vollbracht! Die Schlacht ist vorbei. Es ist vollbracht! Es wird keinen Krieg mehr geben. Es ist vollbracht! Der Konflikt ist beendet, es ist vollbracht! Und Jesus ist Herr.

Text: William J. und Gloria Gaither
Melodie: William J. Gaither
Copyright © by William J. Gaither. Alle Rechte vorbehalten.

We Have This Moment, Today

Dieser Augenblick ist uns vergönnt

„Was ist euer Leben?", heißt es in Jakobus 4,14 (GN). „Es gleicht einem Dampfwölkchen, das aufsteigt und sich sogleich wieder auflöst."

Selbst Kinder scheinen zu wissen, wie kurz das Leben ist. „Geh nicht zur Arbeit, Papa", betteln sie, „bleib heute bei mir." Doch Erwachsene, die ja wissen, was „wichtig" ist, gehen auf noch eine Geschäftsreise, um noch mehr Verträge zu verkaufen, um noch mehr Produkte herzustellen, die schon überholt sind, ehe sie eingepackt und verschickt werden. Und das Kind wächst heran. Die Kindheit lässt es hinter sich ... wie ein Dampfwölkchen.

„Suzanne kommt heute nicht zur Schule", schrieb ich einmal auf eine Entschuldigung für ihre Lehrerin. „Sie bleibt zu Hause und spielt mit ihrer Mutter." Ich kann mich nicht an viele Tage ihrer Grundschulzeit erinnern, doch dieser eine Tag haftet mir im Gedächtnis.

Als Bill und ich unseren ersten Enkel erwarteten, sprachen uns öfter ältere Damen an und meinten: „Ach, Enkelkinder sind etwas Wunderbares. Man hat erst wirklich gelebt, wenn man Enkel hat. Als Eltern hat man so viel zu tun, dass man von seinen Kindern gar nichts mitbekommt, aber an den Enkeln freut man sich einfach!"

Kommentare wie diese ärgerten uns! Für uns hatte es ein Leben vor den Enkelkindern gegeben. Wir hatten eine Menge mit unseren Kindern erlebt und wir haben diese Momente unendlich genossen. Natürlich waren Enkel eine schöne Sache, aber deswegen musste man ja nicht so viel Wirbel darum machen.

Dann bekam Suzanne ihren Sohn Will, einen Abkömmling vieler Generationen von irischen, deutschen, englischen und italienischen Sickals, Mahoneys, Kelleys, Hartwells, Allens, Gaithers, Jennings und Smiths. In diesem winzigen Menschlein fanden sich Großvaters Nase, Großmutters Augen, Mutters Finger, die Zehen der Tante und die Knie des Onkels. Trotzdem war Will nicht einer von ihnen, sondern ein ganz einzigartiger, unverwechselbarer Mensch. Das Kind unserer Tochter! Alle Augenblicke, die wir mit Suzanne verbracht hatten, seit wir sie zum ersten Mal im Arm gewiegt hatten, flossen in diesem Erlebnis zusammen. Es war kaum zu ertragen. Dieses Wissen ging über das Verstehen hinaus, es ließ sich nicht mit Worten ausdrücken. Die Worte wurden

Fleisch, und dieses Fleisch musste man berühren und halten; aussprechen konnte man sie nicht.

So sind die Augenblicke, die wirklich zählen. Sie sind so flüchtig und zart wie eine Schneeflocke, die man mit der Zunge auffängt. Und doch sind sie in gewissem Sinn auch ewig, wie die glühende Kohle, die Jesajas Zunge reinigte – man weiß, dass man niemals mehr derselbe sein wird.

Ich halte nun drei Schriftstücke in meiner Hand. Das erste wurde am 1. August 1978 verfasst, das zweite am 23. Juni 1993. Die Zeit, die zwischen diesen beiden Daten liegt, scheint wie ein Dampfwölkchen zu verfliegen, während ich sie mir so betrachte.

Als das erste verfasst wurde, war unsere Tochter Amy neun Jahre alt. Wir saßen auf der Schaukel im Garten hinterm Haus. Gerade hatte ich einen Apfel geschält und ihn mit ihr geteilt, so wie wir es oft getan hatten, seit sie feste Nahrung zu sich nehmen konnte. Doch heute war es fast ein Sakrament. Als wir den Apfel teilten, erklärte ich ihr alles über das Leben und die Fortpflanzung, weil sie neugierig danach gefragt hatte. Sie wollte es wissen. Sie wollte es unbedingt wissen. Ich versuchte ihr nur die Informationen zu geben, mit denen sie umgehen konnte, versuchte aber dabei ganz aufrichtig und ehrlich zu sein. Einige Stunden später sollte ich in mein Tagebuch schreiben:

Amy und ich führten ein langes Gespräch, in dem ich sie aufklärte. Ich versuchte, den Schleier des Wunderbaren ein wenig für sie zu lüften und ihr zu erklären, dass der Eintritt in die Pubertät dem Überschreiten einer Schwelle gleicht, die vom Vorhof der Unschuld in das Allerheiligste führt. Mit diesem Schritt erfährt man den Schmerz und die Herrlichkeit, die Wissen und Verantwortung mit sich bringen. Zu begreifen, dass sie in ihrem Körper die Fähigkeit trägt, gemeinsam mit dem Gott des ganzen Universums zum Mitschöpfer zu werden, ist ein Ehrfurcht gebietender und doch wunderbarer Gedanke.

Das Lachen und die Tränen, die gleichzeitig auf ihrem kleinen Gesicht zu sehen waren, zeigten mir, was für ein entscheidender Augenblick dies für sie war. Für mich war es einer dieser einzigartigen Momente im Leben, die mich begeistern, dankbar machen und mir Sterbensangst vor der Aufgabe, eine Mutter zu sein, einjagen.

Zusammen beteten wir darum, dass sie ihren Körper rein erhalten würde. Und wir beteten für das Kind, das nun irgendwo auf der Welt zum Mann wurde und sie eines Tages heiraten würde – dass Gott ihn bewahren und erhalten und ihn eines Tages zu ihr bringen würde, sodass sie zusammen das sorglose Leben der Jugend hinter sich lassen würden, um ein Heim zu gründen, das eine Festung und Zitadelle, Kathedrale und Synagoge sein würde und einem Kind Lachen und Heilung schenken würde.

Das zweite Schriftstück ist ein Brief. Ich schrieb ihn am Vorabend von Amys Hochzeit an den jungen Mann, der sie heiraten würde.

Lieber Andrew,
vor vielen Jahren saßen Amy und ich auf der Gartenschaukel. Ich erklärte ihr, welche Rolle ihr Körper in diesem wunderbaren Mysterium spielen würde, das sich nun vor ihr und in ihr entfaltete. Wir weinten beide, als sie den erstaunlichen Plan zu verstehen begann, nach dem Gott zwei Menschen zusammenbringt, damit sie an dem Wunder der Schöpfung teilhaben können. Es überstieg fast ihren Verstand, als sie entdeckte, dass nun in ihr die Gebärmutter heranreifte und ihre ganze Entwicklung darauf abzielte.

Anschließend hielt ich sie auf der Schaukel im Arm und gemeinsam beteten wir für den kleinen Jungen, der irgendwo aufwuchs und eines Tages ihr Mann sein würde. Wir baten Gott, ihn zu beschützen, auf sie zu warten und seinen Eltern die Weisheit zu schenken, ihm zu helfen, zu dem Menschen zu werden, den Gott im Sinn hatte. Wir beteten dafür, dass

Amy sich von den leeren Werten dieser Welt nicht beeinflussen lassen würde, damit sie dem Weg, den Gott sie führte, bis hin zu diesem Mann folgen könnte, wenn Gottes Zeit gekommen war.

Diesen Tag kannten wir damals nicht, und seitdem haben wir oft um Bewahrung für Dich und Deine Familie gebeten. Wie wunderbar hat Gott unsere Gebete erhört.

Das dritte Schriftstück wurde nicht von mir verfasst. Es handelt sich um eine kleine Mitteilung, die Amy mir aus Nebraska zukommen ließ, wo sie und Andrew gerade ihr Studium abgeschlossen hatten. Bald sollten sie gemeinsam mit ihrem kleinen Sohn Lee an einen Ort ziehen, den Gott für sie ausgewählt hatte.

Liebe Mutter,
ich kann gar nicht glauben, wie sehr ich Lee liebe, und ich kann nicht glauben, dass er schon zweieinhalb Jahre alt ist. Ich versuche, jeden einzelnen Augenblick seiner Kindheit wie einen Schatz zu bewahren, aber die Zeit vergeht so schnell. Ich liebe ihn so sehr, dass ich fast seine Knochen wachsen höre.

Als ich noch klein war, habe ich Dich manchmal dabei erwischt, dass Du mich mit so einem komischen Blick angeguckt hast, als würde ich mich gleich in Luft auflösen oder so. Heute schaue ich Lee genau so an, und ich verstehe, warum Du es damals getan hast. Es sind die Momente, die wir gemeinsam erleben, die sich einfach so in Luft auflösen, stimmt's?

Ja, Amy, das stimmt.

Diesen Augenblick können wir mit Händen greifen und ihn berühren, während er wie Sand durch unsere Finger rinnt. Das Gestern ist vergangen, das Morgen kommt vielleicht nie, doch dieser Augenblick ist uns vergönnt.

We Have This Moment, Today

Hold tight to the sound of the music of living / Happy songs from the laughter of children at play / Hold my hand as we run through the sweet, fragrant meadows / Making mem'ries of what was today

For we have this moment to hold in out hands / And to touch as it slips through our fingers like sand / Yesterday's gone, and tomorrow may never come / But we have this moment, today

Tiny voice that I hear is my little girl calling / For Daddy to hear just what she has to say / And my little son running there down the hillside / May never be quite like today

Tender words, gentle touches and a good cup of coffee / And someone that loves me and wants me to stay / Hold them near while they're here, and don't wait for tomorrow / To look back and wish for today

Take the blue of the sky and the green of the forest / The gold and the brown of the freshly mown hay / Add the pale shades of spring and the circus of autumn / And weave you a lovely today / For we have this moment to hold in out hands / And to touch as it slips through our fingers like sand / Yesterday's gone, and tomorrow may never come / But we have this moment, today

Dieser Augenblick ist uns vergönnt

Halt den Klang der Musik des Lebens fest – glückliche Lieder vom Gelächter der Kinder beim Spiel. Halt meine Hand, wenn wir durch die süß duftenden Wiesen laufen und uns die Erinnerung bewahren an das, was heute geschah.

Denn diesen Augenblick können wir mit Händen greifen und ihn berühren, während er wie Sand durch unsere Finger rinnt. Das Gestern ist vergangen, das Morgen kommt vielleicht nie, doch dieser Augenblick ist uns vergönnt.

Ich höre die zarte Stimme meines kleinen Mädchens, das seinem Papa unbedingt etwas erzählen muss; und so wie mein kleiner Sohn heute den Hügel hinunterläuft, das werde ich so vielleicht nie wieder erleben.

Freundliche Worte, zarte Berührungen und eine gute Tasse Kaffee, jemand, der mich liebt und möchte, dass ich bei ihm bleibe: Lass sie in deiner Nähe bleiben und warte nicht auf das Morgen, um zurückzublicken und dir das Heute zu wünschen.

Nimm das Blau des Himmels und das Grün des Waldes, das Gold und das Braun von frisch gemähtem Heu, die zarten Farben des Frühling und das Leuchten des Herbstes, und web dir daraus ein wunderbares Heute.

Denn diesen Augenblick können wir mit Händen greifen und ihn berühren, während er wie Sand durch unsere Finger rinnt. Das Gestern ist vergangen, das Morgen kommt vielleicht nie, doch dieser Augenblick ist uns vergönnt.

Text: Gloria Gaither
Melodie: William J. Gaither
Copyright © 1975 by William J. Gaither. Alle Rechte vorbehalten.

I'm Almost Home

Fast zu Hause

Bill und ich hatten das große Glück, in unserem Leben viele vorbildliche Christen kennenzulernen, die uns vor Augen führten, was es bedeutet, Jesus viele Jahre lang zu folgen und unserer Berufung und unserem Engagement treu zu bleiben. Zu diesen geistlichen Mentoren gehörte auch Bills Großonkel Jesse.

Jesse Gaither war eine Konstante in Bills Leben. Er war ein Beter, gab treu seinen Zehnten und verstand es, andere zu ermutigen. Er unterstützte seinen Pastor, ging regelmäßig zur Gemeinde und kritisierte nur selten Entscheidungen, die dort getroffen wurden, selbst wenn er mit manchen dieser Entscheidungen nicht einverstanden war.

Kaum eine Gelegenheit zum Zeugnisgeben ließ Jesse ungenutzt, und er erzählte mit Humor und unter Tränen von Dingen, die sich in seinem Alltag zugetragen hatten und Gottes Treue bewiesen. Er liebte das lebendige Wort Gottes, und er mochte die meisten Menschen.

Alle Gaither-Jungs – wie Grandpa Gaither und seine vier Brüder heute noch genannt werden – lachten gern. Sie konnten wunderbar Geschichten erzählen, und selbst Geschichten, die sie schon in- und auswendig kannten, brachten sie noch immer so zum Lachen, dass ihnen die Tränen über die Wangen liefen. Ich kann mich noch an den Herbstabend erinnern, bevor Bills Großvater starb. Die „Jungs" erzählten sich im Garten Geschichten und lachten so laut, dass ich es noch im Haus hören konnte. Am folgenden Nachmittag starb Grover buchstäblich in seinen Arbeitsstiefeln, als er das Feld pflügte. Ein Kind aus der Nachbarschaft, das gekommen war, um sich von ihm die Haare schneiden zu lassen, fand ihn in der Ackerfurche, die er gerade frisch gepflügt hatte.

Bill und ich hatten hin und wieder mit unserer Suzanne Onkel Jesse und Tante Hazel besucht. Das Wohnzimmer war ein stilles und ruhiges Zimmer, das von einer großen Standuhr beherrscht wurde. Das Ticken dieser Uhr schien uns deutlich darauf hinzuweisen, dass die Augenblicke, die wir dort verbrachten, vergänglich und daher besonders wertvoll waren.

Eines Abends, als wir dort saßen und ich Suzanne in den Armen wiegte, meinte Onkel Jesse: „Wisst ihr, ich verstehe allmählich, was die Christen früher meinten, wenn sie vom Heimweh nach dem Himmel sprachen. Wenn man lange genug gelebt hat, merkt man, dass sich die eine Waagschale nach unten neigt und einem schon mehr Menschen vorausgegangen sind, als man hier zurücklässt."

Er zwinkerte uns zu – eine kleine Marotte, die wir an ihm liebten – und sagte: „Bill, manchmal habe ich das Gefühl, ich kann den Erlöser lächeln sehen. Manchmal sehe ich ihn fast vor mir auf dem Thron sitzen."

Bill und ich blickten uns an und dachten das Gleiche: Das müssen wir aufschreiben, um daraus ein Lied machen zu können.

Als wir an diesem Abend nach Hause kamen, redeten wir über das, was Onkel Jesse gesagt hatte. Obwohl wir damals noch ein junges Ehepaar waren, das gerade eine Familie gegründet hatte, ließen uns Menschen wie Onkel Jesse, Bills Großvater Grover, meine Großmutter Sickal und andere Christen, die wir in unseren kleinstädtischen Gemeinden kennengelernt hatten, unsere Entscheidungen und Lebenswege aus der richtigen Perspektive sehen.

Einige Tage später machten Bill und ich tatsächlich aus Onkel Jesses Worten ein Lied, das wir erst heute, mehr als vier Jahrzehnte später, wirklich zu verstehen beginnen. Auch wenn wir annehmen, dass uns noch ein Weg von vielen Meilen beschieden ist, sind uns doch schon manche Freunde vorausgegangen, und wir wissen, dass es nicht mehr lange dauert, ehe sich auch bei uns die Waagschale senkt. Manchmal überfällt uns ein eigenartiges Gefühl der Einsamkeit, das man nur als Heimweh nach der Heimat deuten kann, in der wir eine Wohnung haben.

I'm Almost Home
The Savior's presence seems so dear / Each step I take brings heaven near / And there is nothing to hold me here / Praise God, I'm almost home

I can almost see my Savior smiling / I can almost see Him on His Throne / The way gros clearer / And heaven seems nearer / Praise God, I'm almost home

What joy it is to walk this way / My Savior calls, I cannot stay / I see the dawn of a glorious day / Praise God, I'm almost home

I can almost see my Savior smiling / I can almost see Him on His Throne / The way gros clearer / And heaven seems nearer / Praise God, I'm almost home

Fast zu Hause
Dass mein Erlöser mit mir geht, ist wunderbar; mit jedem Schritt komme ich dem Himmel näher; nichts hält mich mehr hier. Preist den Herrn, ich bin fast zu Hause!

Fast sehe ich meinen Erlöser lächeln, fast sehe ich ihn auf seinem Thron. Der Weg wird klarer und der Himmel scheint näher. Preist den Herrn, ich bin fast zu Hause!

Wie freut es mich, auf diesem Weg zu wandern, mein Retter ruft, ich kann nicht stehen bleiben. Ich sehe, wie ein herrlicher Tag heraufdämmert. Preist Gott, ich bin fast zu Hause!

Fast sehe ich meinen Erlöser lächeln, fast sehe ich ihn auf seinem Thron. Der Weg wird klarer und der Himmel scheint näher. Preist den Herrn, ich bin fast zu Hause!

Text: William J. und Gloria Gaither
Musik: William J. Gaither
Copyright © 1967 William J. Gaither. Alle Rechte vorbehalten.

That's Worth Everything

Mehr wert als alles andere

Ich habe einmal eine Bemerkung gehört, die man einem großen Theologen zuschreibt: „Mit den Jahren glaube ich immer weniger Dinge, die aber immer fester." Bill und ich haben diesen Ausspruch oft zitiert, weil er sich in unserem eigenen Leben so oft als zutreffend erwiesen hat.

Als wir frisch zum Glauben gekommen waren, hatten wir zu jedem erdenklichen Thema eine ziemlich feste Meinung. Wir waren oft schnell dabei, Regeln für andere aufzustellen und ihnen Vorschriften zu machen, was sie zu tun hatten. Manchmal gingen wir auch mit uns selbst hart ins Gericht und hatten das Gefühl, es würde uns das Leben kosten, wenn wir einmal versagten.

Wie schön ist es, wenn wir begreifen, dass die Gnade kein zartes zerbrechliches Pflänzchen ist und wir versagen dürfen, ohne von Gott abgeschrieben zu werden. Wir beginnen zu lernen, dass die Wege, die Gott uns führt, darauf abzielen, im Glauben zu wachsen, und dass er auch anderen Menschen den Weg zeigen kann. Es ist eine befreiende Entdeckung, dass wir nicht für das Wachstum eines anderen Menschen verantwortlich, sondern nur dazu berufen sind, ihn zu lieben, zu ermutigen und als Weggefährte zu begleiten.

Wir begreifen, dass es weniger absolute Antworten gibt, als wir einmal geglaubt haben, doch dass die absoluten Werte, die es wirklich gibt, auch absolut wert sind, dafür zu sterben.

Bill und ich fanden die Vorstellung, im Leben immer auf Nummer sicher zu gehen, niemals besonders anziehend. Ein wirklich lebenswertes Leben sah für uns so aus, dass wir uns ganz und gar auf eine Sache einließen, die es unserer Überzeugung nach wert war. Bill drückt es so aus: „Ich habe mehr als mein halbes Leben hinter mir, das heißt, ich bin sozusagen zur Hälfte aufgebraucht. Und falls das nicht der Fall ist, wofür um alles in der Welt spare ich mich dann noch auf?" Die vielleicht wichtigsten und alles umfassenden Worte Jesu sind diese: „Wer versucht, sein Leben zu behalten, wird es verlieren. Doch wer sein Leben für mich aufgibt, wird das wahre Leben finden" (Matthäus 16,25).

Vor nicht allzu langer Zeit setzten wir uns einmal hin, um alles aufzuschreiben, das es von unserem jetzigen Standpunkt aus betrachtet wert war, alles hinzugeben. Die Liste fiel sehr kurz aus.

Die Liste wurde zu einem Song, den wir schlicht und einfach *That's Worth Everything* nannten. In unserer Familie haben wir über diese Liste gesprochen und sie in vielen verschiedenen Situationen angewendet. Unsere Tochter wünschte sich, dass Bill dieses Lied bei ihrer Hochzeit sang, weil sie nun mit dem Mann, mit dem sie ihr restliches Leben verbringen wollte, ein neues Heim gründete. Ich weiß nicht, wie Bill es schaffte, das Lied zu Ende zu singen, aber irgendwie schaffte er es.

Wenn wir versuchen, die richtigen Prioritäten im Umgang mit unserer Zeit und unserer Kraft zu setzen, hilft es uns, wenn wir uns selbst und auch einander die Frage stellen: „Wird das für immer Bestand haben? Steckt dort ein Stück Ewigkeit drin?" Oder wie ich es für mich persönlich ausdrücke: „Denke im ewigen Maßstab!" Menschen existieren ewig. Beziehungen existieren ewig. Gottes Wort wird in Ewigkeit Bestand haben. Doch diese Das-existiert-ewig-Liste ist wirklich kurz.

Wenn Bill und ich unseren letzten Atemzug tun und alles zurücklassen, was wir in unserem Leben auf dieser Erde getan haben, dann hoffe ich, dass man von uns sagen kann: „Sie gaben sich für die Dinge hin, die in Ewigkeit Bestand haben." Wenn das wirklich so sein könnte, wird die Ewigkeit, die wir hier auf der Erde begriffen und angenommen haben, einfach in die Ewigkeit auf der anderen Seite übergehen, und wir werden dann zu Hause sein, in der Gegenwart desjenigen, der das A und O ist, der Anfang und das Ende, der Erste und der Letzte. Und das wird jeden Einsatz wert sein.

That's Worth Everything
Some men will trade the warmth of home and friends / For just a taste of fame / Some men will risk their reputations / That men will know their name / But just to know that all is clear between / My soul and

God's dear Son / And hear Him say, „Well done" / Oh, that's worth ev'rything

Just to know the future's His forever / Just to feel the freedom of a child / Just to know the past is gone and sunshine's here to stay / And He is Lord of all / Oh, that's worth everything

To know when tiny feet walk in the path that I have left behind / That they will make their way to Jesus / Contentment there to find / And just to know down deep within my heart / That I have wronged no man / To fit my Master's plan / Oh, that's worth ev'rything

Just to know the future's His forever / Just to feel the freedom of a child / Just to know the past is gone and sunshine's here to stay / And He is Lord of all / Oh, that's worth everything

Mehr wert als alles andere

Mancher tauscht sein bequemes Heim und Freunde gegen einen Hauch von Ruhm ein; mancher riskiert seinen Ruf, damit sein Name in aller Munde ist. Doch zu wissen, dass zwischen mir und Gottes Sohn alles im Reinen ist, ihn sagen zu hören: „Gut gemacht", ja, das ist mehr wert als alles andere.

Zu wissen, dass die Zukunft in seinen Händen liegt, die Freiheit eines Kindes zu verspüren; zu wissen, dass die Vergangenheit abgeschlossen ist, nun die Sonne scheinen wird und er Herr der ganzen Welt ist, ja, das ist mehr wert als alles andere.

Zu wissen, dass winzige Füßchen meinen Fußstapfen folgen, dass sie ihren Weg zu Jesus finden, um dort Zufriedenheit zu finden; und zu wissen, dass ich tief in meinem Herzen keinem Menschen etwas angetan habe, so wie es mein Meister gut findet, ja, das ist mehr wert als alles andere.

Zu wissen, dass die Zukunft in seinen Händen liegt, die Freiheit eines Kindes zu verspüren; zu wissen, dass die Vergangenheit abgeschlossen

*ist, nun die Sonne scheinen wird und er Herr der ganzen Welt ist, ja, das
ist mehr wert als alles andere.*

Text: William J. und Gloria Gaither
Melodie: William J. Gaither
Copyright © 1974 William J. Gaither. Alle Rechte vorbehalten.

I Am Loved

Ich bin geliebt

„Jesus liebt mich ganz gewiss, denn die Bibel sagt mir dies" –
mit diesem Lied sind Generationen aufgewachsen – sie haben
es gesungen, noch ehe sie laufen konnten. Pastoren predigen
es, Eltern sagen es uns, die Fernsehprediger verkünden es:
„Gott liebt dich!"

Kein anderer Bibelvers wird vermutlich öfter auswendig
gelernt als Johannes 3,16: „Denn also hat Gott die Welt geliebt, dass er seinen eingeborenen Sohn gab ..." (L). Schon
als Kinder können wir ihn auswendig aufsagen. Trotzdem
scheint die Welt aus Mangel an Liebe zu sterben. Nur wenige
von uns können diese schlichte Wahrheit verinnerlichen: Jesus liebt mich. Die Bibel ist voll von Liebesgeschichten, die
uns das bestätigen. Das Kreuz von Golgatha sagt es mir. Doch
wenn wir kaum in der Lage sind, uns selbst zu lieben, fällt es
uns schwer zu glauben, dass jemand anders uns lieben kann
– vor allem, wenn dieser Jemand alles über uns weiß.

Im Sommer vor unserer Heirat fuhr ich in meine Heimatstadt Battle Creek in Michigan, um dort bei Kellogg's so viel
zu verdienen, dass ich im Herbst mein Studium an der *Anderson University* fortsetzen konnte. An den Wochenenden
kam Bill mich besuchen. Wenn ich freitags um Mitternacht
aus dem Werkstor kam, wartete er auf dem Parkplatz auf
mich. In meiner hässlichen grünen Arbeitskleidung und mit
einzelnen Cornflakes in den Haaren stieg ich dann in sein
rotes Kabrio.

Eines Nachts überreichte er mir nach der Arbeit einen Verlobungsring – keinen besonders wertvollen, denn er machte sich nicht viel aus Diamanten, aber ich hatte mir so sehr einen Ring gewünscht, damit meine Freundinnen in Michigan auch sehen konnten, dass wir verlobt waren.

Als wir im Dezember heirateten, schenkte er mir einen Ehering, der zu dem Verlobungsring passte, aber er mochte ihn niemals so richtig. Er sagte so etwas wie: „Diese Ringe sehen wirklich nicht gut aus! Mir persönlich gefallen schlichte goldene Ringe. Die sehen so ... nach Ehering aus."

Eines Abends, als wir etwa zwei oder drei Jahre verheiratet waren, besuchten wir ein Kaufhaus. Bill verzog sich wie immer in die Plattenabteilung, während ich die Wochenendeinkäufe erledigte. An diesem Abend sah ich, dass in der Schmuckabteilung schlichte Goldringe für 13,95 Dollar im Angebot waren (Das ist schon sehr lange her!). Ich hatte vom Haushaltsgeld noch etwas übrig und kaufte kurzentschlossen einen solchen Ring. Ich nahm die anderen ab und steckte ihn an meinen Finger. Ich sagte nichts, bis wir beim Auto angekommen waren.

Bill zog seine neu erstandene Platte hervor und fragte: „Wie gefällt dir die hier?"

„Gut", entgegnete ich. „Und wie gefällt dir der hier?" Ich streckte ihm meine Hand mit dem schlichten Goldring entgegen.

„Oh Mann", meinte er, „der gefällt mir, der sieht so nach Ehering aus!"

Siebzehn Jahre trug ich also diesen schlichten Goldring, den ich mir im Kaufhaus für 13,95 Dollar gekauft hatte.

1982, kurz nach Thanksgiving[*], unternahm unsere Gruppe eine Konzertreise ins Heilige Land. Im folgenden Februar, als wir uns mit der ganzen Familie an den Abend-

---

[*]Das amerikanische Erntedankfest. Es weicht in seinen Bräuchen stark von denen des europäischen Erntedankfestes ab. Es ist stark mit der Erinnerung der Pionierzeit verbunden.

brottisch setzten, sagte Bill, bevor er das Tischgebet sprach: „Bitte seid einmal alle still und hört zu. Ich möchte euch etwas zeigen." Er zog eine kleine blaue Schachtel hervor und gab sie mir. Ich öffnete sie und fand darin einen höchst ungewöhnlichen goldenen Ring, in den außen hebräische Buchstaben eingraviert waren.

„Den habe ich in Jerusalem für dich anfertigen lassen", sagte Bill. „Er ist aus 18-karätigem Gold, und darauf steht: ‚Mach dich auf, meine Freundin, meine Schöne, und komm!' – ein Vers aus dem Hohenlied*."

Ich konnte es nicht glauben! Das hatte er sich ganz allein ausgedacht und sogar selbst bezahlt! Natürlich kann ich kein Hebräisch lesen. Theoretisch könnte auch „Geh weg, mein Liebes" draufstehen oder „Kaufhausware".

Aber ich glaube ihm und ich liebe meinen Ring. Ich steckte ihn mir sofort an den Finger und trage ihn seitdem immer an meiner Hand. Bill hat nicht ausdrücklich gesagt, dass ich ihn tragen muss. Ich hätte durchaus entgegnen können: „Ich kann nicht glauben, dass du mir diesen Ring wirklich schenken willst", oder: „Ich weiß nicht, was du damit erreichen willst. Ich habe für diesen Ring an meinem Finger knapp vierzehn Dollar bezahlt, und du wirst mich nicht dazu bekommen, dass ich ihn ablege. Keine Chance!"

Aber das wäre verrückt gewesen, meinen Sie nicht auch? Vor allem, weil ich einen Ring aus achtzehnkarätigem Gold hatte mit einer von Hand eingravierten Einladung, mich von diesem wunderbaren Mann lieben zu lassen, der mich so gut kennt. Er weiß, wo ich versagt habe und nicht vollkommen bin. Er weiß, was ich kann und was ich nicht kann. Er kennt die Stellen, an denen mein Körper nicht perfekt ist ... und liebt mich trotzdem.

Und Jesus sagt uns: „Ich aber bin gekommen, um ihnen das Leben in ganzer Fülle zu schenken" (Johannes 10,10). Er hat uns seine Liebe durch seinen Tod am Kreuz gezeigt.

---

*Hoheslied 2,13; RE

Dann sagen wir: „Was kann ich denn geben?" Wir hängen so sehr an unserem kleinen Warenhausleben; wir sind misstrauisch, fürchten uns davor loszulassen, während er seine Arme ausstreckt und uns einlädt, an seinem „großen Reichtum" (Epheser 3,8) teilzuhaben.

Könnten wir nur alle glauben, dass es dabei nicht darum geht, uns würdig zu erweisen! Es geht darum, dass wir geliebt werden. Würden wir es nur wagen zu glauben, dass wir Gottes geliebte Kinder sind, würde es keine Rolle mehr spielen, wenn uns jemand herabsetzt und an unserem Selbstbewusstsein oder Selbstwertgefühl kratzt. Wenn wir geliebt sind, wenn uns der Gott des Universums wertschätzt, dann spielt die Meinung irgendeines anderen Menschen keine Rolle mehr. Von demjenigen geliebt zu werden, dessen Meinung allein zählt, schenkt uns die Sicherheit, selbst zu riskieren, andere Menschen und sogar uns selbst zu lieben.

Denken Sie einmal an den Menschen, den zu lieben Ihnen am schwersten fällt, an die komplizierteste Person, die Sie kennen. Sie können sich darauf verlassen: Das ist ein Mensch, der sich nicht geliebt fühlt. Das ist der Mensch, der Liebe am dringendsten nötig hat. Bill und ich haben oft miteinander über dieses Thema geredet. Es hilft uns, geduldiger im Umgang mit anderen zu sein und ehrlicher, was unsere eigenen Fehler und Schwächen betrifft.

Dass ich mich, besonders was meinen Gesang betraf, selbst unzulänglich fühlte, brachte mich dazu, die zweite Strophe des folgenden Liedes zu schreiben. Es lag eine gewisse Ironie darin, dass ich dreißig Jahre meines Lebens damit zubringen sollte, etwas zu tun, bei dem ich mich sehr unsicher fühlte. Sprechen, Schreiben, Unterrichten – das waren die Tätigkeiten, bei denen ich mich am wohlsten fühlte. Doch Gott forderte mich auf, seine Botschaft durch Singen weiterzugeben, und das fiel mir schwer. Manchmal stritt ich mit Gott darüber. Ich fragte ihn dann, warum er mich nicht das tun ließ, worin ich gut war und was mir leichtfiel. Doch ich musste lernen, dass sein Ruf keine Rücksicht auf unsere Komfortzonen nimmt, sondern Vertrauen unsererseits fordert.

Mit der Zeit habe ich begriffen, dass er uns nie um etwas bittet, das er nicht selbst zuvor schon getan hat. Er schickt uns nie an einen Ort, an den er uns nicht schon vorausgegangen ist. Ihm geht es nicht darum, dass wir eine Aufgabe erfolgreich erledigen, sondern um Beziehung. Er, der uns am besten kennt, dessen Meinung letzten Endes zählt, liebt uns grenzenlos. Wenn uns der Gott des Universums so sehr liebt, können wir uns selbst und anderen Wertschätzung entgegenbringen. Wir haben die Freiheit, einander zu lieben, denn wir werden selbst auch geliebt!

I Am Loved

All I had to bring were imperfections / There was so much more I lacked than I possessed / I could hardly comprehend His offer / I'd bring what I had, He'd bring the rest

I said, „If you knew, You wouldn't want me / My scars are hidden by this face I wear" / He said, „My child, My scars go deeper / It was love for you that put them there"

Forgiven – I repeat it – I'm forgiven / Clean before my Lord I freely stand / Forgiven, I can dare forgive my brother / Forgiven, I reach out to take your hand

I am loved! I am loved! / I can risk loving you / For the One who knows me best loves me most / I am loved, you are loved / Won't you please take my hand / We are free to love each other, we are loved

Ich bin geliebt

Ich hatte nur Unvollkommenheit zu bringen, mir fehlte so viel mehr, als ich besaß. Kaum konnte ich sein Angebot begreifen, das zu bringen, was ich hatte, und er würde mir den Rest dazugeben.

Ich sagte: „Wenn du mich kennen würdest, würdest du mich nicht annehmen; meine Narben werden durch meine Maske verdeckt." Er entgegnete: „Mein Kind, meine Narben gehen tiefer; die Liebe zu dir hat sie mir zugefügt."

Vergeben – ich sag's noch einmal – mir wurde vergeben! Reingewaschen stehe ich vor meinem Herrn. Ich wage es, meinem Bruder zu vergeben; und strecke meine Hand nach deiner aus.

Ich bin geliebt! Ich bin geliebt! Ich kann's riskieren, dich zu lieben, denn der, der mich am besten kennt, liebt mich mehr als irgendjemand sonst. Ich bin geliebt, du bist geliebt, nimm meine Hand! Wir sind befreit, einander zu lieben, wir sind geliebt.

Text: Gloria Gaither und William J. Gaither
Melodie: William J. Gaither
Copyright © 1978 William J. Gaither. Alle Rechte vorbehalten.

Go Ask

Komm und frag

Das Wirken des Heiligen Geistes kann man nicht mit einem Reagenzglasversuch beweisen. Es zeigt sich darin, dass sich ein Mensch verändert, wenn Gott ihn anrührt. Diskutieren und logisches Denken, das Entwerfen von Theorien und Philosophieren kann uns helfen, Klarheit in unsere Gedanken über das Leben zu bringen und sie in Axiomen und Regeln zu formulieren, nach denen wir leben, aber das Labor, in dem diese Theorien überprüft werden, ist das wirkliche Leben selbst, in dem wir Erfahrungen sammeln.

Bills Vater, der über 90 Jahre alt wurde, sagte oft: „Menschen verändern sich im Laufe ihres Lebens, aber nicht allzu sehr." Allmählich glaube ich, dass er in gewisser Hinsicht recht hatte. Nur eine Macht, die größer ist als wir selbst, kann unsere Persönlichkeit von Grund auf verändern. Doch schwierige Situationen können, wenn sie von unserem Herrn eingesetzt werden, zu Werkzeugen werden, die aus uns etwas weitaus Schöneres machen, als wir es uns je hätten vorstellen können.

Wenn Gott unser Leben von Grund auf verändert, beginnt das mit einem Kurswechsel. Irgendetwas bringt uns dazu, abzubremsen und stehen zu bleiben – eine Krise, eine Tragödie, Versagen, nagende Unzufriedenheit –, irgendetwas, das uns zu der Einsicht bringt, dass wir nicht in der Lage sind, unser Leben selbst in die Hand zu nehmen, das uns zu dem Eingeständnis bewegt, dass wir uns selbst kaputt machen oder im Sumpf der Mittelmäßigkeit versinken, wenn wir so weitermachen wie bisher. Wir begreifen durch dieses Ereignis, dass wir selbst die Dinge nicht in Ordnung bringen können. Was auch immer es ist, das uns aufhorchen und Kontakt mit Gott aufnehmen lässt, ist ein Geschenk, ganz egal, wie sehr uns dieser Stopp anfangs auch aus der Bahn werfen mag.

Für diesen Wendepunkt gibt es viele verschiedene Umschreibungen: Bekehrung, Errettung, Gott finden. Wie immer man es auch nennt, es ist notwendig, um aus den alten Lebensmustern auszubrechen und sich auf den Gott des Universums einzulassen, der uns Liebe und Gnade schenkt.

Nach diesem Wendepunkt scheint sich die Veränderung nur allmählich zu vollziehen, vor allem vom Standpunkt desjenigen aus gesehen, der sich verändert. Er wird dem Sohn Gottes ähnlicher, doch er wird Gott immer noch nicht gerecht, er ist nicht vollkommen heilig, bei Weitem nicht perfekt. Bevor dieser Prozess begann, kamen wir uns vielleicht unabhängig und voll und ganz selbstbestimmt vor. Die Begegnung mit Gott aber macht uns demütig und schenkt uns paradoxerweise genau deshalb Frieden, weil wir spüren, dass sich unser Leben mehr und mehr am Heiligen Geist ausrichtet, der nun in uns wohnt. Wir begreifen, dass er an uns arbeitet, und es ist unsere Aufgabe, uns seinem Wirken zu unterwerfen.

Bill und ich haben oft miteinander über diesen Prozess nachgedacht, und zwar nicht nur darüber, wie Gott in anderen wirkt, sondern auch, wie er in uns selbst wirkt. Am häufigsten reden wir darüber, wenn wir mit unseren eigenen Fortschritten nicht zufrieden sind. Aber, wie wir in einem Lied festgehalten haben, das eigentlich für Kinder gedacht war, sind wir eine Verheißung Gottes, eine unendlich große Verheißung, und er steht zu seinen Verheißungen. Was er in uns begonnen hat, wird er auch zu Ende führen.

Die Geschichte von dem Blinden, der von Jesus geheilt wurde, taucht in unseren Texten immer wieder auf, weil sie uns immer wieder auf einen wichtigen Punkt aufmerksam macht. Nicht immer sind wir in der Lage, die theologischen Einzelheiten dessen zu erklären, was Gott in uns bewirkt oder bewirkt hat. Vielleicht haben wir uns nicht selbst den Weg ausgesucht, den Gott mit uns gegangen ist. Vielleicht sehe ich nicht, was Gott in Ihnen tut – oder Sie erkennen nicht, wie er mich verändert. Wie der Blinde behaupte ich einfach: „Eins weiß ich: Ich war blind, und jetzt kann ich sehen" (Johannes 9,25). Sehende Augen sind genug. Hörende Ohren sind genug.

In dem folgenden schlichten Lied werden die Geschichten von realen Personen erzählt, die von einem realen Gott verändert werden. Wenn in diesem Lied Kraft steckt, dann deshalb, weil auch in dem unwiderlegbaren Beweis Kraft steckt, dass Gott in Menschen wirkt: verkrüppelte Beine können wieder laufen; Väter, die sich aus dem Staub gemacht hatten – buchstäblich, emotional oder geistlich – kommen wieder zurück, um für ihre Kinder da zu sein; Menschen, die sich durch Drogen zugrunde richteten, sind nun wieder frei und bei klarem Verstand. Und der Beweis? Gehen Sie los und fragen Sie einfach jemanden, der durch Jesus verändert wurde. Ich bin einer von ihnen, und ich werde immer weiter nach dem Bild meines Herrn und Freundes gestaltet. Ich bin nicht die, die ich sein möchte. Ich bin auch nicht die, die ich einmal sein werde. Aber Gott sei Dank bin ich auch nicht die, die ich einmal war. (Aber das ist eine andere Geschichte und ein anderes Lied!)

Go Ask

Don't ask me to explain to you how one could start again / How hardened hearts could soften like a child / Don't ask me how to reason out the mysteries of life / Or how to face its problems with a smile / Go ask the man who's found the way / Through tangled roads back home to stay / When all communications were destroyed / Go ask the child who's walking now / Who once was crippled, then somehow / Her useless legs were made to jump for joy / Go ask the one whose burned-out mind / Has been restored – I think you'll find / The questions not important as before / Don't ask me if He's good or bad / I only know the guilt I had is gone / And I can't tell you anymore

Don't ask me how to prove to you / Why I know God is there / And how I know that He could care for you / Don't ask me why Someone so great / Would choose to walk with me / And trade my broken life for one that's new / Go ask the child who's got a dad / To love away the hurt he had / Before this Man called Jesus touched their lives / Go ask the one whose fears have fled / Whose churning heart was quieted / When Someone whispered "Peace" to all her strife / Go ask the man to tell you more / Whose life was just a raging war / Inside himself until the Savior came / I don't pretend to be so wise / I only know He touched my eyes / And nothing will ever be the same

Komm und frag

Bitte mich nicht, dir zu erklären, wie man noch einmal von vorn anfangen kann – wie ein verhärtetes Herz weich werden kann wie das eines Kindes. Bitte mich nicht, dir die Geheimnisse des Lebens verständlich zu machen oder dir zu raten, wie man ihnen mit einem Lächeln begegnet. Komm, frag den Mann, der über verworrene Wege nach Hause fand und nun dort wohnen bleibt, obwohl alle Verbindungen abgerissen waren. Geh und frag das Kind, dessen Beine einst verkrüppelt waren und das nun wieder umherspringt. Geh, frag den Menschen, dessen Verstand umnebelt war und der jetzt wieder klar denken kann – ich glaube, du wirst entdecken, dass diese Fragen nicht mehr so wichtig sind. Frag mich nicht, ob er gut oder schlecht ist; ich weiß nur, dass die

Schuld, die mich belastete, von mir genommen ist. Mehr kann ich dazu nicht sagen.

Bitte mich nicht, dir zu beweisen, dass Gott da ist. Oder dass er sich um dich kümmert. Frag mich nicht, warum jemand, der so groß ist, mich auf meinem Weg begleiten und mir ein neues Leben schenken will. Geh, frag das Kind, dessen Vater ihm wieder Liebe schenken kann, obwohl er ihm schwere seelische Wunden zugefügt hatte, bevor dieser Mann namens Jesus in ihr Leben eingriff. Geh, frag die Leute, deren Furcht wie weggeblasen ist, deren Herz ruhig geworden ist, als ihnen jemand „Frieden" zuflüsterte. Geh und bitte den Mann, dir davon zu erzählen, wie der Erlöser dem Kampf, der in seinem Inneren tobte, ein Ende setzte. Ich gebe nicht vor, so weise zu sein; ich weiß nur, dass er meine Augen berührt hat und nichts wieder so sein wird wie früher!

Text: Gloria Gaither
Melodie: William J. Gaither
Copyright © 1987 Gaither Music Company. Alle Rechte vorbehalten.

We are so blessed

Reich beschenkt

Wenn in Indiana die Erntezeit anbricht, bekomme ich aus irgendeinem Grund immer das Gefühl, ich müsste irgendetwas zu Ende bringen. Vielleicht hängt das mit den Dreschmaschinen zusammen, die die Weizenähren aufnehmen und die prallen Getreidekörner in die wartenden Lastwagen fallen lassen, die sie ihrerseits in die Speicher transportieren, um die Vorräte für den Winter aufzufüllen. Vielleicht sind es auch die großen Pflüge, die die Spuren der letzten Halme und welken Sojapflanzen beseitigen, sodass die frische schwarze Erde wie ein samtener Teppich wirkt, der in sauberen Quadraten an die grünen Felder mit dem Winterweizen grenzt. Vielleicht sind es auch die Eichhörnchen, die im Garten herumflitzen, sich Eicheln und Walnüsse in die Backen stopfen und dann davoneilen, um ihren Schatz irgendwo zu vergraben. Oder auch die letzten Äpfel, die zu duftendem Cider verarbeitet oder vor dem ersten Frost mit Zimt und braunem Zucker in die Ofenröhre gesteckt werden.

Was auch immer der Grund sein mag, dies ist die Jahreszeit, um Dinge zu Ende zu bringen, Unerledigtes zu erledigen, zu ernten, Vorräte anzulegen und zu überprüfen, ob wir von allem, was wichtig ist, genug haben, um die schwere Zeit zu überstehen.

Und wie schließt man innerlich eine Lebensphase, sozusagen eine Jahreszeit, ab? Wie können wir die Gaben und Früchte des Heiligen Geistes, die man ja nicht sehen kann, ernten und lagern? Dankbarkeit ist das Werkzeug, mit dem man sie erntet. Mit ihr bindet man die goldenen Garben des reifen Getreides. Sie pflückt die roten Früchte und gräbt die Wurzelfrüchte aus, die in einer Beziehung manchmal den Unterschied zwischen Leben und Tod ausmachen.

Wir wollen dankbar sein!

Wir wollen dankbar sein, dass wir genug – und mehr als genug – zu essen und anzuziehen haben, ein Dach über dem Kopf und eine geheizte Wohnung, Schönheit, wie zum Beispiel Kunst, Farben und Formen genießen können, dass wir mobil sind und uns mit Autos, Fahrrädern, Bussen, Flugzeugen ... und zu Fuß bewegen können. Wir wollen dankbar sein für Dinge, die man nicht mit Geld kaufen kann, wie Freundlichkeit, gute Einfälle, Offenbarungen und Einsichten ... Bücher, Worte, Lieder, Diskussionen.

Dankbar für unsere Gesundheit, die wir oft für so selbstverständlich halten, dass wir bei unserer Lebensplanung einfach davon ausgehen, dass alles beim Alten bleibt. Wir sind dankbar für Beine, die laufen können ... zur Schule, zur Arbeit, beim Spielen; Augen, die sehen können ... um zu lesen, zu lernen und Erfahrungen zu machen; Ohren, die hören können ... Musik, Unterrichtsstunden, Warnungen, Segenssprüche, die Klänge der Natur; einen funktionierenden Körper ... er kann Nahrung verdauen und Energie erzeugen, damit wir jeden Tag unseren Pflichten nachkommen können; einen Verstand, der Schönheit, Ideen und Vorstellungen, Gefahren und Versagen begreift; funktionierende Hände, die sich nach anderen ausstrecken und sie umarmen können, die schreiben, fahren, Laub harken und Böden wischen können, Kleidung zusammenlegen und Instrumente spielen können: Klavier, Flöte, Violine, Trommel, Oboe.

Dankbar für die Familie – Familienmitglieder mit einzigartigen Persönlichkeiten, Begabungen, Bedürfnissen und Träumen. Jeder von ihnen ist ein Geschenk. Der engste Familienkreis und die entfernteren Verwandten – sie alle haben ihren Anteil daran, wer ich bin und was aus mir werden wird. Selbst verstorbene Angehörige gehören dazu, die ihr Leben vollendet und uns ihr Erbe aus harter Arbeit, Integrität, Entschlossenheit, Liebe, Zärtlichkeit, Glauben und Humor hinterlassen haben.

Dankbar für Freunde – für anregende, lebhafte, provokante, tröstende, aufrüttelnde, ermutigende, uns ins Gewissen redende, segnende, liebevolle, warmherzige, vergebungsbereite Freunde.

Dankbar für Hoffnung und Liebe – Hoffnung und Liebe, die sichere Zuversicht, dass Gott unser Leben in seiner Hand hält, eine Zuversicht, der die Angst vor einem Atomkrieg, vor dem wirtschaftlichen Zusammenbruch, vor Krankheit und Behinderung, ja, sogar der Tod nichts anhaben kann.

Dankbar für die Kinder – Kinder, die uns die Welt, die wir zu kennen glauben, mit neuen Augen sehen, mit neuen Ohren hören, mit neuen Händen berühren und mit einem neuen Verstand begreifen lassen.

Dankbar für den Mut – den Mut, weiterhin Menschen Vertrauen zu schenken, Liebe zu riskieren, an das zu glauben wagen, was alles sein könnte, weil unser Vertrauen auf Gott jeden Tag aufs Neue bestätigt wird.

Und weil die Jahreszeiten in unserem ganzen Wesen verankert sind, danken wir Gott auch für die Erntezeit, in der wir zum Abschluss bringen, was wir einmal angefangen haben. Es ist eine Zeit, in der wir innehalten, Bilanz ziehen und uns bewusst machen, dass uns das Leben geschenkt wurde.

Denn Gott hat verheißen, dass wir im Frühling Samen zur Verfügung haben, die wir ausstreuen können, wenn wir mit dem Werkzeug der Dankbarkeit eine gute Ernte einfahren.

We Are So Blessed
We are so blessed by the gifts from Your hand / We just can't understand / Why you loved us so much / We are so blessed! / We just can't find a way / Or the words that can say / "Thank You, Lord, for Your touch"

When we're empty, You fill us 'til we overflow / And when we're hungry, You feed us and cause to know ...

We are so blessed / Take what we have to bring / Take it all – everything / Lord, we love you so much

Reich beschenkt
Wir werden so reich beschenkt aus deiner Hand – wir können einfach nicht verstehen, warum du uns so geliebt hast. Wir sind so reich beschenkt! Wir finden einfach keine Möglichkeit und auch nicht die richtigen Worte, um dir zu sagen: „Danke, Herr, dass du uns angerührt hast."

Wenn wir leer sind, dann füllst du uns bis zum Überfließen, und wenn wir hungrig sind, gibst du uns zu essen, damit wir begreifen:

Wir sind so reich beschenkt! Bringt ihm, was ihr habt! Bringt ihm alles! Herr, wir lieben dich so sehr!

Text: William J. und Gloria Gaither
Melodie: William J. Gaither und Greg Nelson
Copyright © 1982 Gaither Music und River Oaks Music (verwaltet von EMI Christian). Alle Rechte vorbehalten.

Upon This Rock

Auf diesen Felsen

In Jerusalem ist es im Sommer heiß und staubig. Diese Stadt auf dem Berg ist von der Wüste umgeben. Nur hie und da werden Felder bewässert; das Wasser wird über Aquädukte oder modernere Anlagen hergeleitet. Doch nördlich von Jerusalem, noch jenseits der zerklüfteten Hügel im Nordreich mit ihrer rauen Schönheit, vorbei am See Genezareth und dann ein wenig in östlicher Richtung, stößt man am Fuß des Hermon überraschend auf eine Oase. Eine natürliche Quelle sprudelt aus dem Felsen und ergießt sich in ein Becken. Es handelt sich um eine der Jordanquellen.

Kein Wunder, dass sich die oberen Zehntausend dieses kühle, grüne Fleckchen über Jahrhunderte zu einem Urlaubsort erkoren haben. Als wir als Familie diesen Ort besuchten, erklärte uns unser Reiseführer, dass auf einem dieser Felsen einmal ein Schrein gestanden hatte, der Pan, den die Griechen als Gott der Natur betrachteten, geweiht war. Hier hatte sich auch Herodes seinen Sommerpalast errichten lassen, weit weg von der Hitze und dem Staub in Jerusalem. Und hier verbrachten die Römer ihren Urlaub. Die nahe gelegene Stadt Cäsarea Philippi wurde, wie man allgemein glaubt, von Herodes nach dem römischen Kaiser benannt, um ihn gnädig zu stimmen.

Vermutlich machte Jesus mit seinen Jüngern hier halt, nachdem er in den Küstenstädten Tyrus und Sidon gelehrt und Kranke geheilt hatte, in den Hügeln am See Genezareth viertausend Menschen zu essen gegeben und in Magdala Streitgespräche mit den Pharisäern und Sadduzäern geführt hatte.

Als Jesus in die Gegend von Cäsarea Philippi kam, fragte er seine Jünger: „Für wen halten mich, den Menschensohn, eigentlich die Leute?" (vgl. Markus 8,27)

Hier, wo die griechischen Könige des Altertums auf einem Felsen heidnischen Götzen Schreine errichtet hatten und sich der niederträchtige König Herodes ein Sommerpalais auf einem anderen Felsen gebaut hatte, dicht neben dem Refugium des römischen Statthalters, steht Jesus bei einer kühlen Quelle, aus der reines Wasser sprudelt, und wartet darauf, dass seine Jünger die Frage beantworten.

„Manche sagen, du seist Johannes der Täufer, andere meinen, du seist Elia, und manche behaupten, du seist Jeremia oder noch ein anderer Prophet."

Jesus spitzt die Frage zu: „Aber was sagt ihr, wer ich bin?"

Es überrascht nicht, dass Simon Petrus mit einer Antwort herausplatzt. Was er dann allerdings sagt, überrascht doch: „Du bist der Christus, der Sohn des lebendigen Gottes."

Jesus weiß, dass Petrus nicht gerade ein großer Denker ist und nicht aufgrund eigener Überlegungen, logischer oder philosophischer Fähigkeiten zu dieser Schlussfolgerung gelangt sein konnte.

„Diese Erkenntnis hast du nicht aus dir selbst; mein Vater im Himmel hat sie dir gegeben", entgegnet Jesus und blickt Petrus mit sanftem Blick an. Dann greift er Petrus' Namen auf, um einen der wichtigsten Sätze zu formulieren, die er jemals auf dieser Erde sagte: „Darum sage ich dir: Du bist Petrus [hier benutzt er die männliche Form für Felsen petros]; und auf diesem Felsen [hier steht die weibliche Form petra] werde ich meine Gemeinde bauen! Nicht einmal die Macht des Todes wird sie vernichten können" (siehe Matthäus 16,15–18; GN).

Nicht auf dem Felsen der Griechen mit all ihrem Wissen und ihrer Philosophie. Nicht auf dem Felsen des jüdischen Gesetzes. Nicht auf dem Felsen irdischer Macht und Autorität, sondern auf einem Felsen, der fest stehen würde, wenn alle Philosophien, alles Wissen, jede religiöse und irdische Macht dem Vergessen anheimgefallen sind. Dieses Reich würde auch noch bestehen, wenn alles andere nicht mehr existiert. Es würde nicht an diesem Ort errichtet werden, wo das Wasser, das in der Wüste so lebenswichtig ist, aus einem

Felsen quillt und in den Jordan fließt, sondern an einem Ort, den noch kein menschliches Auge erblickt hatte. Er würde sein Reich auf dem Felsen der Offenbarung errichten, die Gott der Vater den Menschen zukommen ließ. In Jesus selbst offenbarte sich der Vater. Der Stein, den die Bauleute verworfen hatten, war zum Eckstein geworden. Auf diesem Felsen wollte Gott sein Reich errichten. Nicht in Galiläa, sondern im Herzen der Gläubigen, wie schlicht oder wie weise sie auch immer waren, sollte dieses Reich fest und sicher bestehen. Petrus sollte für alle Zeiten als Beispiel dienen; wenn er diese Offenbarung empfangen konnte, dann auch jeder andere.

Auf diesem Felsen der Offenbarung, auf dieser Wahrheit, die Jesus uns vor Augen geführt hatte, würde er ein unsichtbares, lebendiges Reich bauen, ein ewiges Reich, das nichts zum Wanken bringen konnte. Kein Heer konnte dagegen marschieren und kämpfen. Keine Philosophie konnte es durch ihre Diskussionen zum Einsturz bringen. Keine Macht der Welt konnte es zerstören. Regierungen – seien sie religiös oder weltlich geprägt – konnten es mit ihrer Gesetzgebung nicht ins Sein rufen oder wieder verschwinden lassen. Es wurde nicht mit roher Gewalt errichtet, sondern mit Liebe. Dieses Reich im Herzen der Gläubigen, das Gott durch seine Offenbarung schlichten gläubigen Menschen brachte, würde allen Stürmen der Zeit trotzen.

Eines Tages wird dieses Reich für alle Menschen sichtbar werden, so wie es jetzt noch unsichtbar ist. Und der Fluss, der aus diesem Felsen entspringt, wird an einen Ort fließen, wo sich die Heiligen aller Zeitalter damit erfrischen und ihren Durst löschen werden.

Viele Jahre nach dem Tag, an dem Jesus seinen Jüngern diese Frage stellte, erhaschte der Apostel Johannes einen Blick auf das, was kommen würde. Auch er sah eine Offenbarung, die ihm Gott geschenkt hatte:

Und der Engel zeigte mir einen reinen Fluss mit dem Wasser des Lebens, so klar wie Kristall, der vom Thron Gottes und

149

des Lammes entspringt, und in der Mitte der Hauptstraße hinabfließt. Auf beiden Seiten des Flusses ist je ein Baum des Lebens, der zwölf verschiedene Früchte trägt und jeden Monat eine neue Frucht hervorbringt. Die Blätter dienen zur Heilung der Völker. Nichts wird je wieder unter einem Fluch stehen. Denn der Thron Gottes und des Lammes wird dort sein, und seine Diener werden ihn anbeten. Und sie werden sein Gesicht sehen, und sein Name wird auf ihren Stirnen geschrieben stehen. Und es wird dort keine Nacht mehr geben – man wird weder Lampen noch das Licht der Sonne brauchen –, weil der Herr, Gott, über ihnen leuchten wird. Und sie werden für immer und ewig herrschen.
Offenbarung 22,1–5

Upon This Rock

When others see with earthly eyes just what they want to see / You will see the things that never die / You will know and recognize by simple childlike faith / The priceless truth that others will deny

When others say I'm just a man who liked to dream his dreams / When others call a miracle a myth / You'll listen for eternity in moments as they pass / And see with spirit eyes what others miss

If in a simple carpenter you see the Son of God / If you will choose to lose when you could win / If you will give your life away for nothing in return / Then you are where My kingdom will begin

Upon this Rock I'll build my kingdom / Upon this Rock forever and ever it shall stand / And all the pow'rs of hell itself shall nevermore prevail against it / For Satan's thrones are built on sinking sand / Upon this Rock I'll build my kingdom / and upon this Rock forever and ever it shall stand / Upon this Rock of revelation I'll build a strong and mighty nation / And it shall stand the storms of time upon this Rock

Auf diesen Felsen

Wenn andere mit irdischen Augen nur das sehen, was sie sehen wollen, wirst du Unsterbliches sehen. Du wirst den schlichten kindlichen Glauben erfahren und die unschätzbar wertvolle Wahrheit, die andere verleugnen, erkennen.

Wenn andere behaupten, ich sei doch nur ein Träumer, wenn andere ein Wunder nur für einen Mythos halten, dann hörst du in den flüchtigen Augenblicken die Ewigkeit heraus und siehst mit den Augen des Geistes, was anderen entgeht. Wenn du in einem einfachen Zimmermann den Sohn Gottes siehst, wenn du dich dazu entschließt zu verlieren, wenn du gewinnen könntest, wenn du dein Leben hingibst und keine Gegenleistung erwartest, dann bist du dort, wo mein Reich anfangen wird.

Auf diesen Felsen werde ich mein Reich bauen. Auf diesem Felsen wird es immer stehen. Und die Mächte der Hölle werden nicht dagegen ankommen, denn Satans Thron ist auf trügerischen Sand gebaut. Auf diesen Felsen werde ich mein Reich bauen und auf diesem Felsen wird es immer stehen. Auf diesem Felsen der Offenbarung werde ich eine starke und mächtige Nation aufbauen und auf diesem Felsen wird sie allen Stürmen der Zeit trotzen.

Text: Gloria Gaither
Melodie: Dony McGuire
Copyright © 1983 Gaither Music Company und Bud John Songs, Inc./It's-N-Me Music
(Rechte verwaltet von der EMI Christian Music Group.) Alle Rechte vorbehalten.

The Stage Is Bare

Die Bühne ist leer

Das Konzert war ausverkauft, das Publikum, in dem alle Altersgruppen vertreten waren, begeistert. Freudiges Lachen und Applaus zwischen den einzelnen Titeln. Ein toller Abend!

Als wir die Plakate im Foyer abgenommen, unsere Ausrüstung endlich im Bus verstaut und uns in der Garderobe wieder umgezogen hatten, war das Gebäude leer. Alle Lichter waren aus, nur eine einzelne Glühbirne, die an einem zerschlissenen Kabel über der Bühne baumelte, brannte noch. Als wir unser Gepäck über die Bühne zum Hinterausgang schleppten, hielten wir einen Augenblick inne und ließen den Abend Revue passieren. Die einsame Glühbirne und der riesige menschenleere Saal standen im krassen Gegensatz zu den Scheinwerfern und der unglaublichen Stimmung nur eine Stunde zuvor.

„Es war ein großartiger Abend", meinte einer der Künstler. „Aber die Frage ist doch, ob all das, was wir gesungen und gesagt haben, auch jetzt noch Bestand hat und funktioniert."

Es besteht immer die Gefahr, dass Politiker anfangen, ihren eigenen Pressemitteilungen zu glauben, dass Kinder nicht in der Lage sind, Märchen von der Realität zu unterscheiden, und Schauspieler nicht mehr die Bühne mit ihren Scheinwerfern und den Montagmorgen im Tageslicht auseinanderhalten können.

Bill und ich verbringen viel Zeit mit jungen aufstrebenden Künstlern – nicht so sehr, um ihnen zu helfen, es bis ganz nach oben zu schaffen, sondern viel mehr, um ihnen etwas mitzugeben, um sie vor sich selbst zu schützen, wenn sie es eines Tages schaffen.

In unserer Kultur führt Talent oft zu dem, was die Welt „Erfolg" nennt, aber wir haben oft die Erfahrung gemacht, dass es schwerer ist, mit Erfolg umzugehen, als mit Versagen. Manchmal tut es uns Menschen sogar gut zu versagen, weil wir etwas daraus lernen. Der Erfolg dagegen kann uns kaputtmachen.

Die biblische Geschichte von Jesu Einzug in Jerusalem lässt sich gut auf unser heutiges Leben anwenden. Es ist einfach, den Herrn zu loben, wenn man inmitten einer Menge von jubelnden Anhängern steht und mit erhobenen Händen

Lieder singt. Doch wie sieht es aus, wenn sich der Staub gelegt hat, wenn die Musik verklungen ist und nur noch eine einzige Glühbirne an einem ausgefransten Kabel Licht spendet? Ist unser Lobpreis immer noch so überzeugend, wenn wir uns allein in einem Fahrstuhl befinden? Strahlt er auch dann noch etwas aus, wenn die Gemeinde momentan nur aus mir selbst besteht?

Ich hörte einmal, wie jemand über einen christlichen Redner bemerkte: „Er hätte mich noch mehr beeindruckt, wenn er abseits der Bühne gebetet hätte."

Mein Vater war Pastor, und oft habe ich gehört, wie er 1. Korinther 9,27 zitiert hat, diesen hohen Maßstab, den Paulus an sich selbst anlegte und den sich auch mein Vater zu eigen gemacht hatte: „Ich treffe mit meinen Schlägen den eigenen Körper, sodass ich ihn ganz in die Gewalt bekomme. Ich will nicht anderen predigen und selbst versagen" (GN). Dieser Vers war eine Art Warnlicht, das über dem Dienst meiner Eltern blinkte. Auch für mich und Bill ist es so ein Warnlicht im Hinblick auf unseren Dienst – das Schreiben, das Halten von Vorträgen, die Erziehung von Kindern und unser ganz alltägliches Kleinstadtleben. Was wir tun, wenn die Bühne dunkel und leer ist, ist so viel wichtiger als das, was wir im Rampenlicht vor Zuschauern tun.

Ich jedenfalls hoffe, dass unsere Kinder und Eltern, unsere Nachbarn und die Menschen, mit denen wir zusammenarbeiten, sehen können, dass wir ihnen das Lob Gottes durch unser Leben viel mehr vor Augen führen, als wir es mit dem gesprochenen und gedruckten Wort jemals könnten.

Mögen unsere Fehler und unser Versagen von der Liebe und Gnade Jesu getilgt werden, damit sein Geist einen nachhaltigeren Eindruck hinterlässt als wir schwache Menschen.

The Stage Is Bare

The stage is bare / The crowds are gone / Love we shared / still lingers on / We sang and played / We laughed and cried / And in our fumbling way we tried / To say what only hearts can know / And all too soon we had to go / But now here in this darkened room / Just empty seats – just me ... and You:

It was easy to call You „Lord" / When a thousand voices sang Your praise / But there's no one to hear me now / So hear me now ... be near me now, I pray

The stage is bare / The crowds are gone / Lord, now's the time I need Your Song / To give me joy and certainty / When no one else is watching me / I need You more than words can say / Tomorrow's such a daily day / And I so need to feel You then / Holding my hand / Please hold me then / I need You ... Lord

It was easy to call You „Lord" / When a thousand voices sang Your praise / But there's no one to hear me now / So hear me now ... be near me now, I pray

Die Bühne ist leer

Die Bühne ist leer, das Publikum gegangen; die Liebe, die im Konzert spürbar wurde, hängt noch im Saal. Wir sangen und spielten, wir lachten und weinten – und versuchten unbeholfen, das zu vermitteln, was nur das Herz sagen kann. Nur allzu bald mussten wir gehen und hier in diesem dunklen Saal sind nur leere Stühle – nur ich ... und du, Herr.

Es war so einfach, dich „Herr" zu nennen, als dein Lob aus tausend Kehlen erklang – doch jetzt ist niemand da, der mich noch hören könnte. So hör du mich jetzt an ... sei mir nah, darum bete ich.

Die Bühne ist leer, das Publikum gegangen; Herr, jetzt ist die Zeit gekommen, wo ich dein Lied brauche, damit es mir Freude und Sicherheit schenkt, wenn ich unbeobachtet bin. Ich brauche dich mehr, als Worte

154

ausdrücken können. Morgen brauche ich dich wieder so wie jeden Tag – und ich muss spüren, dass du mich an der Hand fasst – bitte halt mich fest. Ich brauche dich, Herr.

Es war so einfach, dich „Herr" zu nennen, als dein Lob aus tausend Kehlen erklang – doch jetzt ist niemand da, der mich noch hören könnte. So hör du mich jetzt an ... sei mir nah, darum bete ich.

Text: Gloria Gaither
Melodie: William J. Gaither, Sandi Patty und Bill George
Copyright © 1984 Gaither Music Company und Sandi's Songs Music (Rechte verwaltet durch Gaither Copyright Management) und New Spring Publishing, Inc./Yellow House Music (Rechte verwaltet durch BMG Music Publishing, Inc.). Alle Rechte vorbehalten.

Broken and Spilled Out

Zerbrochen und ausgegossen

Ein Schriftsteller oder Künstler steht ständig unter Druck, etwas Neues bringen zu müssen. Das Publikum ist flatterhaft. Ein Romanschriftsteller ist nur so wertvoll wie sein letztes Buch; ein Sänger wird am Erfolg seiner letzten Platte gemessen und daran, wie viele seiner Lieder es in die Charts geschafft haben. Maler und Bildhauer möchten einerseits Kunstwerke schaffen, mit denen sie ihre tiefsten Gefühle ausdrücken, sehen sich aber andererseits gezwungen, Kompromisse mit dem aktuellen Trend einzugehen, damit ihre Werke sich verkaufen oder von einflussreichen Kritikern gelobt werden.

Viele junge Künstler haben mit Inspiration und Leidenschaft im Herzen angefangen, um eine Botschaft mit dem ihnen eigenen Stil zu transportieren, nur um sich von einer Plattenfirma oder einem Musikagenten sagen lassen zu müssen, dass sie ihre Botschaft verwässern, ihren Stil anpassen oder ihr Image neu definieren müssten. Nur wenige sind reif oder finanziell unabhängig genug, um sich den versteckten

Drohungen nicht zu beugen, man würde sie nicht unter Vertrag nehmen, wenn sie das „fachmännische Urteil" der Leute, die „sich auf dem Markt auskennen", ablehnen.

Als wir einmal mit dem Bus zu einem Konzert fuhren, sprachen Steve Green und ich über den Druck, immer etwas Neues produzieren zu müssen. Zwar war er frustriert, weil er einen übervollen Terminkalender hatte und man von ihm erwartete, ein Soloprojekt in Angriff zu nehmen, das man auch im Radio spielen könnte, doch er begeisterte sich auch für die kleineren Projekte, die er gemeinsam mit Marijean mit der Jugendgruppe seiner Gemeinde auf die Beine stellte. Er wollte Lieder singen und aufnehmen, die auf das Leben und die Probleme dieser Teenager und ihrer Eltern eingingen, ganz egal, ob sie nun im Radio gespielt wurden oder nicht.

Und auch ich war frustriert: Nur allzu gerne hätte ich Liedtexte verfasst, ohne an einen Abgabetermin gebunden zu sein. Ich wollte etwas schaffen, das mir am Herzen lag, ohne auf das Verkaufspotenzial im Markt zu schielen. Kurz vorher hatte ich mich in eine Hütte im Wald zurückgezogen, wo ich nach zwei Tagen sehr persönliche Gedichte und Tagebucheintragungen zu Papier gebracht hatte. Ich hatte gelesen, war im Wald spazieren gegangen, hatte mit Gott geredet, kurz, die Seele baumeln lassen. Diese Zeit hatte mir wirklich gutgetan! Doch als ich nach Hause zurückkehrte, hatte ich ein schlechtes Gewissen, weil ich Bill gestehen musste, dass ich geplante Projekte nicht in Angriff genommen und angefangene Lieder nicht fertig geschrieben hatte.

Steve hörte mir zu und erzählte mir dann von dem Gebetstreffen, das am Mittwochabend in der Woche zuvor in seiner Gemeinde stattgefunden hatte. „Marijean ist aufgestanden. Die Gegenwart unseres Herrn Jesus Christus hat sie so sehr bewegt, dass sie von ihrem geistlichen Hunger danach, Christus in seiner ganzen Fülle kennenzulernen, berichtete", sagte er. „Sie bekannte manche Verfehlungen und bat die anderen, für sie zu beten, dass einer ganz reinen und engen Beziehung zu Jesus nichts mehr im Wege stehen würde. Ein regelrechter Ruck ging durch die Gemeinde. Mit ihrer entwaffnenden Ehrlichkeit hat sie etwas bewirkt, wozu ich selbst nur selten in der Lage bin."

Wir redeten darüber, dass Gott erstaunliche Dinge tut, wenn wir keine Mühen scheuen und ihn mit der Unschuld und Hingabe eines Kindes lieben.

„Was würde geschehen", fragte ich, „wenn ich meine besten Gedichte einzig und allein für Jesus schreiben würde? Ich sehne mich danach, ihm das Beste zu geben, was ich zustande bringe ... und dann zu wissen, dass es niemals veröffentlicht wird ... ihm ganz allein meine Gabe wie ein Brandopfer darzubringen."

„Und ich sehne mich danach", meinte Steve, „Gott meinen besten Auftritt zu schenken, als ob er ganz allein zuhören würde."

Wir redeten über Marijeans Eingeständnis, innerlich zerbrochen zu sein, und darüber, wie Maria die Flasche mit dem duftenden Öl zerbrochen hatte, um Jesu Füße mit dem kostbaren Inhalt zu salben. Genau so hatte auch Marijean durch ihre Verletzlichkeit die Gemeinde in dem Duft ihrer Sehnsucht, allein Gott dienen zu wollen, gebadet.

„Schreib mir doch darüber ein Lied", meinte Steve. „Ich würde gern ein Lied aufnehmen, das mich immer daran erinnert, wie mein Dienst sein sollte: ein unwiderstehlicher Duft, der nur aus einem zerbrochenen Gefäß ausströmen kann."

Als er schließlich aufstand und ging, um sich auch mit anderen Leuten im Bus zu unterhalten, griff ich nach einem Notizblock und begann zu schreiben. Daraus entstand das Lied *Broken and Spilled Out*. Es bewegte mich. Ich wollte, dass die Melodie die tiefe Sehnsucht danach einfing, Jesus das Beste, ein vollkommenes Opfer des Herzens, zu geben.

Bill George, ein außergewöhnlicher Pianist, komponierte schließlich noch die Musik dazu und Steve nahm das Lied auf.

Für mich ist dieser Song etwas Besonderes. Er erinnert mich immer daran, dass nur eine Liebe, die keine Rücksicht auf Gefäße und Glasflaschen nimmt – im übertragenen Sinn das äußere Erscheinungsbild oder das Image – und Jesu Füße in ihrem kostbarsten Schatz badet, einen Duft hervorbringen kann, der Zyniker und Gläubige gleichermaßen in seine Gegenwart zieht.

Broken and Spilled Out

One day a plain village woman / Driven by love for her Lord / Recklessly poured out a valuable essence / Disregarding the scorn / And once it was broken and spilled out / A fragrance filled all the room / Like a pris'ner released from his shackles / Like a spirit set free from the tomb

Broken and spilled out – just for love of You, Jesus / My most precious treasure, lavished on Thee / Broken and spilled out and poured at Your feet / In sweet abandon, let me spilled out and used up for Thee

Whatever it takes to be Yours, Lord / Whatever it takes to be clean / I can't just live without Your sweet approval / No matter what it may mean / I throw myself at Your feet, Lord / Broken by Your love for me / May the fragrance of total commitment / Be the only defense that I need

Lord, You were God's precious treasure / His loved and His own perfect Son / Sent here to show me the love of the Father / Yes, just for love it was done / And though You were perfect and holy / You gave up Yourself willingly / And You spared no expense for my pardon / You were spilled out and wasted for me

Broken and spilled out – just for love of me, Jesus / God's most precious treasure, lavished on me / You were broken and spilled out and poured at my feet / In sweet abandon, Lord, You were spilled out and used up for me

Zerbrochen und ausgegossen

Eines Tages kam eine einfache Frau aus dem Dorf, getrieben von ihrer Liebe zum Herrn, goss einfach das wertvolle Salböl aus und kümmerte sich nicht um den Spott. Sie zerbrach das Gefäß und schüttete das Öl aus, und der Duft erfüllte den Raum wie ein Gefangener, dem man die Ketten löst, wie ein Geist, aus dem Grab befreit.

Zerbrochen und ausgegossen – aus Liebe zu dir, Jesus. Mein kostbarster Schatz, mit dem ich dich verschwenderisch bedenke; zerbrochen und ausgegossen über deine Füße. Ich will mich selbst hingeben, mich ausgießen und für dich aufreiben.

Was immer nötig ist, ganz dir zu gehören, Herr, was immer nötig ist, rein zu werden – ich kann einfach nicht leben, ohne dass du billigst, was ich tue, ganz egal, was das auch für Folgen haben mag! Ich werfe mich nieder zu deinen Füßen, Herr, zerbrochen, weil du mich so geliebt hast. Möge der Duft der völligen Hingabe die einzige Schutzmauer sein, die ich brauche.

Herr, du warst Gottes vollkommener Schatz, sein geliebter und vollkommener Sohn, und bist auf die Erde gekommen, um uns die Liebe des Vaters zu zeigen; ja, das alles geschah aus Liebe! Und obwohl du vollkommen und heilig warst, gabst du dich bereitwillig hin; du hast es dich alles kosten lassen, mir zu vergeben – du wurdest ausgegossen, um dich an mich zu verschwenden!

Zerbrochen und ausgegossen – nur aus Liebe zu mir, Jesus. Gottes kostbarster Schatz, ein verschwenderisches Geschenk an mich, du wurdest zerbrochen und ausgegossen auf meine Füße. Du, Herr, hast dich für mich hingegeben und geopfert.

Text: Gloria Gaither
Melodie: Bill George
Copyright © 1984 Gaither Music Company und New Spring Publishing/Yellow House Music (verwaltet von BMG Music Publishing, Inc.). Alle Rechte vorbehalten.

Praise You

Ich preise dich

Es war das Jahr, in dem wir das Musical *Under Construction* (dt.: im Bau befindlich) schrieben. Wir hatten uns entschieden, nach Puerto Rico zu fahren, um dort einen Arbeitsurlaub mit Ron Huff zu verbringen und außerdem um einige Grundideen zu entwickeln, uns die Inszenierung durch den Kopf gehen zu lassen und die Handlung zu entwerfen. Ron, seine Frau Donna, unsere ganze Familie und meine Mutter verbrachten eine Woche an einem wunderschönen Strand, der von Palmen und tropischen Blumen gesäumt wurde.

Unsere achtjährige Tochter Amy hielt Donna Huff für die schönste Frau, die sie jemals gesehen hatte. Um sie nachzuahmen, pflückte sie jeden Abend frische Hibiskusblüten und steckte sie sich ins Haar. Der ein Jahr jüngere Benjy fing Eidechsen und sammelte Krabben in seinem Plastikeimerchen. Suzanne war mit ihren zwölf Jahren kein Kind mehr und doch war sie auch noch keine Frau. Manchmal jagte sie den Eidechsen nach und baute Sandburgen mit Benjy und im nächsten Augenblick schrieb sie eine Postkarte an einen Jungen zu Hause.

Wir wussten alle, wie kostbar diese Augenblicke waren. Die Sonnenuntergänge würden wir niemals vergessen, wir sogen den Gesang der Vögel förmlich auf und pressten exotische Blumen in den Büchern, die wir mitgenommen hatten.

Auch die Arbeit kam nicht zu kurz: Wir schrieben, tauschten uns über viele große und kleine Ideen aus und nutzten die willkommenen Pausen, um uns zu erholen.

Eines Tages spielten die Kinder mit unserer Mutter (die immer das größte Kind von allen war) am Wasser, während Bill und ich am Strand spazieren gingen. Es konnte leicht passieren, dass man einen langen Spaziergang machte und gar nicht daran dachte, wie weit man schon gelaufen war. Als wir merkten, wie weit wir uns schon von den anderen entfernt hatten, drehten wir um und gingen in Richtung

Hotel zurück. Wir hatten noch ein gutes Stück vor uns, als wir ein Kind auf uns zulaufen sahen, das uns zuwinkte. Bald sahen wir, dass es Benjy war, der uns unbedingt etwas mitteilen wollte. Wir liefen ihm entgegen.

„Suzanne hat ihre Brille im Meer verloren!", rief er uns durch die donnernde Brandung zu. „Sie hat Muscheln gesammelt und plötzlich ist eine große Welle gekommen und hat ihr die Brille von der Nase gerissen. Sie ist im Wasser abgetrieben."

„Wann ist das passiert?", fragte ich und dachte daran, wie schnell die starke Strömung Gegenstände und sogar Kinder ins Meer reißen konnte.

„Vor einer Viertelstunde vielleicht. Seitdem haben wir danach gesucht."

Tausend Gedanken schossen mir gleichzeitig durch den Kopf. Parallel zur Küste, etwa dreißig Meter entfernt, verlief ein Korallenriff. Man hatte uns eindringlich vor der starken Unterströmung gewarnt. Sandkastenspielzeug oder auch Flöße, die von einer Welle mitgerissen wurden, wurden so schnell weggespült, dass die Kinder kaum hinterherlaufen und sie wieder einfangen konnten.

Inzwischen war Suzanne nah genug, dass wir uns rufend verständigen konnten. „Wo hast du sie verloren?", brüllte ich.

„Genau hier. Ich hab genau hier gestanden!"

Sie stand im knietiefen Wasser, als auch noch die Flut einsetzte. „Ich kann überhaupt nichts sehen, Mama. Was sollen wir nur machen?"

„Lass uns beten", entgegnete ich und nahm ihre Hände in meine.

Dann dachte ich: Was tust du da bloß? Du wirst den Glauben dieses Kindes zerstören! Die Brille ist von der Unterströmung schon lange ins Meer getrieben und wahrscheinlich gegen das Korallenriff geschmettert worden. Wenn wir überhaupt ein paar Überbleibsel finden, dann höchstens weiter unten am Strand!

Doch ich konnte keinen Rückzieher mehr machen. Ich stand neben Suzanne im knietiefen Wasser, hielt ihre Hände umschlossen und betete: „Jesus, du weißt, wie dringend Suzanne ihre Brille braucht. Wir sind weit weg von zu Hause und kennen hier keinen Augenarzt, der ihr eine neue Brille anpassen könnte. Wir sind deine Kinder, und das ist dein Meer. Du weißt, wo die Brille ist, und deshalb bitten wir dich, sie uns wiederzugeben."

Genau in diesem Augenblick drückte Suzanne mir die Hand und unterbrach mich im Gebet. „Mama! Da ist gerade etwas gegen mein Bein gestoßen!" Sie ließ meine Hand los, griff ins Wasser und zog ihre Brille heraus. Sie war noch heil, ja, nicht einmal zerkratzt.

Wir tanzten vor Freude und liefen los, um den anderen Bescheid zu geben, die weiter unten am Strand suchten.

Später an diesem Abend, nachdem wir gegessen und die Kinder zu Bett gebracht hatten, holte ich meine Bibel und schlug sie bei den Psalmen auf, um etwas zu lesen, das zu dem Rauschen der Brandung passte, das durch die offene Terrassentür hereindrang. Ich entschied mich für einen Psalm, den wir schon viele Male gelesen hatten, doch noch nie zuvor hatten die Worte für uns den Klang, den sie an diesem Abend hatten.

Herr, du hast mein Herz geprüft und weißt alles über mich. Wenn ich sitze oder wenn ich aufstehe, du weißt es. Du kennst alle meine Gedanken. Wenn ich gehe oder wenn ich ausruhe, du siehst es und bist mit allem, was ich tue, vertraut. Und du, Herr, weißt, was ich sagen möchte, noch bevor ich es ausspreche. Du bist vor mir und hinter mir und legst deine schützende Hand auf mich. Dieses Wissen ist zu wunderbar für mich, zu groß, als dass ich es begreifen könnte! Wohin sollte ich fliehen vor deinem Geist, und wo könnte ich deiner Gegenwart entrinnen? Flöge ich hinauf in den Himmel, so bist du da; stiege ich hinab ins Totenreich, so bist du auch da. Nähme ich die Flügel der Morgenröte oder

wohnte am äußersten Meer, würde deine Hand mich auch dort führen und dein starker Arm mich halten.
Psalm 139,1–10

Als wir Psalm 139 zu Ende gelesen hatten, konnten wir kaum glauben, wie genau und treffend Gottes Wort in unsere Situation hineinsprach. Es waren altbekannte Worte und doch so neu und frisch wie das Wunder, das wir an diesem Tag erlebt hatten. Gemeinsam dankten wir Gott dafür, dass er in unser Leben eingreift und wirklich einen Plan dafür hat; wir staunten darüber, „wie rätselhaft ... [s]eine Gedanken" sind „und wie unermesslich ist ihre Fülle" (Psalm 139,17; GN).

Noch oft haben wir als Familie Psalm 139 gelesen. Unsere Kinder lesen ihn nun ihren Kindern vor. Bald nach dieser Reise schrieben Bill und ich ein Lied, das wir *Praise You* nannten. Es wurde von verschiedenen Künstlern aufgenommen. Doch uns wird es immer an den Tag erinnern, an dem ein kleines Mädchen und seine Mutter am Inselstrand für eine verlorene Brille gebetet hatten.

Praise You
There's no place where You're not there / I'll never drift from Your love and care / There's not a thing about me that You don't know / The wings of morning will take me to You / The blackness of night, Your light will shine through / You're already there no matter where I go / Even before I came to be / Your loving eyes were looking at me / You're even closer than the very breath I take / Mother and father, more than a friend to me / Beginning and ending and living of life to me / The song I find myself singing when I awake

So I will praise You! Lord, I praise You / Now I praise You for bearing me up / And giving me wings, for lifting my sights / To heavenly things, for being the songs / I can't help but sing – praise You

Look at me, Lord, I'm open to You / Do anything that You want to do / You know me better than I know myself / I'll not be afraid of what You can see / 'Cause You know the person inside of me / I won't even try to hide what You know so well / Lord, just be patient with my mistakes / I want to be Yours whatever it takes / I've learned that life without You is no life at all / Failures and talents and schemes I bring to You / Aspirations and dreams I sing to You / I'll just be here ready whenever you call

So I will praise You! Lord, I praise You / Now I praise You for bearing me up / And giving me wings, for lifting my sights / To heavenly things, for being the song / I can't help but sing – praise You

Ich preise dich

Keinen Ort gibt es, an dem du nicht bist, wo du mich nicht liebst und dich um mich kümmerst. Es gibt nichts, was du nicht von mir weißt. Die Flügel der Morgenröte werden mich zu dir tragen; dein Licht durchbricht die finstere Nacht. Du bist immer schon da, egal, wo ich gerade hingehe. Noch bevor es mich gab, blickten mich deine Augen liebevoll an – du bist mir näher als mein eigener Atem. Du bist mir Mutter und Vater, du bedeutest mir mehr als ein Freund, Anfang und Ende und Fülle des Lebens, du bist das Lied, das ich morgens beim Aufstehen singe.

Darum will ich dich preisen! Herr, ich preise dich! Ich lobe dich, weil du mich aufhebst und mir Flügel verleihst, weil du meinen Blick zum Himmel wendest, weil du das Lied bist, das ich einfach singen muss – ich preise dich!

Herr, schau mich an, ich öffne mich dir. Tu alles, was du tun willst – du kennst mich besser als ich mich selbst. Ich fürchte mich nicht vor dem, was du zu Gesicht bekommen wirst, denn du weißt, wie es in mir aussieht. Ich versuche nicht einmal, das, was du so gut kennst, vor dir zu verstecken. Herr, hab Geduld mit meinen Fehlern; ich will ganz dir gehören, was es auch kosten mag. Ich habe gelernt, dass Leben ohne dich überhaupt kein Leben ist. Mein Versagen, meine Gaben, meine Pläne bringe ich vor dich, meine Hoffnungen und Träume singe ich dir. Ich bin bereit, wenn du mich rufst.

Darum will ich dich preisen! Herr, ich preise dich! Ich lobe dich, weil du mich aufhebst und mir Flügel verleihst, weil du meinen Blick zum Himmel wendest, weil du das Lied bist, das ich einfach singen muss – ich preise dich!

Text (nach Psalm 139): Gloria Gaither
Melodie: William J. Gaither
Copyright © 1980 by William J. Gaither. Alle Rechte vorbehalten.

Tell me

Erzähl mir

Als ich noch ein kleines Mädchen war, sang die kleine Gemeinde, in der mein Vater Pastor war, aus einem Gesangbuch mit dem Titel *Hymns of Devotions*. Meine Mutter schrieb und verteilte regelmäßig einen Zettel mit dem Gottesdienstablauf für den Sonntagmorgen – eine Innovation, die die Gemeindemitglieder in einem kleinen Dorf in Michigan für übertrieben förmlich hielten. Doch schließlich akzeptierten sie, dass Gott in der Lage war, auch in einem Gottesdienst zu wirken, der im Voraus geplant war.

Bei den Gottesdiensten am Sonntagabend gab es keinen festen Ablauf und die Gebetsstunde am Mittwochabend war noch weniger förmlich. In diesen beiden Gottesdiensten fragte der Leiter oft: „Hat jemand einen Liedwunsch?"

Wenn sich diese Möglichkeit ergab, rief ich von meinem Platz in der ersten Reihe aus: „Nummer 444!" Das Lied kannte ich auswendig, und es wurde mir nie langweilig, mein Lieblingslied zu singen: *I Love to Tell the Story* (dt.: Ich erzähle diese Geschichte so gerne weiter). Die versammelten Gläubigen sangen mein Lied, doch niemand war mit mehr Begeisterung bei der Sache als ich. Manchmal flüsterte mir meine Mutter ins Ohr: „Nicht ganz so laut, Liebes." In meiner Erinnerung ist dieses Lied mit dem nächsten Teil des Abendgottesdienstes verknüpft: den Zeugnissen langjähriger sowie frisch bekehrter Christen.

„Hat uns heute jemand ein Zeugnis mitgebracht?", fragte mein Vater, und dann standen Leute auf, die ich gut kannte – einer nach dem anderen – und erzählten, wie Gott ihnen geholfen hatte, die vorangegangene Woche „mit siegreichem Herzen" zu bestehen. Es waren keine ausgedachten Geschichten; sie handelten vom realen Alltag auf dem Hof, in der Fabrik oder zu Hause. Sie sagten mir, dass diese Leute Paulus' Ratschlag an die Philipper wirklich ernst nahmen:

Sorgt euch um nichts, sondern betet um alles. Sagt Gott, was ihr braucht, und dankt ihm. Ihr werdet Gottes Frieden erfahren, der größer ist, als unser menschlicher Verstand es je begreifen kann. Sein Friede wird eure Herzen und Gedanken im Glauben an Jesus Christus bewahren.
Philipper 4,6–7

Diese Gottesdienste am Mittwochabend liegen nun schon lange zurück. Irgendwann danach fing unser Leben an, ziemlich kompliziert zu werden. So oft verstricken wir uns in langwierige Diskussionen über Theologie und Bibelauslegung. Manchmal glaube ich, dass die Christenheit so viel Zeit damit verbringt, Wörter zu analysieren und zu sezieren – die griechischen und hebräischen Begriffe, die einzelnen Nuancen des historischen und kulturellen Umfelds –, dass uns das Wort, nämlich Christus selbst, entgeht.

Manchmal fühle ich mich wie der von Jesus geheilte Blinde. Die analytischen Denker seiner Zeit löcherten ihn mit Fragen, die er nicht beantworten konnte. Schließlich sagte er frustriert: „Ich weiß nicht, ob er gut oder schlecht ist. Ich weiß nur, dass ich früher blind war und jetzt sehen kann."

Ich sehne mich danach, die Gute Botschaft von Jesus bis auf den wesentlichen Kern zu entkleiden. Wie das kleine

Mädchen in der ersten Reihe der Dorfkirche will ich es hinausschreien: „Will mir nicht einfach jemand die Geschichte von Jesus erzählen?"

Dieses alte Lied von Catherine Hankey, das ich damals so sehr liebte, bedeutet mir heute sogar noch mehr, weil sich nun, ein halbes Jahrhundert später, die schlichten Worte des Erretters auch bei uns zu Hause, in unserem eigenen Leben, als wahr erwiesen haben. Seine Botschaft ist so kostbar, dass wir ein Lied für die heutige Generation schreiben wollten, das diese Botschaft noch einmal neu formuliert. Bill und ich glauben, dass man die Verlorenen nicht durch Argumente überzeugen kann. Überzeugen kann sie nur die Geschichte von Jesus, wie sie von ganz normalen Menschen an ganz normalen Orten gelebt wird.

So gern erzähle ich die Geschichte von den unsichtbaren Dingen dort oben, von Jesus und seiner Herrlichkeit, von Jesus und seiner Liebe. Ich erzähle die Geschichte so gern, weil ich weiß, dass sie wahr ist; sie stillt meine Sehnsucht so, wie nichts anderes es vermag.

So gern erzähle ich die Geschichte, denn diejenigen, die sie am besten kennen, scheinen danach zu hungern und zu dürsten, um sie genau wie die anderen zu hören. Und wenn ich im Himmel ein ganz neues Lied singe, ist es in Wirklichkeit das alte Lied, das ich schon so lange liebe.

So gerne erzähle ich die Geschichte – auch im Himmel werde ich die alte Geschichte von Jesus und seiner Liebe singen.

Catherine Hankey

Tell me

Tell me, tell me / The story of Jesus / Tell me, tell me / Tell me, tell me / Tell me once again about His love

Tell me that old, old story / It's my only hope and glory / Tell me the story of Jesus / Tell me that old, old story / It shall be my theme in glory / Sing to me again about His love

I'm tired of hollow-sounding words / I'm tired of empty promise / Won't someone sing a simple song / Of Jesus' love?

Tell me, tell me / The story of Jesus / Tell me, tell me / Tell me once again about His love

Like eagle wings, it lifts me up / Above the earth around me / Like cool, refreshing summer rain / It leaves me clean

Erzähl mir

Erzähl mir, erzähl mir die Geschichte von Jesus. Erzähl mir, erzähl mir, erzähl mir noch einmal von seiner Liebe.

Erzähl mir diese alte Geschichte, sie ist meine einzige Hoffnung, nur sie bedeutet mir Herrlichkeit. Erzähl mir die Geschichte von Jesus. Erzähl mir diese alte Geschichte, im Himmel noch wird sie mein Thema sein. Sing für mich noch einmal von seiner Liebe.

Der hohl klingenden Worte bin ich müde, müde auch der leeren Versprechungen. Kann mir nicht jemand ein einfaches Lied über Jesu Liebe vorsingen?

Erzähl mir, erzähl mir die Geschichte von Jesus. Erzähl mir, erzähl mir, erzähl mir noch einmal von seiner Liebe.

Wie Adlerflügel hebt sie mich von der Erde, die mich umgibt. Wie ein kühler, erfrischender Sommerregen reinigt sie mich.

Text: Gloria Gaither
Melodie: William J. Gaither
Copyright © 1987 Gaither Music Company. Alle Rechte vorbehalten.

Loving God, Loving Each Other

Gott lieben und einander lieben

Was hatten die Freunde von Jesus eigentlich erwartet? Was würde er ihrer Meinung nach wohl an jenem Abend zum Auftakt des Passafestes sagen, an dem er, wie sich später herausstellen würde, sein Abschiedsmahl mit ihnen feierte? Hatten sie geglaubt, er würde ihnen einige strategische Pläne unterbreiten, wie man die Römer aus dem Land jagen könnte? Judas zumindest musste das geglaubt haben – musste geglaubt haben, sein Plan, Jesus den Machthabern auszuliefern, würde ihn zwingen, endlich sein Reich aufzurichten und Judas vielleicht als Helden anzuerkennen, wenn Jesus erst einmal begriffen hätte, wie clever er gewesen war.

Und Petrus und Andreas? Glaubten sie, er wollte ihnen zeigen, wie man Schiebung und Betrug in der jüdischen Hierarchie offenlegen und im Hohen Rat endlich einmal aufräumen konnte? Wie stand es mit den anderen – Bartholomäus, Simon, Jakobus, Thomas, Thaddäus? Hatten sie sich darauf eingestellt, komplizierte Anweisungen in die Tat umzusetzen? *Was er uns sagt, das wollen wir tun – und wenn es uns das Leben kostet?* Ging ihnen dieser Gedanke durch den Kopf, während sie darauf warteten, dass er das Wort ergriff?

Mose hatte ihnen die Zehn Gebote gegeben, und die levitischen Priester hatten daraus ein kompliziertes System von Rechten und Einschränkungen gemacht, wie man Gottes Forderungen umzusetzen hatte. Sicherlich würde ihnen Jesus weitere Anweisungen hinterlassen. Tief in ihrem Inneren wussten sie, dass sie ihn enttäuschen würden. Das Gesetz, das ihnen schon gegeben war, konnte man unmöglich halten; und hätte es nicht die Opfer gegeben, die ihr Versagen zudeckten, wären sie niemals in der Lage gewesen, diesem Maßstab gerecht zu werden.

Nach dem Sedermahl nahm Jesus ein ungesäuertes Brot und brach es. „Das ist mein Leib, der für euch gebrochen wird", sagte er und reichte ihnen die Stücke. Dann nahm er

169

den Kelch – nicht den Kelch, den er für das Mahl benutzt hatte, sondern sehr wahrscheinlich den Kelch, den kein jüdischer Junge auch nur berühren durfte und der in der Mitte jedes Passatisches stand: den Kelch des Messias, Elias Kelch.

Sie hielten den Atem an, als er ihn nahm. „Das", sagte er, „ist mein Blut, das für euch vergossen wird." Mit den nächsten Worten nahm er Bezug auf den Kelch der Freude, so wie es jeder jüdische Vater im Verlauf des ganzen Sedermahls tat, wenn nach jeder der traditionellen Fragen daran genippt wurde. Doch nun forderte er sie nicht zum Nippen auf. „Trinkt alle daraus", befahl er ihnen in einem Ton, den sie nicht recht einordnen konnten. „Trinkt, damit eure Freude vollkommen werde."

Dann begann er davon zu reden, dass er weggehen würde, dass sie nur kurze Zeit miteinander verbracht hatten, wie sehr sie ihm ans Herz gewachsen waren und dass er sie im Namen des Vaters zusammengehalten hatte. Er sagte, dass es für sie gut sein würde, wenn er wegginge, und dass er ihnen jemanden schicken würde – den „Tröster", der sie alles lehren würde.

„Ein neues Gebot gebe ich euch." Wieder änderte sich sein Tonfall.

Jetzt kommt es, dachten sie vermutlich, *jetzt kommt der komplizierte Teil, wo es ans Eingemachte geht, noch über Mose und die Propheten hinaus, über die wir ja ohnehin Bescheid wissen müssen.*

Sie trauten ihren Ohren kaum, als er wieder das Wort ergriff. Fast enttäuschte es sie und trotzdem verspürten sie so etwas wie Erleichterung.

„Liebt einander."

Das war's schon? Das sollte das neue Gebot sein? Sie warteten, ob noch mehr käme. Doch nein. Er sagte: „Wie mich der Vater geliebt hat, so liebe ich euch. Und ihr, ihr sollt einander nun genauso lieben."

Dann machte er ihnen deutlich, dass er sie als gleichrangig betrachtete. Sie waren sozusagen Geschwister. „Ich nenne euch nicht Knechte", sagte er, „denn Knechte wissen nicht, was der Herr tut. Ich nenne euch meine Freunde, weil ich euch alles weitergegeben habe, was ich von meinem Vater gelernt habe."

Niemals würden sie diese Nacht vergessen können. Er hatte das ganze Gesetz, die Weissagungen der Propheten und sämtliche religiösen Erwartungen auf zwei Punkte reduziert: Liebt Gott. Liebt einander.

Dann ging er ans Kreuz und zeigte ihnen, was es bedeutet, so zu lieben wie der Vater. Erst am Sonntagmorgen begriffen sie, was er mit dem Kelch und der Freude gemeint hatte. Maria rannte los, um es den Jüngern zu erzählen. Die Liebe, zu der er sie aufgefordert und die er ihnen vorgelebt hatte, durchtränkte alles mit Freude. „Er lebt!", rief sie, während sie gegen die verriegelte Tür hämmerte, hinter der die Jünger miteinander beteten. Ihr Gesicht strahlte wie die aufgehende Sonne, weil Jesus auferstanden war.

Das neue Gebot mag einfach geklungen haben, doch es steckte Kraft darin! Es hatte den Tod besiegt, es hatte alles neu gemacht. Es machte die Jünger zu neuen Menschen und weckte in ihnen die Bereitschaft, Liebe zu riskieren. Von nun an würden sie einander lieben, so wie er es gesagt hatte. Und sie würden eine Geschichte erzählen, eine niemals endende Geschichte. Die Freude, das Reich Gottes: Es war alles eins und es war in ihnen! Nicht auf diesem oder jenem Hügel, sondern in ihnen! Sie würden die lebendigen Steine sein, und er – sie hatten es ihn sagen hören – würde der Eckstein sein, den die Bauleute verworfen hatten, ein Stein, aus dem Berg gehauen, der die ganze Erde einnehmen würde.

Seit dieser Nacht, in der Jesus mit seinen Jüngern das letzte Abendmahl feierte und ihnen das einfache Evangelium der Liebe gab, haben viele versucht, es zu erweitern oder zu verbessern, ihm eine Organisationsstruktur zu verleihen und es säuberlich in Schubladen einzuordnen, es einem Kreis von Auserwählten zugänglich zu machen und ein System von Forderungen aufzustellen. Doch wenn eine ehrliche

Seele immer noch zum lebendigen Christus durchdringen kann, können wir immer noch seine schlichten und deutlichen Worte vernehmen: „Du sollst den Herrn, deinen Gott, lieben, von ganzem Herzen, mit ganzer Seele und mit all deinen Gedanken" (Matthäus 22,37). Und Paulus schrieb an die Kolosser: „Singt Gott aus ganzem Herzen Psalmen, Lobgesänge und geistliche Lieder" (Kolosser 3,16). Besser – und einfacher – kann es gar nicht sein!

Loving God, Loving Each Other
They pushed back from the table / To listen to His words / His secret plan before He had to go / "It's not complicated / Doesn't need a lot of rules / This is all you'll need to know –

"It's loving God, loving each other / Making music with my friends / Loving God, loving each other / And the story never ends"

We tend to make it harder / Build steeples out of stone / Fill books with explanations of the way / But if we'd stop and listen / And break a little bread / We would hear the Master say

"It's loving God, loving each other / Making music with my friends / Loving God, loving each other / And the story never ends"

Gott lieben und einander lieben
Sie lehnten sich zurück, um seinen Worten zu lauschen, seinem geheimen Plan, bevor er sie verließ. „Es ist nicht kompliziert, ihr braucht nicht viele Regeln, nur eins müsst ihr wissen –

Liebt Gott und liebt einander, macht Musik mit Freunden; liebt Gott und liebt einander und die Geschichte hört niemals auf."

Wir neigen dazu, es uns und anderen schwerer zu machen, bauen hohe Türme aus Stein, füllen ganze Bücher, in denen wir den Weg erklären;

*doch wenn wir nur einmal innehalten und lauschen und miteinander
das Brot brechen würden, dann würden wir den Meister sagen hören:*

*„Liebt Gott und liebt einander, macht Musik mit Freunden; liebt Gott
und liebt einander und die Geschichte hört niemals auf."*

Text: William J. und Gloria Gaither
Musik: William J. Gaither
Copyright © 1997 Gaither Music Company. Alle Rechte vorbehalten.

I Just Feel Like Something Good Is About to Happen

Ich habe das Gefühl, gleich geschieht etwas Gutes

Bill ist ein Optimist. Er glaubt immer, dass sich alles zum Besseren wendet oder sich die Situation zumindest entspannt. Seiner Meinung nach sind Probleme dazu da, um gelöst zu werden, so wie Berge da sind, um bestiegen zu werden, und das Wort „unmöglich" findet sich in seinem Wortschatz gar nicht erst. Ich sage ihm immer, dass er wie der Junge ist, der zum Geburtstag einen Stall voller Pferdemist bekommen hat und sich unbändig darüber freut, weil er der Überzeugung ist, dass sich dort auf jeden Fall irgendwo ein Pony verstecken muss!

Bill kann aus einer Kabriofahrt über die Dörfer ein Abenteuer machen und ein Fest aus dem ersten reifen Indiana-Pfirsich im Obstgarten. Er hat dafür gesort, dass unsere Kinder und nun auch unsere Enkel intensivere Erinnerungen daran haben, wie er mit ihnen unter dem Esstisch mit einer darübergelegten Decke „gezeltet" hat, als an unsere Parisreise.

Er glaubt an Menschen und an die Talente, die in ihnen schlummern. Selbst wenn sie ihn enttäuschen und manchmal sogar verraten, hofft er, dass sie aus ihren Fehlern lernen, und glaubt, dass Gott sie noch verändern wird.

Verstehen Sie mich nicht falsch. Bill ist nicht naiv und er geht Konfrontationen auch nicht aus dem Weg. Er ist ein erfahrener Lehrer, und obwohl er viel mehr Geduld hat als ich, lässt er sich nicht von Schwindlern übers Ohr hauen. Wenn er das Gefühl hat, dass die Zeit dafür gekommen ist, beißt er in den sauren Apfel und nutzt, wenn es ihm möglich ist, eine negative Situation als Chance, um anderen etwas beizubringen, weil er immer noch glaubt, dass Menschen das Wertvollste sind, was Gott geschaffen hat, und man diese Ressource nicht einfach verschwenden darf.

Häufig schon fanden wir uns in Situationen wieder – in geschäftlichen Misserfolgen, in Versagen und Enttäuschungen –, in denen andere aufgegeben hätten. Aber es liegt nicht in Bills Natur, Hindernisse als Sackgasse zu betrachten. Vielleicht muss man einen Umweg machen, doch einen Weg gibt es immer. In so schwierigen Situationen zitiert er immer eine alte Footballweisheit: „Immer am Ball bleiben und nicht nachlassen."

Chuck Swindoll wurde einmal nach dem Geheimnis seines großartigen Dienstes gefragt, den er zusammen mit seiner Frau Cynthia durch die vielen Bücher und seine Sendungen tat. Er antwortete sinngemäß: „Also, im Wesentlichen besteht das Geheimnis darin, dass wir jeden Tag zur Arbeit gehen." Das gefiel Bill: einfach das tun, was man kann, und das mit all der Energie, die einem zur Verfügung steht.

Es gibt eine wunderbare Zeile aus „If" (dt.: „Wenn"), einem bekannten Gedicht von Kipling: „Wenn dich Triumph und Sturz nicht mehr gefährden, weil beide du als Schwindler kennst, als Schein."* Bill zitiert sie oft vor jungen Leuten, wenn sie glauben, dass sie gerade einen gewaltigen Erfolg feiern oder aber auf der ganzen Linie versagt haben. „In Wahrheit ist es so", erklärt er ihnen dann, „dass ihr vermutlich keinen so großen Erfolg feiert, wie ihr glaubt, und

---

*Übersetzung nach Lothar Sauer: http://lothar-sauer.hollosite.com/uebersetzer/kipling/index.html

wenn es nicht so gut läuft, habt ihr auch nicht völlig versagt, wie ihr meint." Große Erfolge und völliges Versagen sind Schwindler. Das wirkliche Leben besteht aus dem normalen Alltag. Aus dem ganz Alltäglichen müssen wir etwas Zauberhaftes gestalten. Diamanten findet man eingebettet in Steinkohle.

Die Bibel ist voll von tröstenden und ermutigenden Worten, die uns Unterweisung geben. Doch die Verse, die bei uns zu Hause am häufigsten zitiert werden, sind die folgenden:

Was auch geschieht, das eine wissen wir: Für die, die Gott lieben, muss alles zu ihrem Heil dienen. Es sind die Menschen, die er nach seinem freien Entschluss berufen hat.
Römer 8,28; GN

Ich bin überzeugt: Nichts kann uns von seiner Liebe trennen. Weder Tod noch Leben, weder Engel noch Mächte, weder unsere Ängste in der Gegenwart noch unsere Sorgen um die Zukunft, ja nicht einmal die Mächte der Hölle können uns von der Liebe Gottes trennen.
Römer 8,38

Und nun, liebe Freunde, lasst mich zum Schluss noch etwas sagen: Konzentriert euch auf das, was wahr und anständig und gerecht ist. Denkt über das nach, was rein und liebenswert und bewunderungswürdig ist, über Dinge, die Auszeichnung und Lob verdienen. Hört nicht auf, das zu tun, was ihr von mir gelernt und gehört habt und was ihr bei mir gesehen habt; und der Gott des Friedens wird mit euch sein.
Philipper 4,8–9

In 1. Mose lesen wir: Gott sah das Licht an und befand es für gut. Gott sah das Land und das Meer, und es war gut, die Pflanzen, Blumen und Bäume mit ihren Früchten, Blüten und Samen – alles war gut. Gott sagte, dass Frühling und

Sommer, Herbst und Winter gut waren, und ebenso der Sonnenschein, die Sterne und der Mond. Er sagte, dass die Eichhörnchen und Vögel, Gänse und Wölfe, Murmeltiere und Schmetterlinge gut waren. Gut war auch, dass sie Junge bekommen und sich fortpflanzen konnten. Und dann schuf er die Menschen und sagte, dass sie sehr gut waren.

Gott selbst freute sich an den Dingen, über die wir jeden Tag stolpern, ohne dass wir einmal sagen: „Du meine Güte, wie gut ist das!" Dinge wie unser Zuhause, unsere Kinder, Pfirsiche und Tomaten, Hummeln und Mitarbeiter. Bill hat recht! Wenn wir immer am Ball bleiben, regelmäßig zur Arbeit gehen und Gott von ganzem Herzen lieben, muss uns schließlich Gutes widerfahren.

I Just Feel Like Something Good Is About to Happen

I just feel like something good is about to happen / I just feel like something good is on the way / God has promised that He'd open all of heaven / And, brother, it could happen any day / When God's people humble themselves and call on Jesus / And thy look to heaven expecting as they pray / I just feel like something good is about to happen / And, brother, this could be that very day

I have learned in all that happens just to praise Him / For I know He's working all things for my good / Ev'ry tear I shed is worth all the investment / For I know He'll see me through – He said He would / He has promised eye nor ear could hardly fathom / All the things He has in store for those who pray / I just feel like something good is about to happen / And, brother, this could be that very day

Yes, I've noticed all the bad news in the paper / And in seems like things get bleaker ev'ry day / But for the child of God it makes no diff'rence / Because it's bound to get better either way / I have never been more thrilled about tomorrow / Sunshine's always bursting through the skies of gray / I just feel like something good is about to happen / And, brother, this could be that very day

Links: *Mit meinen Eltern und unserem Collie vor dem Pfarrhaus in Clare, Michigan, als ich auf die Highschool ging.*
Unten: *Bill spielt im Wohnzimmer seiner Großeltern Klavier für die Jugendgruppe. Um 1956 entstanden, in seinem ersten Jahr nach der Highschool.*

Oben: *Bill mit seinen Trauzeugen vor unserer Hochzeit am 22. Dezember 1962: Carlton Burt, Max Baylor, Danny Gaither.* Unten links: *Bill erhält 1969 den Dove Award als Songwriter of the Year.* Unten rechts: *Bob Benson nahm dieses Foto bei unserem ersten Besuch der CBA (Christian Booksellers Convention) auf.* Gegenüberliegende Seite: *Trio mit unserem Sohn Benny (3 Jahre), der „I'm Something Special" singt.*

Gegenüberliegende Seite: *1974 am Klavier in unserem Wohnzimmer.*
Oben: *Bill Gaither Trio mit Danny, Bill, Gloria.*

Oben: *Das Gaither Trio in der 70er-Jahren mit Henry Slaughter an der Orgel.* Unten: *In unserem Garten vor einem Fotoshooting mit unserer Freundin Sue Buchanan.* Gegenüberliegende Seite oben: *Heute sitzen wir mit unseren Enkeln im gleichen Garten, in dem 1976 dieses Bild mit unseren Kindern aufgenomme wurde.* Gegenüberliegende Seite, unten: *Wir singen „The King is coming" für d Rex Humbard Easter Special, das um 1980 im Heiligen Land aufgenommen w*

Gegenüberliegende Seite, oben: *Bei den Proben zum Musical „He Started the Whole World Singing" in Jerusalem. Im Uhrzeigersinn von links oben: Jon Mohr (Bass), Jerry Weimer (damals Direktor von Gaither Music), Bill, Gloria, Larnelle Harris, Bill George (Tasteninstrumente).*
Gegenüberliegende Seite, unten: *Bills Schwester Mary Ann zündet die Kerzen zu Bills fünfzigstem Geburtstag an.*
Oben: *Bill und ich um 1988 beim Praise Gathering. Fotograf: Bob Banayote.*

Vier Generationen: Meine Mutter, Dorothy Sickal, meine Tochter Suzanne, ihr Sohn Will und ich 1993. © Nancy's Photography

Dan Keen, Bill Gaither, Amy Grant, Vince Gill, Senator John Ashcroft, Gloria Gaither, Michael W. Smith und Conny Bradley. Amy und Vince sangen abwechselnd ihre Gaither-Lieblingssongs.

Bill schrieb unsere Lieder auf Notenpapier ab und hektografierte sie für den Chor, den er dirigierte. Wir zeigten die Lieder auch Sängern, die bei uns zu Besuch waren.

Die erste von uns veröffentlichte Sammlung mit unseren Liedern und Texten von 1966.

*Die stilisierte spiegel-
verkehrte Note war
das Kennzeichen
unserer ersten
Notenausgaben.
Wir veröffentlichten
von jedem Lied zu-
erst die Noten.*

I WILL SERVE THEE

Words and Music
by WILLIAM J. GAITHER

GAITHER MUSIC · P. O.

The Old Rugged Cross Made The Difference

4-PART HARMONY

Words by
WILLIAM J. and GLORIA GAITHER
Music by
WILLIAM J. GAITHER

GAITHER MUSIC · P. O. BOX 300 · ALEXANDRIA, INDIANA 46001

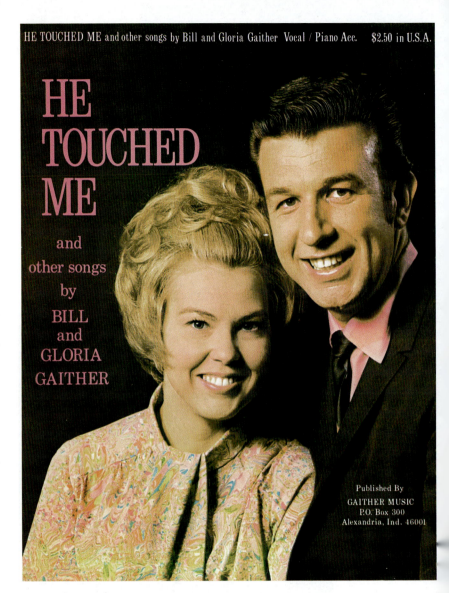

Eine Sammlung aller „neuen Lieder", die 1969 veröffentlicht wurden.

Ich habe das Gefühl, gleich geschieht etwas Gutes

Ich habe das Gefühl, gleich geschieht etwas Gutes! Ich habe das Gefühl, etwas Gutes ist auf dem Weg! Gott hat versprochen, den Himmel zu öffnen, und das könnte jeden Tag geschehen. Wenn Gottes Volk demütig Jesus anruft und beim Beten erwartungsvoll zum Himmel schaut, dann habe ich das Gefühl, dass bald etwas Gutes geschieht, und es könnte schon heute sein!

Ich habe gelernt, ihn zu loben bei allem, was geschieht, denn ich weiß, dass er alles zu meinem Besten führt. Jede Träne, die ich vergieße, ist es wert, denn ich weiß, dass er mich nicht im Stich lässt – er hat es versprochen. Er hat verheißen, dass weder Auge noch Ohr ausloten können, was er für Beter bereithält. Ich habe einfach das Gefühl, dass etwas Gutes geschehen wird, und es könnte schon heute sein!

Ja, ich habe die schlechten Nachrichten in der Zeitung gelesen und offenbar sieht es mit jedem Tag trüber aus. Doch für ein Kind Gottes spielt das keine Rolle, denn so oder so: Es muss besser werden. Niemals hat mich der Gedanke an das Morgen mehr begeistert; immer brechen die Sonnenstrahlen durch die grauen Wolken. Ich habe einfach das Gefühl, dass etwas Gutes geschehen wird, und es könnte schon heute sein!

Text: William J. Gaither
Melodie: William J. Gaither
Copyright © 1974 William J. Gaither. Alle Rechte vorbehalten.

$\mathscr{I}$ Heard It First on the Radio

Zuerst hab ich's im Radio gehört

Bill wuchs auf einem Bauernhof in Indiana auf, wo das Land flach ist und man weit und breit nichts als Wiesen, Mais-, Soja- und Weizenfelder sieht. Hier beginnt die Prärie, die sich über Illinois bis nach Nebraska erstreckt – eine der großen Kornkammern dieser Welt.

In Indiana wuchsen viele Bauernjungen wie Bill auf, die Heu machten, dreschen und Maiskörner vom Kolben zu trennen lernten – mit Maschinen natürlich. Viele übernahmen den Hof ihres Vaters, bevor die kleinen Bauern von den großen Investoren vom Markt gedrängt wurden. Andere Jungen wollten eine Technische Hochschule besuchen und hofften auf einen sicheren Posten im Management in einer der vielen Firmen, die mit der Autoindustrie zu tun hatten und Wirtschaftskraft in den mittleren Westen brachten.

Bill jedoch schlug völlig aus der Art. Er war allergisch gegen Heu, aber da er auch kein Handwerker und Bastler war, verbrachte er seine Samstage und die Zeit nach der Schule damit, dass er an einem der großen Fenster im ersten Stock des Bauernhauses stand, in dem er mit seinen Eltern lebte, und so tat, als würde er von dort eine Radiosendung für die Nachbarn moderieren. Morgens und abends, wenn er die Kühe seines Vaters molk, schaltete er das staubbedeckte Radio im Stall ein und hörte einen Sender aus Nashville, Atlanta oder Memphis. Hier hörte er zum ersten Mal den harmonischen Gesang der Quartette und singenden Familien aus dem Süden.

Zunächst waren es nur der Rhythmus und die Harmonien, die ihn fesselten. Doch mit der Zeit achtete er auch immer mehr auf die Botschaft. Das Radio wurde für ihn zu einer Rettungsleine in eine andere Welt, eine andere Realität.

Obwohl seine Eltern ihren eigenartigen Sohn nicht wirklich verstanden, unterstützten sie ihn darin, seine Träume in die Tat umzusetzen. Wenn der kleine William morgens zur Schule ging, hinterließ er für seine Mutter die Anweisung, die Gospelsendungen, die nachmittags im Radio liefen, mit dem Drahttonbandgerät (dem Vorläufer des Tonbandgeräts) aufzunehmen. Wenn eine Gruppe, die er besonders mochte, im Radio kam, während er seinem Vater draußen auf dem Feld half, lief seine Mutter über den ganzen Hof, um ihm Bescheid zu sagen.

Im Familienurlaub wurden Reisen ins *Ryman Auditorium* in Nashville oder zur *Quartet Convention* in Memphis unternommen, um diese Gruppen dort persönlich zu erleben. Niemals ließ sich Bill die Gelegenheit entgehen, zum *Cadle Tabernacle* in Indianapolis zu fahren, wenn die Gruppen nach Indiana kamen.

Irgendwann begann Bill, sich in seiner Heimatgemeinde zu engagieren, und er brachte seiner kleinen Schwester und seinem jüngeren Bruder bei, mehrstimmig zu singen. Er lernte die Texte der besten Gruppen auswendig, Texte mit Bedeutung und Tiefgang.

Wenn ein Mensch zu einer persönlichen Beziehung zu Gott findet, spielt oft der Einfluss von vielen verschiedenen Personen eine Rolle: der von Pastoren, Lehrern, gottesfürchtigen Eltern, alten Gemeindemitgliedern, großen Schriftstellern und Menschen, die Gottes Liebe mit Leidenschaft und Mitgefühl vermitteln können. Bill würde Ihnen jedoch wahrscheinlich sagen, dass die Gesangsgruppen, die er im Radio hörte, als er noch ein Junge war, ihn mit am nachhaltigsten beeinflusst haben.

Heute vergeht kaum ein Tag, ohne dass wir Briefe und E-Mails erhalten, in denen wir davon lesen, welche Rolle das Radio für die Entscheidung für Gott, Heilung, Ermutigung und den persönlichen Erkenntnisgewinn vieler Menschen spielte. Die Kommunikationstechnologie entwickelt sich ständig weiter, jeder Tag bringt etwas Neues. Doch für Tausende von Menschen wie Bill Gaither war und ist es das Radio, durch das sie die Botschaft hörten, die ihr Leben veränderte. Erst in der Ewigkeit wird sich zeigen, wie viele Menschen sich um den großen weißen Thron versammeln werden, weil „sie es zuerst im Radio gehört haben".

I Heard It First on the Radio
Jesus loves me, this I know / For the Bible tells me so / And I heard it first on the radio / This love of God so rich and strong / Shall be the saint's and angel's song / I heard it first on the radio / Amazing grace – how sweet the sound / And grace can even save a wretch like me / No other

love could make a way / No other love my debts could pay / And I heard it first on the radio

Needing refuge for my soul / When I had no place to go / I heard it first on the radio / From a life of wasted years / Her gave me peace and calmed my fears / And I heard it first on the radio / Had I not heard, where would I be / Without this love that lifted me / When I was lost and nothing else would help / Just as I was without one plea / Sweet Jesus came and rescued me / And I heard it first on the radio / Yes, I heard it first on the radio

Alas, and did my Savior bleed / That captive spirits could be freed / And I heard it first on the radio / My soul has found a resting place / Until I meet Him face-to-face / And I heard it first on the radio / I love to tell the story true / And those who know it still love it too / Oh, what a precious Friend we have in Him / And when in glory saints will tell / 'Twill be the theme they love so well / And I heard it first on the radio / Yes, I heard it first on the radio

Zuerst hab ich's im Radio gehört

Jesus liebt mich ganz gewiss, denn die Bibel sagt mir dies – und zuerst habe ich davon im Radio gehört. Von Gottes Liebe, reich und stark, sollen Heilige und Engel singen – zuerst habe ich davon im Radio gehört. Oh Gnade Gottes, wunderbar! Die Einsamen und Verlorenen findet sie und Gnade errettet selbst einen Menschen wie mich! Es gibt keine andere Liebe, die so den Weg bahnt oder mich von meiner Schuld freikauft – und zuerst hab ich davon im Radio gehört.

Meine Seele suchte eine Zuflucht, als ich mich nirgends hinwenden konnte – zuerst habe ich davon im Radio gehört. Mein Leben habe ich vergeudet, doch er gab mir Frieden und jagte die Furcht aus – und zuerst habe ich davon im Radio gehört. Hätte ich es nicht gehört, wo wäre ich dann ohne diese Liebe, die mich zu Gott hob, als ich verloren war und nichts mehr half? So wie ich war, kam ich zu ihm, und Jesus rettete mich – und zuerst habe ich davon im Radio gehört; ja, zuerst habe ich's im Radio gehört.

Mein Retter vergoss sein Blut, damit die gefangenen Seelen befreit wer-
den – und zuerst hab ich davon im Radio gehört. Meine Seele hat nun
einen Ruheplatz gefunden, bis ich ihn von Angesicht zu Angesicht sehen
werde – und zuerst hab ich davon im Radio gehört. So gerne erzähle
ich diese wahre Geschichte, und wer sie kennt, liebt sie ebenfalls: Welch
ein Freund ist unser Jesus! Und wenn in der Herrlichkeit die Heiligen ins
Erzählen kommen, wird es um das Thema gehen, das sie am meisten
lieben – und zuerst hab ich davon im Radio gehört. Ja, zuerst habe ich's
im Radio gehört.

Text: Gloria Gaither
Melodie: William J. Gaither
Copyright © 1999 Gaither Music Company. Alle Rechte vorbehalten.

Come Sunday

Am Sonntag

Bill und ich lieben es, wenn der Chor am Sonntagmorgen in
Roben gekleidet in die Kirche einzieht und zum Lob Gottes
singt. Vielleicht gefällt es uns deshalb so, weil wir viele der
Menschen kennen, die in diesen Roben stecken: zum Beispiel
meine Freundin Kathy, eine alleinerziehende Mutter, die vor
Kurzem wieder geheiratet hat, zwei Jungen großzieht und
sich bemüht, die neue Familie zusammenwachsen zu lassen.
Oder mein Schwager Dave, der, nachdem er jahrelang als
Ingenieur in einer Autofabrik gearbeitet hat, kürzlich pen-
sioniert wurde und nun jede Minute seines Rentnerdaseins
genießt. Und Rod: Er kämpft mit einer Krankheit, die seinen
Verstand und seinen groß gewachsenen Körper angreift und
sein Leben zu verkürzen droht. Und dann ist da noch Karen,
die ich wie eine Schwester liebe, eine Frau nach Gottes Herzen; wir zogen zur gleichen Zeit Teenager groß und heute
sehen wir uns jeden Montag um neunzehn Uhr in der Bibel-
stunde. Hinter ihr steht Randy, der selbst ein guter Dirigent
ist, aber ebenso gern auch mitsingt.

Sie alle lassen die Aufgaben und den Stress des Alltags hinter sich, um ihre Gedanken auf den Gott des Universums zu richten, wenn der Sonntag gekommen ist. Sie haben nicht alle den gleichen Musikgeschmack. Manche mögen Jazz, andere Rock'n'Roll. Ich kenne einige, denen Tanzmusik gefällt, und ein paar lieben auch Opern und Symphonien. Doch am Sonntag streifen sie das alles ab, um dem „Herrn ein neues Lied zu singen".

In den Roben stecken ganz unterschiedliche Körper. Manche sind groß und schlank, manche eher rundlich. Manche tun etwas für den Muskelaufbau, andere sind überhaupt froh, einen Körper zu haben, nachdem sie Zwillinge geboren, eine Krebskrankheit überlebt oder eine Herzoperation überstanden haben. Doch am Sonntag legen sie die Roben an, wachsen zu einer Einheit zusammen und loben Gott mit ihren Liedern.

Sie unterscheiden sich hinsichtlich ihres Einkommens und ihrer Garderobe. Joe wäre es peinlich, sich in Anzug und Weste sehen zu lassen, während Jerry niemals ohne aus dem Haus geht. Marcy kauft ihre Kleidung meistens im Secondhandshop, das Mädchen neben ihr wurde, seit sie in Windeln lag, aus dem Designerladen eingekleidet. Doch am Sonntag sind sie alle zusammen der Chor.

Die ganze Woche hindurch sind wir die Familie Gottes. Wenn wir arbeiten, unterrichten, Kranke pflegen, leiten, verwalten, Mutter und Vater sind, investieren, kaufen und verkaufen, lernen, studieren, fahren, Büroarbeit erledigen, sind wir Glieder eines Leibes. Aber am Sonntag sind wir die Gemeinde. Wir sind der Leib Christi.

Come Sunday
On Monday she is teaching school / On Tuesday he's a cop / On Wednesdays she gives haircuts in her small-town beauty shop / On Thursday he's a businessman / On Friday he'll plant wheat / On Saturday she drives a taxi through the city streets

But come Sunday / In a place called Hope / Come Sunday / They'll put on their robes / Come Sunday / They'll be singing in the choir / Come Sunday / God's children all come home

On Monday she'll be looking for some kind of part-time job / By Wednesday he'll go into town to sell the summer crop / And Friday's when the note comes down due for the mortgage on their place / He knows that Mary's worried; he can see it in her face

The Monday of a lifetime here will only bring a sigh / The day, the weeks, the months, the years – how swiftly they flew by / The cares of life, the joys we knew – but faded memories / When Father calls His children home to spend eternity

But come Sunday / In a place called Hope / Come Sunday / They'll put on their robes / Come Sunday / They'll be singing in the choir / Come Sunday / God's children all come home

Am Sonntag

Am Montag unterrichtet sie in der Schule; am Dienstag ist er Polizist – am Mittwoch schneidet sie in ihrem Kleinstadtsalon die Haare; am Donnerstag ist er Geschäftsmann; am Freitag sät er den Weizen aus, am Samstag steuert sie ihr Taxi durch die Straßen der Großstadt.

Doch am Sonntag, an einem Ort namens Hoffnung – am Sonntag, da ziehen sie ihre Roben an. Am Sonntag, da singen sie im Chor – am Sonntag kommen alle Kinder Gottes nach Hause.

Am Montag sieht sie sich nach einer Teilzeitstelle um; am Mittwoch fährt er in die Stadt, um die Ernte des Sommers zu verkaufen; und am Freitag, wenn die nächste Rate fällig ist, um die Hypothek abzuzahlen, da weiß er, dass Mary Angst hat; er sieht es an ihrer Miene.

Die Montage eines ganzen Lebens bringen uns nur zum Seufzen. Die Tage, Wochen, Monate, Jahre – wie schnell sie vorbeifliegen! Alltagssor-

gen und -freuden – nur noch verblasste Erinnerungen, wenn der Vater seine Kinder in die Ewigkeit ruft.

Und am Sonntag, an einem Ort namens Hoffnung – am Sonntag, da ziehen wir unsere Roben an. Am Sonntag, da singen wir im Chor – am Sonntag sind Gottes Kinder zu Hause.

Text: Gloria Gaither
Melodie: William J. Gaither
Copyright © 1997 Gaither Music Company. Alle Rechte vorbehalten.

Hear the Voice of My Beloved

Hör die Stimme meines Geliebten

Vielleicht liegt es daran, dass unser Leben den Augen der Öffentlichkeit ausgesetzt ist, oder auch daran, dass ich im Grunde meines Herzens ein Einsiedler bin, jedenfalls sind für mich die wertvollsten Augenblicke die, die ich mit geliebten Menschen verbringe. Verstehen Sie mich nicht falsch. Ich liebe Partys, große „Happenings" plane ich gerne und ich nehme mit Begeisterung daran teil. Bill ist Weltmeister, was solche Großereignisse betrifft. Man muss ihm nur einen Saal zeigen, und schon plant er ein großes Fest, um ihn zu füllen. Meiner Meinung nach kann ihm niemand das Wasser reichen, wenn es darum geht, ein Abendprogramm zusammenzustellen, das Talent der beteiligten Künstler richtig zur Geltung zu bringen und dafür zu sorgen, dass sich jeder wie ein „Gewinner" fühlt. Es macht ihm Freude, wenn Künstler ihr Talent unter den denkbar besten Bedingungen einsetzen, sodass niemand als Star in den Vordergrund tritt, sich die Veranstaltung aber als lebensverändernde Erfahrung für Künstler und Publikum erweist. Das ist sein großes Talent.

Doch wenn die Lichter ausgehen und das Gebäude verlassen daliegt, wenn die Plakate in den Müllsäcken verschwinden und die Popcornreste von den Fluren gefegt werden, sehne ich mich danach, mich mit Bill an irgendeinen Ort zu stehlen, wo uns niemand kennt. Ich möchte Seite an Seite mit ihm am Strand entlangwandern, durch das Wäldchen oben auf dem Hügel stromern oder einfach mit ihm unter den Trauerweiden an unserm Bach in unserer kleinen Stadt in Indiana spazieren gehen.

Davon kann ich nie genug bekommen und ich kann auch meine Sehnsucht nach solchen Augenblicken nicht unterdrücken. Manchmal kommt mir das sehr selbstsüchtig vor. Ich mache mir Vorwürfe, weil ich mir wünsche, der Menschenmenge zu entkommen und in die Wüste zu verschwinden ... allein zu zweit.

Im Laufe unserer Ehe habe ich mich manchmal schuldig gefühlt, weil ich Bill für mich allein haben wollte. Unser Dienst kann zu einem regelrechten Rivalen werden. Aber wie könnte ich auf den Dienst, den wir für Gott tun, eifersüchtig werden? Meistens handelte es sich um Aufgaben, für die wir uns aus freien Stücken entschieden und die wir gemeinsam gemeistert hatten. Doch immer, wenn ich das Gefühl hatte, wir müssten unsere Liebe und unsere Beziehung pflegen, war der Terminkalender schon voll, ein Konzert angekündigt und ein Gottesdienst bereits geplant; tief in meinem Innern wusste ich, dass wir für die jeweils anstehende Veranstaltung nicht aus dem Vollen schöpfen würden, sondern aus unserem Mangel. Dann mussten wir uns und Gott unseren emotionalen Bankrott eingestehen und uns auf das Wissen verlassen, dass Gottes Lagerhaus immer gut gefüllt ist. Erstaunlicherweise kamen wir nicht ausgelaugt und erschöpft aus dem Konzert, sondern erfrischt – und wir wussten, dass die vielen Menschen ebenfalls satt geworden waren.

Wir haben beide immer schon das Hohelied Salomos geliebt, und zwar nicht nur als Metapher für Gottes Sehnsucht nach seiner Gemeinde, der Braut, sondern auch als leidenschaftliches Gedicht über zwei Menschen, die sich lieben und nicht aufhören können, aneinander zu denken. Sogar auf dem Marktplatz versuchen sie einen Blick auf den Geliebten zu erhaschen. Die nächtliche Brise weht ihr Parfüm zu ihm hinüber; die Lämmer auf dem Hügel erinnern ihn an ihre Brüste. Nur für ihn macht sie sich schön; der Klang der Schritte unter ihrem Fenster lässt sie hoffen, dass er auf dem Weg zu ihrem Versteck ist.

Ich glaube wirklich und wahrhaftig, dass der Nähe zu Gott, die er sich für uns so sehnlich wünscht, in unserer Erfahrungswelt nichts näher kommt als die schönste und engste intime Beziehung, die es auf der Erde gibt, nämlich die Heirat zweier Menschen, die sich lieben. Bei der Arbeit, auf der Straße, in der Menschenmenge, im hektischen Alltag ist seine Gegenwart immer spürbar. Gott macht keinen Hehl daraus, dass er uns liebt. Doch er ist eifersüchtig und duldet keine Rivalen. Im Gegenzug enthält er uns nichts vor – nicht einmal seinen eigenen Sohn –, um um unsere Liebe zu werben, wenn wir uns zu kleinen und unwichtigen Götzen hingezogen fühlen. Wenn wir ihm unsere ungeteilte Liebe schenken, überschüttet er seine Braut mit guten und vollkommenen Gaben, und er scheut keine Mühen, um sie vollkommen zu machen und sie nach Hause zu führen, in seine unvergleichliche Gegenwart.

Ich erwähnte in einem früheren Kapitel, dass ich einen Ring trage, den Bill für mich in dem Land, in dem das Hohelied Salomos verfasst wurde, aus 18-karätigem Gold hat anfertigen lassen. Darauf findet sich eine wunderbare Inschrift. Ich kann sie nicht oft genug lesen. „Mach dich auf, meine Freundin, meine Schöne, und komm!" (siehe Hoheslied 2,13, RE). Im Hebräischen heißt es: „Ich will mich erheben, mein Herr, und kommen."

Hear the Voice of My Beloved
Hear the voice of my beloved / Gently call at close of day / "Come, my love; oh, come and meet me / Rise, oh rise, and come away"

"Winter's dark will soon be over / And the rains are nearly done / Flower bloom and trees are budding / Time for singing has begun"

I have waited through the shadows / For my Lord to call for me / Now the morning breaks eternal / In its light, His face I see

"When you see the fig tree budding / You will know the summer's near / When you hear the words I've spoken / You will know My coming's near"

"Keep on list'ning, my beloved / For My coming's very near"

Hör die Stimme meines Geliebten

Hör die Stimme meines Geliebten, wie er mich am Abend leise ruft: „Komm her, mein Geliebte, komm her und triff dich mit mir. Erheb dich, ja, erheb dich und eile herzu.

Bald ist der dunkle Winter vorbei und der Regen hört bald auf; Blumen blühen, Bäume schlagen aus – die Zeit des Singens ist angebrochen."

Im Schatten habe ich gewartet, dass mein Herr mich ansprach. Nun bricht der ewige Morgen an und in seinem Licht sehe ich sein Gesicht.

„Wenn ihr die Knospen des Feigenbaums seht, wisst ihr, dass der Sommer bald kommt. Wenn ihr meine Worte hört, wisst ihr, dass mein Kommen naht.

Lauscht weiter, meine Geliebten, denn ich komme bald."

Text: Gloria Gaither
Melodie: William J. Gaither und Ron Griffin
Copyright © 1985 Gaither Music Company und Ariose Music (Rechte wahrgenommen durch die EMI Christian Music Group). Alle Rechte vorbehalten.

More of You

Mehr von dir

Die meisten Menschen glauben an Gott. Gerade wegen der Beschränkungen des Menschseins setzen wir unsere Hoffnung auf die Existenz eines höheren Wesens. Winzige Organismen, die filigrane Struktur jedes Blattes, jeder Blume, die Ordnung des Universums, der Ozean, in dem es vor Leben wimmelt, das Wunder der Geburt und eines neuen Menschen: Alles in uns, was eines vernünftigen Gedankens fähig ist, deutet auf die Existenz einer alles überragenden Intelligenz hin, die dahinter steht. Die metaphysische Überzeugung, dass es ein transzendentes Wesen gibt, führt unweigerlich dazu, dass wir uns der Existenz einer „Seele" bewusst werden und eines Ortes jenseits des Grabes, wenn wir unseren letzten Atemzug getan haben.

Doch wie können wir diesen Gott kennenlernen? Kann es mit diesem Wesen außerhalb unserer Erfahrungswelt irgendeine Beziehung geben? Was würde es von einem menschlichen Wesen erfordern, eine Brücke zu diesem Ehrfurcht gebietenden Schöpfer zu bauen? Diese Frage stellte man sich schon in uralter Zeit. Dass man uns eine Audienz bei einer solchen Macht gewähren und uns sogar gestatten würde, eine Beziehung zu ihr aufzubauen, würde gewisse gewaltige Anstrengungen und Leistungen von uns erfordern. Was würde dieses Wesen, diese ungeheure Intelligenz, dazu veranlassen, uns Aufmerksamkeit zu schenken? Was würde es freundlich stimmen oder zum Zorn reizen?

Über die Antworten auf solche Fragen zu spekulieren, hat Aberglauben in allen aberwitzigen Spielarten hervorgebracht. Man warf Kinder in Flüsse oder opferte sie auf einem Scheiterhaufen. Man ritzte sich Wunden in den Körper oder verstümmelte sich, opferte Ernteerträge und Vieh, fertigte Götzenbilder aus Eisen, Stein, Gold, Silber und Holz. Man errichtete Gebäude und gestaltete sie. Man unternahm Wallfahrten. Feier- und Fastentage, Luxus und Entsagung, ausufernde Feste und Rückzug in die Einsiedelei wurden in dem aufrichtigen Glauben praktiziert, dies könne den Kontakt zwischen Gott und bloßen Sterblichen herstellen und auf diese Weise manche Antwort auf das Geheimnis des Lebens liefern.

Wir, die wir uns Christen nennen, glauben, dass dies niemals den gewaltigen Abgrund überbrücken kann, sondern dass der große Gott sich stattdessen entschloss, zu uns zu kommen. Was für eine revolutionäre Vorstellung! Darüber hinaus glauben wir auch, dass er selbst mit uns in Beziehung treten wollte. Er kam auf die Erde, um uns wissen zu lassen, dass er seine Schöpfung liebte und sie ihm über alle Maßen gefiel. Die ganze Bibel erzählt davon, dass Gott uns liebt und uns die Hand reichen will – von der Schöpfung über die Wanderung aus der Sklaverei in die Freiheit, über donnernde Berge und brennende Dornbüsche bis zu den Tafeln mit den Zehn Geboten. Die Richtlinien, die Gott uns gab, um uns vor der Selbstzerstörung zu bewahren, die warnenden Rufe der Propheten, die tiefe Sehnsucht in uns allen – das alles zeigt, dass Gott um uns wirbt und die Hand nach uns ausstreckt.

Schließlich kam Gott in menschlicher Gestalt, um uns die Hand aufzulegen, wo wir Schmerzen hatten, um uns zu heilen, wenn wir bluteten, um uns aufzuhelfen, wenn wir gefallen waren, um die Leere in uns auszufüllen, die so tief in uns verborgen war, dass wir sie nicht einmal bemerkten. Von diesem Zeitpunkt an wussten wir, dass eine Beziehung zu Gott nicht nur möglich war, sondern sogar notwendig. Was würde uns das kosten? Was würde er von uns fordern?

Manche sagten, dass wir uns auf eine bestimmte Art kleiden müssten. Andere meinten, wir müssten bestimmte Gewohnheiten aufgeben oder manche Orte meiden. Andere glaubten, bestimmte Gottesdienst- oder Gebetsformen würden Gott dazu bewegen, sich zu zeigen. Manche meinten auch, wir müssten noch frommer, noch dankbarer, noch demütiger, noch opferbereiter, noch disziplinierter werden.

Gott aber sagte, es gebe nur eine Voraussetzung, um mit ihm eine Beziehung aufzubauen: dass man ihn mehr als

189

irgendetwas anderes will. Wir müssen nach ihm hungern. Dürsten muss es uns nach ihm. Schöne Worte, teure Gaben, Brandopfer, große Gebäude, Sonntags- oder Alltagskleidung, unsere gesellschaftliche Stellung, ein disziplinierter Lebensstil – nichts davon rührt Gottes Herz.

Es rührt ihn jedoch an, wenn er unsere Unzulänglichkeit sieht, unsere unbeschreibliche Bedürftigkeit, unseren Hunger. Unsere Verletzlichkeit, ungetrübt von Arroganz oder Selbstzufriedenheit, wird ihn uns näher bringen, als es Geschwister, Eltern oder Freunde überhaupt sein können.

Alle weiteren Veränderungen in unserem Leben ergeben sich dann als natürliche Folge unseres Hungers nach ihm, wenn wir sein Angesicht suchen und eine enge Beziehung mit ihm eingehen. Was für eine Erleichterung! Das ist wirklich eine gute Botschaft! Wir müssen und können uns nicht selbst neu erfinden und erschaffen, damit Gott Notiz von uns nimmt. Er hat bereits Notiz von uns genommen. Er sehnt sich danach, dass wir ihn kennenlernen. Und wenn wir ihn kennenlernen, wie er wirklich ist, wird sich diese Beziehung so verändern, dass wir uns eines Tages selbst nicht mehr wiedererkennen! Ganz allmählich und ganz natürlich werden wir dem, den wir zutiefst lieben, immer ähnlicher.

More of You
I'm not trying to find some new frame of mind / That will change my old point of view / For I've been through it all / Deep inside nothing's changed – I'm not new / I'm not seeking a gift or emotional lift / But one thing I'm longing to do / Is to lift up my cup any let You fill it up with just You

More of You, more of You / I've had all, but what I need: just more of You / Of thing I've had my fill and yet I hunger still / Empty and bare, Lord, hear my prayer / For more of You
I have searched all around in the husks that abound / But I find no nourishment there / Now my strength's almost gone / And I feel the pull of

despair / Yet ny thirst drives me on and I stumble along / Over ground so barren and dry / For the spring's just ahead – Living Water / Lord, fill me," I cry

More of You, more of You / I've had all, but what I need: just more of You / Of thing I've had my fill and yet I hunger still / Empty and bare, Lord, hear my prayer / For more of You

Mehr von dir
Ich versuche nicht, einen neuen Standpunkt zu finden, der all meine Ansichten verändert – das habe ich schon alles durchgemacht. Tief in mir hat sich nichts verändert; ich bin kein neuer Mensch. Ich suche nicht nach neuen Begabungen oder einem Gefühls-Hoch, doch nach einem sehne ich mich: dir meinen Kelch entgegenzuhalten und ihn mir von dir füllen zu lassen.

Mehr von dir, mehr von dir – alles habe ich schon gehabt, doch eins brauche ich: mehr von dir. An materiellen Dingen hatte ich mehr als genug und doch bin ich immer noch hungrig; mit leeren Händen, Herr, bitte ich dich: Höre mein Gebet – ich will mehr von dir.

Ich habe in der Spreu gesucht, die überall herumliegt, doch ich finde nichts, das mich sättigt; meine Kräfte schwinden und ich bin verzweifelt; doch der Durst lässt mich weitergehen, und ich mühe mich über die ausgetrocknete und unfruchtbare Erde, denn die Quelle liegt genau vor mir – lebendiges Wasser! „Herr, fülle mich!", rufe ich.

Mehr von dir, mehr von dir – alles habe ich schon gehabt, doch eins brauche ich: mehr von dir. An materiellen Dingen hatte ich mehr als genug und doch bin ich immer noch hungrig; mit leeren Händen, Herr, bitte ich dich: Höre mein Gebet – ich will mehr von dir.

Text: Gloria Gaither
Melodie: William J. Gaither und Gary S. Paxton
Copyright © 1977 Gaither Music Company und New Spring Publishing, Inc. (Rechte wahrgenommen von BMG Music Publishing, Inc.). Alle Rechte vorbehalten.

$\mathscr{F}$eelin' at Home in the Presence of Jesus

In Jesu Gegenwart fühle ich mich zu Hause

Ich liebe das Wort „Gegenwart". Es sagt aus, dass jemand körperlich anwesend und in meiner Nähe ist – im Zimmer, im Haus, am Tisch – jetzt und hier. Es sagt mir darüber hinaus, dass der Betreffende sich nicht irgendwo anders aufhält.

Als ich noch in der Grundschule war, ging die Lehrerin jeden Morgen als Erstes die Anwesenheitsliste durch. Wenn unser Name vorgelesen wurde, mussten wir antworten: „Hier." Das half nicht nur der Lehrerin bei den Klassenbucheinträgen, sondern informierte uns auch darüber, wen wir in der Pause in unsere Softballmannschaft wählen konnten. Außerdem wussten wir dann auch, mit wem wir uns an diesem Tag im Buchstabieren messen würden. Und wir wussten, ob genug gute Rollschuhfahrer dabei waren, mit denen wir uns in der Mittagspause vergnügen konnten.

Im Laufe der Jahre habe ich gelernt, dass die bloße Gegenwart eines Menschen im Zimmer oder am Tisch nicht unbedingt bedeutet, dass er auch geistig anwesend ist. Oft habe ich ein gutes Abendessen zubereitet und die Familie zu Tisch gerufen. Alle Stühle sind besetzt, und wir neigen uns, um das Tischgebet zu sprechen, doch über kurz oder lang sagt jemand: „Erde an Papa! Erde an Papa!", oder: „Suzanne, woran denkst du gerade?", oder auch: „Hallo, Benjy, wach mal auf!"

Damit kommen wir auf eine zweite Bedeutung des Begriffs „Gegenwart": Es kann eine gewisse Ausstrahlung umschreiben, die manche Menschen besitzen. Jeder von uns kennt einen Menschen, von dem er sagen würde: „Er hat eine so unglaubliche Präsenz", oder aber: „In seiner Gegenwart läuft es mir kalt den Rücken hinunter".

Manche Menschen haben mit ihrer Gegenwart mein Leben geprägt. Mein Vater war jemand, dessen Gegenwart für mich wie der Felsen von Gibraltar war. Selbst als ein Tornado in unserem Dorf wütete oder ein Erdbeben den Schornstein unseres Hauses zum Einsturz brachte, hatte ich – soweit ich mich daran erinnern kann – keine Angst. Mein Papa war da, und ich wusste genau, dass er wusste, was zu tun war. Seine Gegenwart bedeutete für mich Sicherheit.

Auch meine Mutter übte mit ihrer Gegenwart einen bedeutenden Einfluss auf mein Leben aus. Weise, einfühlsam, kreativ und völlig spontan erfüllte sie unser Haus mit ihrer Gegenwart. Wenn ich von der Schule, vom College oder als Erwachsene von der anderen Seite des Flüsschens nach Hause kam, wusste ich, dass ich in der Gegenwart meiner Mutter gute Ratschläge, Überraschungen, Schönheit und Trost finden würde.

Ich habe in meinem Leben auch Menschen kennengelernt, in deren Gegenwart ich mich niemals wohlgefühlt habe. Ich spürte, dass hinter der ruhigen Fassade jederzeit ein Vulkan ausbrechen könnte. Die Gegenwart manch anderer Menschen machte mich traurig, weil ich merkte, dass sie innerlich zerbrochen waren, so lange schon, dass ich völlig hilflos war und nicht an sie herankam.

Und es gibt Menschen, die mich mit ihrer Gegenwart einschüchtern. Es gibt Menschen, in deren Gegenwart ich mich dumm oder ungeschickt fühle, unerfahren und hässlich. Mathematikstudenten im College haben mir immer das Gefühl vermittelt, ich sei unzulänglich. Ich bin Ärzten begegnet, deren Gebaren in der Praxis mich praktisch zum Verstummen gebracht hat, als ich Fragen zu meinem Gesundheitszustand stellen wollte.

Allerdings habe ich gelernt, dass wahrhaft große Menschen fast immer angenehm im Umgang sind. Sie sind sich ihrer selbst sicher und müssen sich nichts beweisen. Nachdem man mit ihnen Zeit verbracht hat, behält man das Gefühl zurück: „Diese Person ist so bodenständig." Doch obwohl man sich in der Gegenwart eines bedeutenden Menschen, der wirklich Selbstvertrauen besitzt, wohlfühlt, würde niemand, der bei vollem Verstand ist, versuchen, Wissen und Weisheit vor jemandem vorzutäuschen, der eine wirkliche Koryphäe auf seinem Gebiet ist. Wir können nichts Besseres geben als Ehrlichkeit. Selbstgerechtes Pseudo-Selbstvertrauen bringt nichts. Das Wissen, dass wir nur unser wahres Ich bringen können, reißt Grenzen nieder und gestattet der Koryphäe, sich einfach an Ihnen als Mensch zu freuen.

Viele biblische Geschichten erzählen davon, dass sich ganz normale Menschen in Jesu Gegenwart sicher fühlten. Kinder kletterten ihm auf den Schoß, Frauen fühlten sich nicht gering geschätzt oder eingeschüchtert, sondern ermutigt, den Saum seines Gewandes zu berühren, seine Fragen über ihr Privatleben zu beantworten oder ihn zum Essen einzuladen. Fischer und Theologen fühlten sich gleichermaßen von ihm angezogen.

Seine Freunde hielten sich gerne in seiner Gegenwart auf. Sie drängten sich um die Tische, um wichtige Fragen mit ihm zu diskutieren, oder nahmen ihn im Boot mit auf den See, um gute Gespräche mit ihm zu führen und seine Gesellschaft zu genießen. Seinen Schülern gefiel es, dass er oft zu praktischen, lebensnahen Beispielen griff, um ihnen etwas beizubringen. Einfache und ungebildete Leute erfuhren bei ihm Wertschätzung.

Trotzdem fühlten sich manche Menschen in seiner Gegenwart unbehaglich. Seine Weisheit forderte die Menschen heraus, die keine gesunde Lebenseinstellung hatten. Hintergedanken und geheuchelte Frömmigkeit wurden in seiner Gegenwart schnell aufgedeckt. Dämonen gerieten in Rage, wenn sie ihm begegneten.

Doch welche Wärme strahlte er für diejenigen aus, die draußen in der Kälte einer ungerechten Welt ausharren mussten! Welche Freude für die Traurigen! Welchen Trost für die Bekümmerten, Annahme und Gnade für die, die das grausame Leben gepeinigt und gequält hatte!

Lange vor der Geburt Christi schilderte Jesaja die erfrischende Erfahrung derjenigen, die die Gegenwart Christi erleben sollten:

Der Geist des Herrn hat von mir Besitz ergriffen. Denn der Herr hat mich gesalbt und dadurch bevollmächtigt, den Armen gute Nachricht zu bringen. Er hat mich gesandt, den Verzweifelten neuen Mut zu machen, den Gefangenen zu verkünden: „Ihr seid frei! Eure Fesseln werden gelöst!" Er hat mich gesandt, um das Jahr auszurufen, in dem der Herr sich seinem Volk gnädig zuwendet, um den Tag anzusagen, an dem unser Gott mit unseren Feinden abrechnen wird. Die Weinenden soll ich trösten und allen Freude bringen, die in der Zionsstadt traurig sind. Sie sollen sich nicht mehr Erde auf den Kopf streuen und im Sack umhergehen, sondern sich für das Freudenfest schmücken und mit duftendem Öl salben; sie sollen nicht mehr verzweifeln, sondern Jubellieder singen. Die Leute werden sie mit prächtigen Bäumen vergleichen, mit einem Garten, den der Herr gepflanzt hat, um seine Herrlichkeit zu zeigen.
Jesaja 61,1–3; GN

Feelin' at Home in the Presence of Jesus
Feelin' at home in the presence of Jesus / Hearing Him call me His own / Just feelin' at home / Feelin' at home / Putting my feet right under His table / Knowing I won't be alone / Just feelin' at home

Feelin' at home in the presence of Jesus / Needed and happy and free / Just feelin' at home / Feelin' at home / Feelin' accepted and loved and forgiven / A part of His warm family / Just feelin' at home / Feelin' at home

You couldn't have told me I'd find what I found / Contentment and peace from above / Feelin' at home in the presence of Jesus / Laying way back in His love / Warming myself by the fires of His Spirit / Camping right close to His throne / Just feelin' at home / Feelin' at home

In Jesu Gegenwart fühle ich mich zu Hause

In der Gegenwart Jesu fühle ich mich zu Hause; ich höre, wie er mich sein Eigentum nennt. Hier fühle ich mich einfach zu Hause, ich fühle mich zu Hause. Hier stelle ich meine Füße unter den Tisch und weiß, dass ich nicht allein bin. Ich fühle mich hier einfach zu Hause, ich fühle mich zu Hause.

In der Gegenwart Jesu fühle ich mich zu Hause, ich werde gebraucht, bin glücklich und frei. Hier fühle ich mich einfach zu Hause, ich fühle mich zu Hause. Ich fühle mich angenommen, geliebt, mir ist vergeben, ich gehöre zu seiner Familie, hier geht es herzlich zu. Ich fühle mich hier einfach zu Hause, ich fühle mich zu Hause.

Du hättest mir niemals vermitteln können, was ich hier finden würde; Zufriedenheit und Frieden von oben. In der Gegenwart Jesu fühle ich mich zu Hause und lehne mich entspannt zurück in seine liebenden Hände. Ich wärme mich an dem Feuer seines Geistes, zelte dicht an seinem Thron. Ich fühle mich hier einfach zu Hause, ich fühle mich zu Hause.

Text: William J. und Gloria Gaither
Melodie: William J. Gaither
Copyright © 1975 Gaither Music Company. Alle Rechte vorbehalten.

Jesus, You're the Center of My Joy
Jesus, du bist der Mittelpunkt meiner Freude

Bill und ich haben für unsere Lieder und Texte viele Auszeichnungen erhalten. Es erstaunt uns immer wieder, wenn ein Lied, das aus unserem alltäglichen Leben und Glauben heraus entstanden ist, Christen anspricht, die mit uns auf dem Weg sind und Hoffnung und Zuversicht daraus schöpfen. Für solch einen Prozess scheint eine Auszeichnung irgendwie fehl am Platz zu sein, und dennoch sind wir dankbar und fühlen uns geehrt, wenn wir eine erhalten.

Die Auszeichnung in unserem Regal, die mir mit am meisten bedeutet, ist der *Stellar Award*, der für den *Black Gospel Song of the Year* (dt.: Schwarzer Gospelsong des Jahres) verliehen wird. Wir haben ihn für den Song „Jesus, You're the Center of My Joy" bekommen, den wir gemeinsam mit Richard Smallwood, einem hervorragenden Musiker und Komponisten, geschrieben haben. Der Preis wurde uns im berühmten *Apollo Theater* in Harlem überreicht, wo sich viele afroamerikanische Sänger und Künstler die ersten Sporen verdient haben. Es war ein wunderbarer Abend, an dem wir den Mississippi Mass Choir, Whitney Houston und ihre Mutter Cissy und viele andere einzigartige Künstler singen hörten, und das an einem Ort, der von den Schmerzen und dem Ruhm derer, die dort einmal aufgetreten waren, förmlich zu beben schien.

Die Geschichte dieses Songs begann für Bill eines Tages in Nashville, wo er sich mit Richard getroffen hatte, um einige Lieder zu schreiben. Für mich begann sie, als Bill mir ein Tonband überreichte und mich fragte: „Kannst du einen Text zu dieser Melodie schreiben?"

Ich hörte mir die Musik an, und sie sprach mich augenblicklich an. Sie schien zu mir zu sagen: „Jesus, du bist der Mittelpunkt meiner Freude. Alles Gute und Vollkommene kommt von dir." Der Rest des Refrains schrieb sich fast wie von selbst. „Du bist es, der mich zufrieden macht, auf dem meine ganze Hoffnung ruht. Jesus, du bist der Mittelpunkt meiner Freude."

Dann hörte ich mir die Melodie für die Verse an und dachte an alles, das in unserem Leben gut und vollkommen ist, an die Dinge, für die es sich zu sterben – und zu leben – lohnt. Das sind die einfachen Dinge, die leisen und sanften, und doch gerade die, die am meisten bedroht sind, wenn unsere Prioritäten durcheinandergeraten.

Während ich schrieb und über das Leben nachdachte, wie es nach Gottes Vorstellungen aussehen sollte und wie es in seinem Wort und durch die Lehre und das Vorbild Jesu geschildert wurde, kam ich zu dem Schluss, dass alles, was Gott in unser Leben hineinlegt, wirklich heil, gut und vollkommen ist. Wenn wir Gottes Gabe verunstalten, bringt das Schmerz, Unzufriedenheit, Unruhe, Verbitterung und einen Hunger mit sich, der an unserer Seele nagt.

Nahrung zum Beispiel erhält uns am Leben und ist gut für uns, wenn wir sie so natürlich wachsen lassen wie möglich. Wir wissen genau, dass Nahrungsmittel durch gewisse Vorgehensweisen von Menschen – das Zufügen von Kunstdünger, Pestiziden, Herbiziden, Weiterverarbeitung – kommerziell erfolgreich wurden, doch die Menschheit bezahlt diese Eingriffe teuer – mit Allergien, Aufmerksamkeitsstörungen und noch Hunderten von anderen Problemen, die sich vielleicht erst mit der Zeit herauskristallisieren. Doch Vollkornprodukte, naturbelassene Salate, Biogemüse und -obst, Fisch aus sauberen Gewässern und frei laufendes Geflügel: Das alles ist gesund und macht uns wirklich satt. Wasser, reichlich und rein, aus tiefen unterirdischen Quellen, das niemals von Chemikalien verunreinigt wurde, die man achtlos ins Abwasser geleitet hat, ist für unseren Körper gut und notwendig.

Ehrliche, reine, bereichernde und aufrichtige Beziehungen sind der größte Schatz in unserem Leben. Doch die gefallene Schöpfung und damit unser eigenes Wesen stellt sich uns immer wieder in den Weg und zerstört gerade das, was wir so nötig brauchen und schätzen. Nur eine Beziehung, die durch die Gnade erlöst wurde, kann es wagen, wahrhaft zu lieben, zu vertrauen, zu vergeben, anzunehmen, dem anderen im Zweifel etwas zuzugestehen, mit ihm auch noch die zweite Meile zu gehen und den lähmenden Kontrollzwang aufzugeben. Nur das Kreuz kann den strangulierenden Griff der Selbstsucht lösen, der auf unseren Beziehungen lastet, und den Atem Gottes in die verborgenen Winkel unserer Ehen, unseres Lebens zu Hause und unserer Freundschaft strömen lassen.

Alle Schönheit kommt von Gott. Alles, was in der Natur schön und unverdorben ist, ist das Werk seiner Hand. Alles, was von einem Künstler, Dekorateur, Architekten, Musiker, Schriftsteller, Landschaftsgärtner, Handwerker geschaffen wird und unser ästhetisches Empfinden befriedigt, wurde an den Gesetzen des Schöpfers geschult, der Licht und Schatten schuf, Berge und Ebenen, Farbe und Form, Klang und das Organ, diesen zu hören. Sogar in einer hässlichen, rauen, verschmutzten und lärmenden Welt bricht die Schönheit überraschend zu unserem Herzen und unserem Verstand durch, die sich nach ihr sehnen. Wo immer Harmonie, Frieden, Licht und Hoffnung zu finden sind, da ist Gott, der zu uns spricht und uns wie ein Magnet an sein Herz zieht.

In dieser Welt geschieht es leicht, dass wir die wirklich wichtigen Dinge aus dem Blick verlieren, uns losreißen und uns in den unnatürlichen Fallen unserer Kultur verlieren. Doch Gott bietet uns immer einen Weg zurück in das Zentrum der Freude. Wir können es im Handbuch nachlesen, wir können auf der Karte nachschauen, um den Weg nach Hause zu finden. Wir können den einfachen Anweisungen folgen, die uns in Philipper 4,4–9 gegeben werden:

- *Freut euch immerzu, mit der Freude, die vom Herrn kommt! Und noch einmal sage ich: Freut euch! Alle in eurer Umgebung sollen zu spüren bekommen, wie freundlich und gütig ihr seid. Der Herr kommt bald!*
- *Macht euch keine Sorgen, sondern wendet euch in jeder Lage an Gott und bringt eure Bitten vor ihn. Tut es mit Dank für das, was er euch geschenkt hat. Dann wird der Frieden Gottes, der alles menschliche Begreifen weit übersteigt, euer Denken und Wollen im Guten bewahren, geborgen in der Gemeinschaft mit Jesus Christus.*
- *Im Übrigen, meine Brüder und Schwestern: Richtet eure Gedanken auf das, was schon bei euren Mitmenschen als rechtschaffen, ehrbar und gerecht gilt, was rein, liebenswert und ansprechend ist, auf alles, was Tugend heißt und Lob verdient. Lebt so, wie ich es euch gelehrt und*

euch als verbindliche Weisung weitergegeben habe und wie ihr es von mir gehört und an mir gesehen habt.

- Darauf folgt ein Versprechen, ganz egal, wie unser Leben aussieht: *Gott, der Frieden schenkt, wird euch beistehen!*

Manchmal stehen andere Dinge im Mittelpunkt unseres Lebens, sogar wenn wir uns für Gott einsetzen. Andere betrachten diese Dinge dann oft als „unseren Dienst für Gott".

Doch Jesus muss der Mittelpunkt unserer Freude sein. Wenn das der Fall ist, stimmt uns alles, was gut ist, freudig. Wenn er jedoch nicht im Mittelpunkt unserer Freude steht, ermatten wir, und wir werden zynisch, selbst in Angelegenheiten, die Gott betreffen, und unsere Freude versiegt.

Herr, erlöse uns von allem – abgesehen von dir. Prüfe unser Herz, wenn wir uns für dich einsetzen, deinen Willen tun, die Gaben gebrauchen, die du uns geschenkt hast, oder dir nacheifern. Erinnere uns ständig daran, dass du uns alles andere geben willst, ohne dass wir es überhaupt bemerken, wenn wir nur dich haben – tiefe, wachsende, bleibende Gemeinschaft mit dir. Heute bitten wir dich nicht, dass du segnest, was wir tun. Wir bitten aber, dass du uns offenbarst, was du tust, und uns Anteil daran haben lässt. Wir wissen, dass uns das mitten in die Freude führen wird.

Jesus, You're the Center of my Joy
Jesus, You're the center of my joy / All that's good and perfect comes from You / You're the heart of my contentment / Hope for all I do / Jesus, You're the center of my joy

When I've lost my direction / You're the compass for my way / You're the fire and light when nights are long and cold / In sadness You're the laughter / That shadows all my fears / When I'm all alone, Your hand is there to hold

You are why I find pleasure / In the simple things of life / You're the music in the meadows and the streams / The voices of the children / My family and my home / You're the source and finish of my highest dreams

Jesus, You're the center of my joy / All that's good and perfect comes from You / You're the heart of my contentment / Hope for all I do / Jesus, You're the center of my joy

Jesus, du bist der Mittelpunkt meiner Freude
Jesus, du bist der Mittelpunkt meiner Freude. Alles Gute und Vollkommene kommt von dir. Du bist es, der mich zufrieden macht, auf dem meine ganze Hoffnung ruht. Jesus, du bist der Mittelpunkt meiner Freude.

Wenn ich mich verirre, bist du mir der Kompass. Du bist Feuer und Licht, wenn die Nächte kalt und lang werden. In der Traurigkeit bist du das Lachen, das meine Angst vertreibt; wenn ich alleine bin, bist du da, um meine Hand zu halten.

Du bist der Grund, warum ich Freude an den einfachen Dingen des Lebens finde. Du bist die Musik in den Wiesen und Bächen. Kinderstimmen, Familie und Heim – du bist die Quelle und Vollendung meiner schönsten Träume.

Jesus, du bist der Mittelpunkt meiner Freude. Alles Gute und Vollkommene kommt von dir. Du bist es, der mich zufrieden macht, auf dem meine ganze Hoffnung ruht. Jesus, du bist der Mittelpunkt meiner Freude.

Text: Gloria Gaither
Melodie: William J. Gaither und Richard Smallwood
Copyright © 1987 Gaither Music Company und Century Oak Music/Richwood Music
(Rechte verwaltet durch MCS Music America, Ind.). Alle Rechte vorbehalten.

Get All Excited

Lasst euch begeistern

Dieses Lied wurde von einem Footballspiel inspiriert. Die Spannung stieg, als wenige Minuten vor Schluss wieder Gleichstand herrschte. Die Fans beider Mannschaften riss es von ihren Plätzen, sie schrien sich die Kehlen heiser und winkten mit ihren Fahnen. Die ganze Tribüne war ein Meer von Farben und Bewegung; der Lärm war ohrenbetäubend.

Die Atmosphäre im Stadion bewegte sich auf dem feinen Grat zwischen Begeisterung und Hysterie. Nur ein Fan, der die Kontrolle über sich verlor, ein böses Wort, und das Chaos würde ausbrechen.

Erwachsene Männer stießen rhythmisch ihre Fäuste in die Luft, während sie ihre Mannschaft anfeuerten. Andere Fans sprangen auf und ab und umarmten jeden, der die Farben ihrer Mannschaft trug. Manche schlugen ihrem Vordermann jedes Mal auf den Rücken, wenn ihre Mannschaft ein paar Zentimeter gewann.

Menschen, die sonst eher ruhig und sogar unkommunikativ waren, kannten nun keine Hemmungen mehr. Morgen würden sich alle wieder so benehmen, wie man es von ihnen erwartete, doch heute kannten sie für ein paar Stunden keine Grenzen. Und Grund für diese Selbstvergessenheit war ein einfaches Footballspiel.

Auf dem Heimweg sprachen Bill und ich über das Spiel und über die Hysterie, die die Fans ergriffen hatte. „Es ist gut, dass sich Menschen für etwas so sehr begeistern können", meinte Bill. „Nur schade, dass sie diese ganze Energie auf ein Footballspiel verwenden. Wenn sie sich so für unseren Herrn begeistern würden, würde wahrscheinlich so mancher glauben, sie hätten den Verstand verloren."

Wir fuhren weiter und dachten über seine Worte nach. Ein Kampf zwischen zwei Mannschaften im Stadion war nichts im Vergleich zu der Schlacht, die zwischen den Mächten des Bösen und Gott tobt. Wenn wir sündige Menschen die Liebe und Gnade Gottes kennenlernen, der sich für uns geopfert hat, sollten wir eigentlich mit Begeisterung darauf reagieren. Und doch sitzen wir behäbig in der Kirche und singen von einer lebensverändernden Begegnung, als ob wir uns gepflegt im Wohnzimmer unterhielten.

Der nächste Tag war ein Samstag. Ich kochte Kaffee und machte den Kindern etwas zu essen. Bill nahm seinen Kaffee mit ins Wohnzimmer und begann, eine neue Melodie auf dem Klavier zu spielen. Der fröhliche, schnelle Rhythmus lockte unsere kleine Suzanne an, die wissen wollte, was er da spielte. Es dauerte nicht lange, bis er mich auch dazurief. Ich nahm unsere beiden anderen Kinder mit, um zu hören, was Bill dort sang.

Bald schon sangen wir gemeinsam dieses kleine Lied, das im Laufe der Jahre zu einer Erkennungsmelodie in unseren Konzerten geworden ist. Es wurde in mehrere Sprachen übersetzt, doch vielleicht kommt der Rhythmus am besten im Spanischen zur Geltung. Doch ganz egal, in welcher Sprache das Lied gesungen wird, die Botschaft ist immer dieselbe: Wir reden über und begeistern uns für die Dinge, die uns wirklich am Herzen liegen. Wenn Jesus uns wirklich etwas bedeutet, dann kommt er auch in unseren Gesprächen vor. Dann reden wir über ihn so natürlich und begeistert wie ein Footballfan über die besten Spiele der Saison.

Get All Excited
Get all excited, go tell ev'rybody that Jesus Christ is King! / Get all excited, go tell ev'rybody that Jesus Christ is King! / Get all excited, go tell ev'rybody that Jesus Christ is King! / Jesus Christ ist still the King of kings, King of kings.

You talk about people / You talk about things that really aren't important at all / You talk about weather / You talk about problems we have here at home and abroad / But friend, I'm excited about a solution for the world- / I'm gonna shout and sing! / Jesus Christ is still the King of kings, King of kings!

Get all excited, go tell ev'rybody that Jesus Christ is King! / Get all excited, go tell ev'rybody that Jesus Christ is King! / Get all excited, go tell ev'rybody that Jesus Christ is King! / Jesus Christ ist still the King of kings, King of kings.

Lasst euch begeistern

Lasst euch begeistern, geht und erzählt allen, dass Jesus Christus König ist! Lasst euch begeistern, geht und erzählt allen, dass Jesus Christus König ist! Lasst euch begeistern, geht und erzählt allen, dass Jesus Christus König ist! Jesus Christus ist immer noch der König der Könige, König der Könige!

Du redest über Leute, du redest über Dinge, die im Grunde unwichtig sind; du redest über das Wetter, du redest über Probleme im In- und Ausland; aber, mein Freund, ich bin begeistert, weil es eine Lösung für die ganze Welt gibt — ich rufe es hinaus und singe! Jesus Christus ist immer noch der König der Könige, König der Könige!

Lasst euch begeistern, geht und erzählt allen, dass Jesus Christus König ist! Lasst euch begeistern, geht und erzählt allen, dass Jesus Christus König ist! Lasst euch begeistern, geht und erzählt allen, dass Jesus Christus König ist! Jesus Christus ist immer noch der König der Könige, König der Könige!

Text: William J. Gaither
Melodie: William J. Gaither
Copyright © 1972 William J. Gaither. Alle Rechte vorbehalten.

To Get This Close • Lord, Send Your Angels

So nahe · Herr, sende deine Engel

Bills Bruder Danny hatte in seinem Kampf gegen den Lymphdrüsenkrebs gerade die zweite Stammzellentransplantation hinter sich gebracht. Dieses Mal hatte er anschließend einen längeren Krankenhausaufenthalt in der Universitätsklinik von Nebraska in Omaha. Es war eigenartig, Thanksgiving ohne ihn und seine Frau Vonnie zu feiern. Wir dachten an ihn, als wir – wie wir es jedes Jahr taten – das Körbchen mit dem in Indiana geernteten Mais am Tisch herumreichten und jeder sagte, wofür er am dankbarsten war, seit wir zuletzt Thanksgiving gefeiert hatten.

Nach Thanksgiving besuchten Bill und ich Danny und Vonnie für einige Tage. Wir wohnten in der Zeit in einem Hotel in der Nähe der Spezialklinik. Wenn es Danny gut ging, redete und lachte er; er und Bill erzählten sich Geschichten und ließen alte Erinnerungen wieder aufleben. Manchmal schmiedeten wir schon Pläne für Weihnachten, weil sie dann nach Hause kommen sollten. Vonnie hatte im Klinikzimmer ein Weihnachtsbäumchen mit elektrischen Kerzen aufgestellt. Sie hatte auch an einen Kassettenrekorder gedacht, damit sie Musik hören konnten, und sich unglaublich bemüht, dieses winzige Zimmer zu einem Zuhause zu machen, damit sich Danny in der mehrere Wochen dauernden Behandlungs- und Genesungszeit wohlfühlte.

Gemeinsam versuchten wir, eine positive und fröhliche Atmosphäre zu schaffen, um die körperliche und seelische Heilung so gut es ging zu unterstützen. Wir beteten zusammen und dankten Gott, dass er Danny zu Dr. Armstrong und seinem Team geführt hatte, und für jede Schwester und jeden Arzt, der an der Behandlung und Pflege beteiligt war. Wir dachten besonders daran, wie kostbar jeder Augenblick war.

Eines Nachmittags, als Danny ein wenig schlief, bot sich Vonnie, Bill und mir die Möglichkeit, miteinander zu reden. „Und wie geht es dir?", fragte ich Vonnie. „Kann ich irgendetwas für dich tun?"

„Du weißt ja", antwortete sie, „das ist eine schwere Zeit für uns, aber in vielerlei Hinsicht auch die beste und erfüllendste Zeit unseres Lebens. Es hat sich so viel Gutes daraus ergeben. Danny und ich konnten so eine intensive Zeit miteinander verbringen. Gott hat uns so viel beigebracht."

Sie hielt einen Augenblick inne, um nachzudenken. „Ich habe nur nicht geahnt, dass wir so weit gehen müssten, um ihm so nahe zu kommen."

Ihre Worte berührten mein Herz wie ein Brandeisen. Genau, das war es! Alle Dinge, die in Ewigkeit Bestand haben, sind ein Prozess. Das Ergebnis, das Ziel, das Gott mit diesem Prozess im Sinn hat, ist die Bereicherung unserer Beziehungen zu ihm und untereinander. Es geht überhaupt nur um Beziehungen. Ich wusste sofort, dass aus ihren Worten ein Lied werden würde. Sie sangen sich praktisch von selbst in unsere Herzen, während sie sie noch sagte.

Kaum jemals ist etwas so, wie es oberflächlich betrachtet aussieht. Die Bilder, die in der Nacht so bedrohlich wirken, sehen bei Tageslicht völlig anders aus. Und die Orte, an die uns die Wechselfälle des Lebens verschlagen, erweisen sich als solche, die direkt an Gottes Herz liegen; wir begreifen erst später, dass er uns voller Liebe in den Armen hält.

Als Danny schließlich nach Hause kam, schilderte er uns eine Erfahrung, die er in einem Moment tiefster Niedergeschlagenheit gemacht hatte. Er hatte das Gefühl, das Leben rinne ihm wie Sand durch die Finger, und er hatte nicht die Kraft, diesen Prozess anzuhalten. Er erzählte uns, wie er gedacht hatte: *Ich schaffe es nicht. Diese Gifte werden mich umbringen, bevor sie den Krebs umbringen. Ich sterbe.*

Dann, so erzählte er uns, öffnete er die Augen und bemerkte, dass sein Bett von lachenden kleinen Kindern umringt war. Einige blinzelten vom Fußende zu ihm herüber, einige saßen neben ihm, andere an seinem Kopf. Er sah, wie ihre kleinen Locken hüpften, als sie ihre Kinderlieder mit fröhlichen Melodien sangen; sie lachten ihn an.

Ein schlichter Reim, den seine Mutter immer aufgesagt hatte, als er und Bill noch klein gewesen waren, kam ihm wieder ins Gedächtnis:

Abends, will ich schlafen gehn,
fünf kleine Englein um mich stehn:
eins zu Füßen, eins ganz oben,
eins mich stets bewacht,
eins, um meinen Gott zu loben,
und eins – auf meinen Trost bedacht.

„Sofort wusste ich", fuhr er fort, „dass das Engel waren, und ich wusste, dass ich am Leben bleiben würde. Die Angst verließ mich und ich schlief ein wie ein Kind."

Diese Erfahrung wurde einige Monate später zu einem Lied. Ich war unterwegs, um einen Vortrag zu halten, und Bill war allein zu Haus. Er hatte eine schwere Woche hinter sich, und gerade an diesem Abend hatte er das Gefühl, dass sich seine Probleme bis zum Himmel auftürmten. Er konnte nicht einschlafen, stand auf, schlug die Bibel bei Psalm 91 auf und las:

Denn er befiehlt seinen Engeln, dich zu beschützen, wo im-
mer du gehst. Auf Händen tragen sie dich, damit du deinen
Fuß nicht an einen Stein stößt ... Der Herr spricht: „Ich will
den erretten, der mich liebt. Ich will den beschützen, der auf
meinen Namen vertraut. Wenn er zu mir ruft, will ich ant-
worten. Ich will ihm in der Not beistehen und ihn retten und
zu Ehren bringen. Ich will ihm ein langes Leben schenken
und ihn meine Hilfe erfahren lassen."
V. 11–12.14–16

Bill ging zum Klavier und begann, den Refrain zu schreiben.

Herr, sende deine Engel, dass sie über mir wachen, denn ich habe Angst vor der Dunkelheit. Herr, sende deine Engel, dass sie über mir wachen, schließe mich in deine schützenden Arme.

Am nächsten Morgen rief er unsere Tochter Suzanne an: „Kannst du mal herkommen und dir dieses Lied anhören, das ich angefangen habe zu schreiben?", fragte er sie. Sobald sie Zeit hatte, kam sie herüber. Dies ist ihre Erinnerung an diesen Tag:

Als ich ankam, fragte mich Papa, ob ich Psalm 91 schon einmal wirklich gelesen hätte. Ich setzte mich an den Küchentresen und sog den Abschnitt förmlich auf, in dem es heißt, dass Gott uns „mit seinen Flügeln bedecken" wird. In den Versen 11 und 12 heißt es: „Denn er befiehlt seinen Engeln, dich zu beschützen, wo immer du gehst. Auf Händen tragen sie dich, damit du deinen Fuß nicht an einen Stein stößt." Papa erzählte mir, dass er mitten in der Nacht wach gelegen und sich Sorgen über allerlei Probleme gemacht hatte. Dann hatte er seine Bibel bei dieser Stelle aufgeschlagen. „Weißt du", sagte er zu mir, „die meisten Leute, die ich kenne – vor allem Männer –, haben wenig Schwierigkeiten, Feinde zu bekämpfen, die sie sehen können. Die unsichtbaren Feinde, die Mächte und Gewalten der Finsternis jedoch, jagen ihnen Angst ein."

Ich dachte: Manchmal müssen wir alle daran erinnert werden, dass selbst in den ‚unsichtbaren' Schlachten, die um uns herum toben, Gott der Vater auf unserer Seite steht, und er schickt uns immer seine Engel, wenn die ‚Nacht hereinbricht'.

Papa hatte in der Nacht eine Melodie geschrieben. Er ging zum Klavier und spielte sie mir vor, weil er meinte, mir würden dann vielleicht ein paar passende Verse für den Refrain einfallen. Die Melodie war so schön und schlicht, dass ich sofort wusste, dass auch der Text rein und schlicht, ja sogar

208

kindlich werden musste. Ich schrieb zwei Strophen, und wir sangen sie dann zusammen zu seiner Melodie.

Die Wirkung dieses Liedes ließ nicht lange auf sich warten. Drei der jungen Frauen, die mit den *Homecoming Friends* herumreisen, sangen es am darauffolgenden Wochenende. Die Reaktion des Publikums sagte uns, dass die Furcht mitten in der Nacht eine allgemeine menschliche Erfahrung ist. Doch Gott hat uns verheißen, dass die vollkommene Liebe alle Furcht austreibt. Die einzige vollkommene Liebe ist die Liebe unseres himmlischen Vaters, der uns verspricht, seine Engel zu schicken, damit sie über uns wachen, uns tragen und auf all unseren Wegen bewahren.

To Get This Close

I didn't know I had to come this far to get this close / I'm learning that You're nearest when Your children need You most / Without You I have nothing that I could ever boast / But it's worth it all to come this far, so I could get this close.

The road You chose for me to walk at times was rough and steep / The winds would howl through caverns carved between the boulders deep / And there were nights when lumps of fear would rise up in my throat / So when I tried to sing Your song, I'd choke on every note

But now I see those were the times You guided me along / The narrow passes, and when I was weak, Your hand was strong / And like a shepherd with his staff protects his wayward flock / You crowded me into the clefted shelter of the rock

The chilling night is gone, now, and the howling wind is still / The morning sun is breaking just beyond the distant hill / The shadows that I feared – I see now in light of day / Were cast by peaks of alabaster all along the way

I didn't know I had to come this far to get this close / I'm learning, Lord, that You're nearest when Your children need You most / Without You I'd be nothing that I could ever boast / But I'm so glad we've come this far, so we could be this close

So nahe

Ich wusste nicht, dass es so weit kommen müsste, damit ich dir so nahe sein kann. Ich lerne, dass du uns am nächsten bist, wenn deine Kinder dich am meisten brauchen. Ohne dich habe ich nichts, dessen ich mich brüsten könnte, doch das alles war es wert, dir so nahe zu sein.

Der Weg, den du mich hast gehen lassen, war manchmal schwer und steil. Der Wind heulte durch die Höhlen zwischen den Steinen und Felsen. Und in manchen Nächten schlug mir das Herz bis zum Hals vor Furcht. Als ich versuchte, dein Lied zu singen, bekam ich kaum Luft.

Doch nun begreife ich, dass das die Zeit war, in der du mich über schmale Passstraßen geführt hast, und wenn ich schwach war, war deine Hand stark. Wie der Hirte mit seinem Stab seine eigensinnige Herde beschützt, so triebst du mich in die schützenden Felsspalten.

Die kalte Nacht ist vorbei, der heulende Wind abgeflaut; gerade steigt die Morgensonne über dem entfernten Hügel auf. Die Schatten, die ich in der Nacht fürchtete, wurden, wie ich im Tageslicht erkenne, von den Gipfeln, klar wie Alabaster, geworfen.

Ich wusste nicht, dass es so weit kommen müsste, damit ich dir so nahe sein kann. Ich lerne, dass du uns am nächsten bist, wenn deine Kinder dich am meisten brauchen. Ohne dich habe ich nichts, dessen ich mich brüsten könnte, doch ich bin froh, dass es so weit gekommen ist, damit wir dir so nahe sein können.

Text: Gloria Gaither
Melodie: William J. Gaither und Woody Wright
Copyright © 2000 Gaither Music Company und Would He Write Songs (Rechte verwaltet durch das Gaither Copyright Management). Alle Rechte vorbehalten.

Lord, Send Your Angels

When I'm alone and the light slowly fades / Cold, with the night closing in / I know the shadows of Almighty wings / Lord, won't You send them again

Lord, send Your angels / To watch over me / I'm so afraid of the dark / Lord, send Your angels / To watch over me / Wrap me in sheltering arms / Shield me / Keep me / Hold me in Your arms / Lord, send Your angels / To watch over me / Wrap me in sheltering arms

Sometimes the child inside of me cries / With fears of the dangers unseen / And questions with answers I can't seem to find / Then You send Your angels to me

Herr, sende deine Engel

Wenn ich allein bin und es dämmert – kalt ist es und die Nacht bricht bald herein –, dann weiß ich um den Schatten der Flügel des Allmächtigen. Herr, wirst du mir wieder unter ihnen Zuflucht gewähren?

Herr, sende deine Engel, dass sie über mir wachen, denn ich habe Angst in vor der Dunkelheit. Herr, sende deine Engel, dass sie über mir wachen, schließe mich in deine schützenden Arme. Schütze mich, bewahre mich, halte mich in deinen Armen. Herr, sende deine Engel, dass sie über mir wachen, schließe mich in deine schützenden Arme.

Manchmal schreit das Kind in mir aus Furcht vor unsichtbaren Gefahren und auf manche Fragen finde ich keine Antwort. Dann sende mir deine Engel.

Text: Suzanne Jennings
Melodie: William J. Gaither
Copyright © 2000 Townsend and Warbucks Music und Gaither Music Company (vertreten durch Gaither Copyright Management). Alle Rechte vorbehalten.

Let Freedom Ring

Lasst das Lied der Freiheit erschallen

Vor einiger Zeit sah ich in den Morgennachrichten den Bericht über einen jungen afroamerikanischen Polizisten, dessen Kollegen ihn eines Tages zum Dienstantritt auf dem Revier in Ku-Klux-Klan-Gewändern mit Kapuzenhauben begrüßten. Sogar die weiblichen Bürokräfte und andere Angestellte hatten dabei mitgemacht. Erst nach einiger Zeit klärten sie ihn darüber auf, dass alles nur ein Witz gewesen sei, dann baten sie ihn, für Fotos mit ihnen zu posieren, auf denen sie noch ihre diskriminierende Kostümierung trugen.

In den Nachrichten wurde dieser junge Vater von einem Reporter zu dem Vorfall interviewt. „Wie haben Sie reagiert?", fragte er.

„Ich hatte unglaubliche Angst, aber ich wusste nicht anders zu reagieren als zu lächeln", entgegnete er. „Als ich nach Hause kam, schluchzte ich wie ein Kind."

Später wurde dieser Polizist von seinen Kollegen bedroht; sie forderten ihn auf, ihnen die Fotos, die sie ihm gegeben hatten, zurückzugeben, weil sie dienstrechtliche Konsequenzen fürchteten.

Als ich diesen jungen Mann sah, der versuchte, eine solche schwerwiegende und grässliche Verletzung zu verarbeiten, die ihm von Menschen zugefügt wurde, die er kannte und die wie er einen Eid abgelegt hatten, sich für Recht und Gesetz einzusetzen, spürte ich eine Welle der Emotion in mir heraufsteigen. Ich war zornig, dass man diesen Polizisten so gedemütigt und so viele Regeln gebrochen hatte, die unsere Gesellschaft zusammenhalten. Es stimmte mich traurig, dass man einen Menschen seiner Selbstachtung beraubt hatte. Ich spürte die Zerbrochenheit in mir selbst, als ich seinen Schmerz sah und begriff, dass jeder von uns in der Lage ist, einem anderen solche Schmerzen zuzufügen.

Ich verließ das Haus, um im Dorf zu frühstücken. Als ich meinen heißen Kaffee schlürfte, beobachtete ich ein Kind, das durch den ganzen Raum krabbelte, um den Armen seiner Mutter zu entkommen. Es wollte das Café erforschen und möglicherweise durch die Tür nach draußen in den Sonnenschein schlüpfen.

Jeder Mensch sehnt sich von Natur aus nach Freiheit. Dieses Krabbelkind empfand den Freiheitsdrang schon in der Gebärmutter. Die Uhr tickte, und der winzige Körper, der bis dahin zufrieden gewesen war, im Bauch seiner Mutter in Sicherheit heranzuwachsen, begann, sich seinen Weg durch den engen Geburtskanal zu bahnen, um nach draußen zu kommen und frei zu sein.

Die leidenschaftliche Sehnsucht nach Freiheit ist in die ganze Schöpfung hineingelegt: Der Sämling durchbricht die schützende Hülle, in der er in die Erde gelegt wurde; die Gazelle flüchtet vor einem Raubtier; das Eichhörnchen springt hoch über der Erde auf einen entfernten Ast, um sich vor seinen Konkurrenten zu schützen.

Seit dem Sündenfall haben Menschen andere Menschen benutzt, um ihre Ziele zu erreichen. Seit Gründung des ägyptischen oder römischen Reichs bis hin zum gegenwärtigen Konflikt zwischen Serben und Kosovoalbanern haben die Starken immer die Schwachen ausgenutzt. Doch der Traum von der Freiheit lässt sich nicht durch Gewalt oder Manipulation ersticken. Früher oder später werden Menschen die Freiheit erringen, und manchmal zahlen sie einen hohen Preis dafür.

„Was geschieht mit einem Traum, den man noch nicht verwirklichen kann?", fragt Langston Hughes in einem eindrücklichen Gedicht.

Trocknet er aus
wie eine Rosine in der Sonne?
Oder schwärt er wie eine
nässende Wunde?

Stinkt er wie verwesendes Fleisch?
Oder bekommt er eine Zuckerkruste –
wie ein mit Sirup übergossenes Stück Kuchen?
Vielleicht hängt er einfach schlaff herunter
wie eine schwere Last.
Oder explodiert er?

Das beste Beispiel unserer Zeit für die leidenschaftliche Sehnsucht nach Freiheit, die sich nicht unterdrücken lässt, ist die Reaktion der Menschen in einem Land, das nach dem Zweiten Weltkrieg von den Kommunisten übernommen wurde und sich DDR nannte.

Weil ein Großteil des Grund und Bodens enteignet und in kollektives Eigentum überführt wurde und weil private Unternehmen unterdrückt wurden, flohen Tausende von Menschen in den Westen. 1959 waren es 144 000. 1960 stieg die Zahl der Flüchtlinge auf 160 000, da sich die Situation noch weiter verschlechtert hatte. In den ersten sieben Monaten des Jahres 1961 verließen 207 000 Menschen das Land, darunter auch viele Akademiker – Ärzte, Zahnärzte, Ingenieure und Lehrer. Man schätzt, dass seit Gründung der DDR im Jahr 1949 bis 1961 etwa 2,7 Millionen Menschen dem Land den Rücken kehrten.

Am Sonntag, dem 13. August 1961, begann die DDR unter Leitung des damaligen ZK-Vorsitzenden Erich Honecker, Ostberlin mit Steinen, Barrikaden und Stacheldraht abzuriegeln. Eisenbahnen, S- und U-Bahnen durften die Grenze nicht mehr überqueren, und den etwa 60 000 Ostberliner Pendlern, die in Westberlin arbeiteten, war der Weg zu ihrer Arbeitsstelle regelrecht abgeschnitten. Einige Tage später begann die DDR-Führung mit dem Bau der Mauer.

Ein Jahr nach Errichtung der Grenzbefestigung wurde der 18-jährige Peter Fechter zum ersten der über hundert Opfer, die beim Versuch, die Grenze zu überwinden, getötet wurden. Doch als die Mauer immer höher wuchs, mehr und und mehr Grenzsoldaten eingesetzt wurden, der Todesstreifen hinter der Mauer immer breiter und die Gräben, die Fahrzeuge aufhalten sollten, immer tiefer wurden, stieg die Zahl der Fluchtversuche nur noch an.

Die Sektorengrenze in Berlin erstreckte sich über knapp 44 Kilometer, doch die Menschen überwanden sie, indem sie sie untertunnelten oder aus den Fenstern an der Grenze gelegener Häuser in ein Sprungtuch oder direkt auf den Bürgersteig sprangen. Bald ordnete die Regierung an, die Häuser zu evakuieren und die Fenster zuzumauern. Schließlich wurden die Häuser an der Sektorengrenze abgerissen. Armeelastwagen fuhren Patrouille, Wachhunde, Wachtürme, Bunker und Gräben vervollständigten die Grenzanlagen. Dann wurde hinter der eigentlichen Mauer noch die sogenannte Hinterlandmauer errichtet.

Trotzdem rissen die Fluchtversuche nicht ab.

Zwei Familien gelang eine aufsehenerregende Flucht. Sie kauften über eine ganze Zeit hinweg heimlich Nylonstoff – jedes Mal nur eine kleine Menge –, so viel, bis sie schließlich einen Heißluftballon daraus nähen konnten. Sie warteten bis Mitternacht, fuhren zu einem verlassenen Feld und ließen den Ballon steigen. 23 Minuten konnten sie sich in der Luft halten, bis der Brenner ausging – lange genug, um vier Erwachsene und vier Kinder in die Freiheit zu befördern. Daraufhin wurde der Verkauf von Nylonstoffen in Ostdeutschland eingeschränkt, Seile und Taue durften gar nicht mehr verkauft werden.

Niemand weiß ganz genau, wie vielen Menschen in den 28 Jahren, in denen die Berliner Mauer stand, die Flucht gelang. Die Mauer wurde zum Symbol für eingeschränkte Freiheit. Sie machte nicht nur freie Bewegung von Menschen und den Austausch von Ideen unmöglich, sondern wurde darüber hinaus zum Inbegriff der Grenzen, die der menschliche Geist überwinden will.

Es war ein Satz aus einer Rede des US-Präsidenten J. F. Kennedy während seines Berlinbesuchs im Juni 1962,

215

der diesem Freiheitsbedürfnis eine Stimme gab. Er verwarf die Rede, die ihm seine Redenschreiber geliefert hatten, und schrieb eine neue, während er durch die Westberliner Straßen fuhr, wo ihm zwischen ein und zwei Millionen Deutsche vier Stunden lang zujubelten. Am Checkpoint Charlie stieg er ganz allein auf die Aussichtsplattform. Plötzlich tauchten am Fenster einer Ostberliner Wohnung drei Frauen auf, die mit ihren Taschentüchern winkten – eine gefährliche und riskante Geste. Kennedy wusste das Risiko einzuschätzen und erwies ihnen seinen Tribut, indem er sie still anblickte. Dann richtete er sich auf und begann mit seiner Rede, in der er der Welt zurief, dass der Geist der Freiheit überall auf der Welt anzutreffen sei. Er schloss seine Rede mit den historischen Worten: „Ich bin ein Berliner!"

Wir alle sind im Grunde unseres Herzens Berliner, weil wir uns alle nach Freiheit sehnen. Die Welt ahnte, dass die Mauer nicht ewig Bestand haben könne. Sie stand von 1961 bis 1989, und doch sagten die drei Frauen in einem grauen Ostberliner Fenster und Kennedy mit diesem eindrücklichen Satz voraus, dass sie eines Tages in sich zusammenfallen würde.

Im Laufe der Geschichte haben Diktatoren und Philosophien immer wieder versucht, den menschlichen Geist zu versklaven. Blut floss in Strömen, um die Würde des Menschen wiederzugewinnen. Die Magna Carta, die Vereinbarung mit Zusatzartikeln zur amerikanischen Verfassung, die die bürgerlichen Grundrechte garantieren, die amerikanische Unabhängigkeitserklärung und die Emanzipationsproklamation von Abraham Lincoln, mit der die Abschaffung der Sklaverei in den USA in die Wege geleitet wurde, zeugen mit anderen Dokumenten von dem leidenschaftlichen Wunsch des Menschen nach Freiheit.

Doch kein Schriftstück hatte die Kraft, den Verlauf der Geschichte und das Leben einzelner Menschen so nachhaltig zu ändern wie die Erklärung, die das blutbefleckte

Siegel des Kreuzes trägt. Dieses Siegel wurde nicht auf ein Stück Papier gesetzt. Es ist auf allen Menschen zu finden, die von der Sünde versklavt wurden. Bei diesem Dokument handelt es sich um eine in schlichte Worte gefasste Einladung: „Kommt alle her zu mir, die ihr müde seid und schwere Lasten tragt, ich will euch Ruhe schenken" (Matthäus 11,28).

Gefängnisgitter, schwere Ketten, Kerker, Konzentrationslager und Fesseln – all das reicht nicht entfernt an die Versklavung des menschlichen Geistes durch den Vater der Lüge heran. Doch kein Freispruch, keine Abschaffung der Sklaverei, keine Vergebung kann uns solche Freiheit bringen, wie sie auf Golgatha erkauft wurde. Das ist wirklich Freiheit. Lasst das Lied der Freiheit erschallen!

Let Freedom Ring
Deep within, the heart has always known that there is freedom / Somehow breathed into the very soul of life / The prisoner, the powerless, the slave has always known it / There's just something that keeps reaching for the sky

Even life begins because a baby fights for freedom / And songs we love to sing have freedom's theme / Some have walked through the fire and flood to find a place of freedom / And some faced hell itself for freedom's dream

Let freedom ring wherever minds know what it means to be in chains / Let freedom ring wherever hearts know pain / Let freedom echo through the lonely streets where prisons have no key / We can be free and we can sing / "Let freedom ring"

God built freedom into every fiber of creation / And He meant for us to all be free and whole / But when my Lord bought freedom with the blood of His redemption / His cross stamped "Pardon" on my very soul

I'll sing it out with every breath and let the whole world hear it / This hallelujah anthem of the free / Iron bars and heavy chains can never hold us captive / The son has made us free and free indeed

Let freedom ring down through the ages from a hill called Calvary / Let freedom ring wherever hearts know pain / Let freedom echo through the lonely streets where prisons have no key / We can be free and we can sing / "Let freedom ring"

Lasst das Lied der Freiheit erschallen

Im Grunde unseres Herzens haben wir immer gewusst, dass Freiheit dem Menschen eingehaucht wurde. Der Häftling, der Machtlose, der Sklave – sie haben es immer gewusst: Etwas in uns streckt sich nach dem Himmel aus.

Sogar das Leben beginnt, weil ein Baby um die Freiheit kämpft, und die Lieder, die wir lieben, handeln von der Freiheit. Mancher ist durch Feuer und Wasser gegangen, um einen Ort zu finden, an dem er frei sein kann, und mancher hat um der Freiheit willen in die Hölle geblickt.

Lasst das Lied der Freiheit erschallen, wo immer man weiß, was es bedeutet, in Ketten zu liegen. Lasst das Lied der Freiheit erschallen, wo man den Schmerz kennt. Lasst das Lied der Freiheit in den einsamen Straßen widerhallen, wo es keinen Schlüssel für die Gefängnisse gibt – wir können frei sein und singen: „Lasst das Lied der Freiheit erschallen!" Gott hat die Freiheit in jede Faser seiner Geschöpfe hineingelegt, und er will, dass wir alle frei und heil sind. Doch als mein Herr mit seinem Blut für uns die Freiheit erkaufte und uns erlöste, setzte sein Kreuz den Stempel „Vergeben" auf meine Seele!

Ich singe es mit jedem Atemzug; die ganze Welt soll es hören – das große Halleluja der Befreiten! Eiserne Gitter und schwere Ketten können uns nicht gefangen halten; der Sohn hat uns wahrhaftig frei gemacht!

Lasst das Lied der Freiheit durch alle Zeitalter vom Hügel Golgatha erschallen. Lasst das Lied der Freiheit erschallen, wo man den Schmerz kennt. Lasst das Lied der Freiheit in den einsamen Straßen widerhallen, wo es keinen Schlüssel für die Gefängnisse gibt – wir können frei sein und singen: „Lasst das Lied der Freiheit erschallen!"

Text: Gloria Gaither
Melodie: William J. Gaither
Copyright © 1982 Gaither Music Company. Alle Rechte vorbehalten.

Oh, the Precious Blood of Jesus

Das kostbare Blut Jesu

Ich bin nicht sicher, wann ich in den Nachrichten zum ersten Mal von dem grausamen Axtmord an zwei Menschen in Texas hörte, begangen von einer 24-jährigen Frau und ihrem Freund. Sie waren in die Wohnung des Paares eingebrochen, um Motorradteile zu stehlen, wurden jedoch überrascht und brachten die beiden um. Als ich auf diese Geschichte aufmerksam wurde, war der Mann bereits im Gefängnis an einem Leberleiden gestorben, und die Frau hatte schon einige Jahre in der Todeszelle gesessen.

Ich erinnere mich noch daran, wie ich eines Abends durch die Fernsehprogramme zappte und dabei bei einem Interview mit dieser jungen Frau hängen blieb. Sie war ein hübsches Mädchen mit dunklen Haaren. Ihr Gesicht strahlte Ruhe aus, und sie beantwortete Fragen zu ihrem Verbrechen und den Lebensumständen, die zu der ganzen Geschichte geführt hatten. Sie war offenbar absolut aufrichtig und versuchte nichts zu entschuldigen, als sie die entsetzlichen Einzelheiten der Tat und die geistige Verfassung schilderte, in der sie sich zu der Zeit befunden hatte.

Dann begann sie dem Reporter davon zu erzählen, dass sich ihr Leben vollkommen geändert hatte, seit sie im Gefängnis Jesus begegnet war. Zunächst dachte ich: *Okay,*

219

schon wieder so eine Gefängnisbekehrung. Doch je länger ich zuhörte, desto mehr war ich überzeugt, dass diese Frau, die absolut nichts von Gott gewusst hatte, Jesus wirklich kennengelernt hatte. Sie redete über ihr Verbrechen, als sei es in einer anderen Zeit geschehen und von einer anderen Person begangen worden – einer Person, an die sie sich lebhaft erinnerte, von der sie jedoch nicht mehr behaupten konnte, mit ihr identisch zu sein.

Der Reporter fragte: „Sie haben für eine Gefangene in der Todeszelle einen eigenartigen Wunsch geäußert. Sie haben um ein Wörterbuch gebeten. Können Sie uns erklären, warum?"

Die junge Frau begann, von ihrer Kindheit zu erzählen. Schon früh hatte sie die Schule verlassen, war Prostituierte geworden und hatte Drogen konsumiert – genau wie ihre Mutter. Sie hatte sich niemals einen guten Wortschatz angeeignet oder besondere Kommunikationsfähigkeiten erworben. Doch nun, da Gott ihr Herz verändert hatte und sie Liebe gegenüber Menschen empfand, wollte sie in der Lage sein, mit angemessenen Wörtern davon zu erzählen, was er für sie getan hatte, wenn sich die Gelegenheit ergeben sollte.

Ich rief Bill herbei, damit er sich das Interview auch ansehen konnte. In der Stimme der jungen Frau lag etwas leise Drängendes, und doch strahlte ihre Miene Frieden aus. „Ich glaube, sie sagt die Wahrheit", sagte ich zu Bill. „Wenn ich jemals eine echte Bekehrung gesehen habe, dann hier."

In den folgenden Monaten meldeten sich immer wieder Fernseh-Kommentatoren zu Wort, die darüber spekulierten, dass Karla Faye Tucker ihren Glauben nur vorspiele, weil sie sich damit bessere Chancen auf eine Begnadigung ausrechnete. Andere meinten dagegen, dass sie mit dieser Bekehrungsgeschichte nichts zu gewinnen habe und sie ihr im Gegenteil schaden könne.

Doch die Bemerkung einer New Yorker Journalistin, die Karlas Weg 14 Jahre lang verfolgt hatte, fand ich besonders interessant. Sie schloss mit den Worten, dass sie nicht sagen könne, ob sie an Jesus glaube oder nicht; sie sei niemals ein religiöser Mensch gewesen. Doch nachdem sie diese Story von Anfang an verfolgt hatte, meinte sie: „Ich bin überzeugt, dass Karla an ihn glaubt." Sie war dabei, ein Buch über den Fall zu schreiben.

Im selben Winter wurde Karla Faye auch von Larry King interviewt. Er begann das Gespräch mit den Worten: „Unser Gast in der heutigen Sendung ist eine Dame, von der Sie vermutlich schon gehört oder gelesen haben. Sie heißt Karla Faye Tucker und ihre Hinrichtung durch die Todesspritze ist für den 3. Februar in diesem Gefängnis angesetzt."

Die Kamera zoomte auf King und seinen Gast.

King fuhr fort: „Wird es mit jedem Tag schlimmer?"

„Nein. Es wird mit jedem Tag ein bisschen aufregender."

„Interessante Wortwahl, Karla."

„Ja."

„In welcher Hinsicht wird es aufregender?"

„Einfach zu sehen, wie Gott die Dinge in die Hand nimmt ... es ist ein Segen, daran Anteil zu haben, und es ist aufregend zu wissen, dass Gott einen Plan und ein Ziel damit hat."

Danach sprachen sie über ihren Fall, ihre Lebensgeschichte und die Möglichkeit einer Begnadigung durch Gouverneur Bush. Ihre Chancen, noch in letzter Minute begnadigt zu werden, gingen gegen Null. Bush hatte noch nie einen Todeskandidaten in Texas begnadigt. Doch erstaunlicherweise brachte sie das Gespräch von all den Fragen, die sich um diesen Fall drehten, immer wieder auf das Wunder von Gottes Gnade zurück.

Sollte ihre Strafe nicht umgewandelt werden, fragte sie King schließlich nach einem fast einstündigen Gespräch, würde sie dann an ihrem Glauben zweifeln?

„Nein, bestimmt nicht", entgegnete sie.

„Wie würden Sie in diesen Raum gehen – ich vermute, es ist ein Raum, oder?"

221

„Ja."

„Mutig?"

„Ja", antwortete Karla. „Ich würde dort hineingehen und immer noch von Gottes Liebe sprechen. Ich meine, wenn er nicht ... wenn er zulässt, dass das passiert, ist es in Ordnung. Er hat mir schon das Leben gerettet. Und er hat mir eine zweite Chance gegeben. Ich habe sie nicht verdient ... aber in seiner Gnade hat er sie mir gegeben, und ich gehe meinen Weg mit ihm, egal, was er jetzt mit meinem Leben vorhat. Ich bin einfach dankbar, dass ich eine Chance bekommen habe."

Am ersten Februarwochenende sollten wir bei einer zweitägigen *Homecoming*-Veranstaltung im *Fort Worth Convention Center* auftreten. Ich hatte den Fall aus den Augen verloren und nicht weiter daran gedacht – bis zu unserem ersten Konzert. Als wir vor dem Auftritt essen gingen, kamen wir an einem Zeitungskiosk vorbei. Ich sah die Schlagzeile: „Texas richtet Axtmörderin Karla Faye Tucker hin." Ich blieb stehen, um die ersten Sätze zu lesen.

„Huntsville (AP) – Karla Faye Tucker, die wiedergeborene Christin, die die Debatte um Bekehrungen unter Todeskandidaten wieder angeheizt hat, wurde am Dienstag wegen eines 1983 begangenen Axtmordes hingerichtet. Tucker, die erste Frau, die seit dem Bürgerkrieg in Texas hingerichtet wurde, wurde um 18:45 Uhr Ortszeit für tot erklärt, acht Minuten nach der tödlichen Injektion."

Am nächsten Abend gaben die *Homecoming Friends* wie gewöhnlich ihr Konzert. Bis zur Pause sangen verschiedene Künstler, und in der zweiten Hälfte kamen alle *Homecoming Friends* auf die Bühne, um zusammen zu singen.

Ich weiß nicht genau, wie ich es erklären soll; weder vorher noch jemals danach ist mir etwas Vergleichbares passiert. Bill bittet das Publikum immer, in den Gesang der Vortragskünstler einzustimmen. An diesem Abend aber, als Zuschauer und Sänger ein Lied anstimmten, hatte ich das Gefühl, es sei noch jemand bei uns, und zwar diese Frau, der ich niemals begegnet war – Karla Faye Tucker. Und sie lachte, lachte wie ein Kind, wenn es den Hügel hinunterrennt und in einen Laubhaufen springt oder sich vom Sprungbrett in den Swimmingpool stürzt.

Zunächst tat ich diese Eindrücke einfach als Ausgeburt meiner Fantasie ab, doch im Verlauf des Konzerts spürte ich noch drei Mal, als das Publikum und die Gruppe auf der Bühne gemeinsam sangen, dass diese Frau mit einstimmte und mit kindlicher Freude lachte.

Wie kann das nur angehen?, fragte ich mich. Was konnte das bedeuten? Als hätte Gott mir die Antwort eingeflüstert, begriff ich, dass sie nun endlich gemeinsam mit Gottes Familie singen konnte, und wenn die Familie sich in Jesu Namen versammelt hatte, konnte sie auch bei uns sein. Ob wir uns auf dieser Seite der Ewigkeit befinden oder auf der anderen, wenn die Familie in Jesu Namen zusammenkommt, sind wir alle beisammen; in ihm begegnen wir uns.

Am nächsten Tag flogen wir nach Hawaii, um das *Hawaiian Homecoming*-Video aufzunehmen. Die Küste unseres Aufenthaltsortes war mit großen schwarzen Felsblöcken bedeckt, vom Wasser bis zum Rasen vor unserem Hotel. Ein Trampelpfad schlängelte sich durch die Felsen. Weil wir uns im westlichen Teil der Insel befanden, bot der Rasen die perfekte Aussichtsplattform, um die spektakulären Sonnenuntergänge zu genießen.

Eines Abends nahm ich mein Tagebuch und einen Liegestuhl mit auf die Rasenfläche direkt vor den zerklüfteten Felsen, um den Sonnenuntergang zu beobachten und aufzuschreiben, was ich an diesem Tag erlebt hatte. Tagsüber hatten Jogger und Hotelgäste ihren Abfall zwischen den Felsen entsorgt: Strohhalme, Papierservietten, kaputtes Spielzeug, Filmdosen. Am Abend lag überall Müll herum. Doch in jener Woche hatte ein Taifun vor der japanischen Küste gewütet, und obwohl das Wetter auf Hawaii schön war, schlugen die Wellen an diesem Abend mit der einbrechenden Flut mit solcher Gewalt gegen die Küste, dass die Gischt über fünf Meter hoch in die Luft wirbelte und ein kristallenes Band vor dem Scharlachrot der untergehenden Sonne schuf. Die gewaltige Kraft dieser Wellen löste den Dreck, der sich zwischen den Felsen verfangen hatte – selbst den Müll, der sich tief in den Spalten verkeilt hatte –, und die Felsen wurden sauber.

Als ich beobachtete, wie die Flut den verborgenen Abfall wegspülte, dachte ich an Karla und den Ozean der Gnade Gottes. *Ist sie wirklich grenzenlos?*, hatte ich mich oft gefragt, seit ich ihre Geschichte zum ersten Mal gehört hatte. Ist Gottes Gnade wirklich grenzenlos? Konnte Gott eine Axtmörderin in ein unschuldiges Kind verwandeln? Die Weite des Ozeans und die lauten Flutwellen im scharlachroten Sonnenuntergang schienen meine Frage mit Bestimmtheit und Autorität zu beantworten.

Ich unterbrach meine Tagebucheintragung und begann, auf die nächste frische Seite zu schreiben. Die Worte flossen mir fast schneller aus der Feder, als ich schreiben konnte.

Wie kein Stein dem Sturm entkommt, so gibt es auch keine Sünde, die die Liebe nicht aufspürt, auch wenn sie sich in den Felsspalten verbirgt, tief in unseren Gedanken.

Sein teures Blut gab er hin, ruhelos fließt es, wie Meereswogen, und wäscht mein verfinstertes Inneres rein, reinigt mich und gestaltet mich um.

Es war eine befreiende Antwort: Die Gnade erschöpft sich nie. Nicht für Karla. Nicht für mich.

Oh, the Precious Blood of Jesus

Fathomless the depths of mercy / Endless flow the tides of grace / Shore to shore His arms of welcome / Sky to sky His warm embrace

Oh, the precious blood of Jesus / Oh, the sea of His great love / This shall be my song forever / Earth is mine, and heav'n above

As no stone escape the tempest / There's no sin love's waves can't find /
Hiding in the buried crevice / Deep within the human mind

His dear blood so free and costly / Restless, rolling like the sea / Washes
over my dark spirit / Cleansing and transforming me

Oh, the precious blood of Jesus / Oh, the sea of His great love / This shall
be my song forever / Earth is mine, and heav'n above

Das kostbare Blut Jesu

*Unergründliche Tiefe der Barmherzigkeit – endlos fließt der Strom der
Gnade. Von Küste zu Küste breitet er die Arme aus, um mich willkommen zu heißen – von Himmel zu Himmel schließt er mich in die Arme.*

*Kostbar ist das Blut Jesu, groß wie das Meer seine Liebe! Dieses Lied soll
nie aufhören. Die Erde gehört mir und der Himmel auch.*

*Wie kein Stein dem Sturm entkommt, gibt es auch keine Sünde, die die
Liebe nicht aufspürt, auch wenn sie sich in den Felsspalten tief in unseren Gedanken verbirgt.*

*Sein teures Blut gab er hin, ruhelos fließt es, wie Meereswogen, und
wäscht mein verfinstertes Inneres rein, reinigt mich und gestaltet mich
um.*

*Kostbar ist das Blut Jesu, groß wie das Meer seine Liebe! Dieses Lied soll
nie aufhören. Die Erde gehört mir und der Himmel auch.*

Text: Gloria Gaither
Melodie: William J. Gaither und Woody Wright
Copyright © 2000 Gaither Music Company und Would He Write Songs (Rechte verwaltet
durch das Gaither Copyright Management). Alle Rechte vorbehalten.

Dream on

Hört nicht auf zu träumen

Heute Morgen wachte ich mit einem Lied auf den Lippen auf – *Whispering Hope* (dt.: „Flüsternde Hoffnung"). Warum ausgerechnet dieses alte Lied aus meinem Gedächtnis gekrochen war, weiß ich nicht, auf jeden Fall war es passiert. Als ich die Augen öffnete, hatte es sich bis in mein Bewusstsein vorgearbeitet, und ich summte es vor mich hin.

Ich wunderte mich darüber. Ich war etwas deprimiert schlafen gegangen – deprimiert von den Erwartungen anderer und meinen eigenen Leistungen –, und das ist nicht gerade ein fruchtbarer Boden für Hoffnung. Außerdem war mir dieses alte Lied früher, als man mich alles andere als eine reife Christin hätte nennen können, immer etwas oberflächlich vorgekommen. Es hat keine Ecken und Kanten, fand ich damals, und inhaltlich war es meiner Meinung nach flach.

Also habe ich den heutigen Tag damit verbracht, mir den alten Text noch einmal anzusehen und Abbitte zu leisten, weil ich ihn als junger Mensch vorschnell beurteilt hatte und mir damals die – wie ich heute finde – tiefen und lebensspendenden Wahrheiten entgangen waren.

Sanft wie die Stimme eines Engels, haucht die Hoffnung eine nie zuvor gehörte Lektion. Mit sanfter Überzeugungskraft flüstert sie die tröstenden Worte: „Warte, bis die Dunkelheit vorüber ist, warte, bis der Sturm abgeflaut ist. Hoffe auf den Sonnenschein morgen, wenn der Regen aufgehört hat." Flüsternde Hoffnung, wie sehr heiße ich deine Stimme willkommen, und mein Herz, das voller Sorge war, jubelt.

Vor einigen Jahren verlor meine Freundin Peggy ihren 34-jährigen Sohn – einen groß gewachsenen, gut aussehenden, humorvollen, starken Mann, der sich gerne in der freien Natur aufhielt. Niemand weiß genau, wie es geschah, doch was als Wandertour durch eines seiner Lieblingsgebiete in den Bergen von Tennessee begann, endete als Albtraum. Ein Förster klingelte an Peggys Haustür und teilte ihr mit, dass man Toms Leichnam am Fuß eines nassen, rutschigen Felsens gefunden habe.

Bill und ich haben einen starken, humorvollen, erwachsenen Sohn, den ich so lieb habe, wie Peggy Tom lieb hatte. Ich versuchte mir vorzustellen, wie Peggy nach einem solchen Verlust mit der Verzweiflung fertig werden könnte. Ich bin nicht sicher, ob ich das geschafft hätte. Alle gut gemeinten freundlichen Worte, mitfühlenden Briefe, um die Schultern gelegten Arme, Zusagen, man würde weiter für sie beten, Aufforderungen, alles Gott anzuvertrauen, der uns gemacht hat, würden es nicht ermöglichen, noch einmal aus dem Bett zu kriechen und einen weiteren Tag zu bestehen, an dem sich andere Leute an ihren Kindern und Familien freuen können.

Seit ich dieses Lied, das mir beim Aufwachen auf den Lippen lag, vor vielen Jahren zum ersten Mal hörte, habe ich die erstaunliche Kraft dieser „Hoffnung in uns" oft gesehen. Heute sehe ich sie in Peggy. Und langsam begreife ich, dass manche ganz unscheinbaren Wahrheiten uns am nachhaltigsten verändern und heilen können.

Ich bin dabei zu lernen, dass man Hoffnung nicht einfach durch eigene Willensanstrengungen hervorzaubern kann. Nein, Hoffnung ist wie Glaube, Liebe, Geduld und Vergebung eine Gabe Gottes. Es mag banal klingen, aber die Hoffnung wird uns wahrscheinlich morgens mit den geflüsterten Worten aufwecken: „Komm, geh mit mir; du kannst weitermachen!" Hoffnung ist eine Vision, ein Traum, eine Inspiration, die von irgendwo da draußen gleichsam auf die Leinwand unserer Seele projiziert wird.

Josef war jemand, dem Hoffnung geschenkt wurde. Obwohl ihn seine Brüder in die Sklaverei verkauft hatten und er damit auf einem Tiefpunkt seines Daseins angekommen war, schenkte ihm die Hoffnung den Traum, seine Familie würde sich eines Tages wieder mit ihm versöhnen. Selbst als er von

227

aller Welt vergessen im Gefängnis schmachtete, flackerte dieser Traum immer wieder auf.

Als kinderloser alter Mann wurde Abraham Hoffnung geschenkt, eine so starke Hoffnung, dass er den Feierabend damit verbrachte, eine Babywiege und einen Hochstuhl zu bauen.

Auch David wurde Hoffnung geschenkt. Wie an den Nachthimmel projiziert sah er einen Traum, der ihn aus dem Schafpferch holte und ihn schließlich in den Königspalast versetzte.

Maria wurde Hoffnung geschenkt, die ihr solche Gewissheit gab, dass sie auch die bittere Realität des blutbeschmierten Kreuzes aushalten konnte – bis hin zum leeren Grab und schließlich einer Hügelkuppe in Bethanien, wo sie Augenzeugin wurde, dass ihre Hoffnung – und die Hoffnung der ganzen Welt – wieder zu Gott zurückkehrte, der sie ihr geschenkt hatte.

Paulus' Begegnung mit der Hoffnung war alles andere als subtil. Es war kein nächtliches Geflüster. Nein, seine Vision erschütterte seine aufgeblasene fehlgeleitete Selbstgerechtigkeit derart, dass er angesichts dieser Ehrfurcht gebietenden Offenbarung erblindete.

Hoffnung – der zerbrechliche, sanfte, flüsternde, zähe, ausdauernde, Ehrfurcht gebietende Stoff, aus dem Träume gemacht sind – ist das Geschenk Gottes für zaghafte Herzen.

Kehrt zurück zur befestigten Stadt, ihr Gefangenen, eure Hoffnung wird nicht enttäuscht!
Sacharja 9,12

Dream on
When Joseph was a little boy, he was driven by his dreams / God spoke to him, told him that He'd chosen him / When others didn't understand, Joseph still believed / And trusted Him, trusted and was willing to...

Dream on / When the world just doesn't believe / God has promised never to leave you all alone / Dream on / Follow hope wherever it leads / In the seed of dreams there's promise of the dawn / Dare to listen for the music / Keep on following the star / Morning can't be far / Dream on

There's not a valley deep enough that He can't lead you through / He'll walk with you, walk the roughest roads with you / No mountain ever rose so high that you can't climb with Him / And stand up tall, stand up and look down on it all

Dream on / When the world just doesn't believe / God has promised never to leave you all alone / Dream on / Follow hope wherever it leads / In the seed of dreams there's promise of the dawn / Dare to listen for the music / Keep on following the star / Morning can't be far / Dream on

Hört nicht auf zu träumen

Als Josef noch ein kleiner Junge war, spornten ihn seine Träume an. Gott sprach zu ihm, sagte ihm, dass er ihn auserwählt habe. Als andere ihn nicht verstanden, hielt Josef noch am Glauben fest und vertraute Gott, vertraute ihm und hörte nicht auf zu träumen.

Hör nicht auf zu träumen, wenn die Welt dir keinen Glauben schenkt; Gott hat versprochen, dich niemals allein zu lassen. Hör nicht auf zu träumen, folge der Hoffnung, wo immer sie dich auch hinführt; der Traum ist ein Samenkorn, das die Morgendämmerung verspricht. Trau dich, der Musik zu lauschen, hör nicht auf, dem Stern zu folgen. Der Morgen wird nicht mehr lange auf sich warten lassen. Hör nicht auf zu träumen.

Kein Tal ist so tief, dass er dich nicht hindurchführen könnte. Er geht mit dir, begleitet dich auf schwierigen Wegen. Kein Berg ist so hoch, dass du ihn nicht mit ihm besteigen könntest, um den Gipfel zu erklimmen und auf alles hinunterzublicken.

Hör nicht auf zu träumen, wenn die Welt dir keinen Glauben schenkt; Gott hat versprochen, dich niemals allein zu lassen. Hör nicht auf zu

träumen, folge der Hoffnung, wo immer sie dich auch hinführt; der Traum ist ein Samenkorn, das die Morgendämmerung verspricht. Trau dich, der Musik zu lauschen, hör nicht auf, dem Stern zu folgen. Der Morgen wird nicht mehr lange auf sich warten lassen. Hör nicht auf zu träumen.

Text: Gloria Gaither
Musik: William J. Gaither und David L. Huntsinger
Copyright © 1984 Gaither Music Company und Songs of Praise (Rechte verwaltet durch EMI Christian Music Group). Alle Rechte vorbehalten.

Fully Alive

Ganz lebendig

Eines Morgens machte ich auf dem Weg zum Friseur im Café halt, um zu frühstücken und eine Tasse heißen Kaffee zu trinken. Ich wollte mir einen Moment Ruhe gönnen, bevor der Tag richtig begann und ich die vielen Aufgaben in Angriff nahm, die mich einen beträchtlichen Teil meiner Kraft kosten würden.

„Nur ein Ei und einen von den selbst gebackenen Keksen", sagte ich zu der Kellnerin, „und einen Kaffee, bitte." Ich gab ihr die Speisekarte zurück und vertiefte mich in mein Buch, das ich mitgenommen hatte, um meinen Verstand anzukurbeln.

Ich hatte kaum zwei Seiten gelesen, als sie mir auch schon das Frühstück brachte. Die ist aber schnell, dachte ich. Sie goss mir den Kaffee ein und fragte mich, ob es noch etwas sein dürfe. „Nein, danke, das ist alles", antwortete ich, und zum ersten Mal blickte ich ihr direkt in die Augen.

Sie lächelte. „Genießen Sie es", meinte sie und eilte davon, um jemand anders zu bedienen.

„Genießen Sie es." Diese Worte hingen wie ein Segensspruch in der Luft über meinem Ecktisch. Eigentlich waren sie sogar eine kleine Predigt. Der Geschmack eines frischen Eis und eines ofenwarmen Kekses. Die heiße Kaffeetasse in meinen Händen an einem stürmischen Tag. Die Farben und Formen, Düfte, Stimmen, die Musik, die mich umgab. „Genießen Sie es!"

Immer wieder fühlte ich mich an diesem Tag von dieser Einladung aufgemuntert und gesegnet. Als ich meinen Kopf beim Friseur in das Becken legte, um mir die Haare waschen zu lassen, stieg mir der Apfelduft des Haarfestigers in die Nase, ich genoss die Kopfmassage und das warme Wasser direkt aus dem Hahn, das meinen Kopf „segnete" – ein Luxus, der in weiten Teilen der Welt unbekannt ist. Zwei Wochen zuvor war ich aus einem Land zurückgekehrt, in dem es kaum Wasserhähne gab, mit denen man heißes und kaltes Wasser genau in der gewünschten Temperatur mischen konnte. Da begriff ich, dass diese einfache Vorrichtung wirklich ein Geschenk für eine viel beschäftigte Frau wie mich war.

„Oma!" Mein Enkel Jesse begrüßte mich glücklich, als ich aus dem Auto stieg. Seine kleinen Arme umschlangen mich, und dann bedeckte er mein Gesicht mit Küssen – er hatte gerade erst gelernt, beim Küssen richtig zu zielen. Ich konnte dieses wunderbare Kind hören, fühlen und sehen. Es gab mir das Gefühl, bewundert zu werden, so wie einen nur ein unschuldiges Kind bewundern kann. Ich war seine „Oma"!

Als Nächstes fuhr ich zum Supermarkt. Bill hatte mich gebeten, ihm weiße Trauben mitzubringen (Wir sollten wirklich in einen Weinberg investieren.). Die Obst- und Gemüseabteilung des neuen Marktes bot wirklich etwas fürs Auge – es war ein Karneval des Geschmacks, der Farben, Formen und Düfte –, und alles sah so frisch aus, als hätte man es gerade erst geerntet.

„Genießen Sie es!", hörte ich die Kellnerin in Gedanken.

Das Telefon klingelte. „Komm doch rüber zum Abendbrot, Mama." Es war unsere zweite Tochter, Amy, die gerade mit Andrew und ihrem kleinen Sohn Lee aus Birmingham zurückgekehrt war, wo sie Andrews Eltern besucht hatten.

231

„Wir wollen dir zeigen, was wir mit unserer Hütte gemacht haben." Das Telefon übertrug ihre Stimme so klar, als stünde sie in meiner Küche.

Ich sah vor dem Fenster über der Spüle den Frühlingsregen, der die Fliederbüsche und die gerade gepflanzten Geranien am Laternenpfahl wässerte. Zwei Kardinalspärchen flogen durch die mit Wein bewachsene Laube und landeten beim Vogelbad, wo sie Wassertropfen aufspritzen ließen, die sich mit den Regentropfen mischten.

Genieße diesen Augenblick!

Bill kam zur Hintertür herein und ließ einen Stapel Briefe auf den Küchentresen fallen. „Ist noch Suppe da?", fragte er und hob den Topfdeckel an. Kaum hatte er Atem geholt, schon erzählte er mir begeistert von dem neuen Video, das er gerade schnitt. Tränen traten ihm in die Augen, als er von den eindrücklichen spontanen Zeugnissen bei unseren letzten *Homecoming*-Filmaufnahmen erzählte. „Gott tut da etwas, das weit über unsere Kräfte hinausreicht", sagte er mit Ehrfurcht in der Stimme. „Wir haben einfach das Vorrecht, zur rechten Zeit am rechten Ort zu sein, um das mitzuerleben."

Genieße diesen Augenblick, dachte ich.

Im Laufe des Tages fühlte ich mich immer wieder wie Emily in Thornton Wilders Stück „Unsere kleine Stadt". Emily war bei der Geburt ihres ersten Babys gestorben. Doch sie konnte sich nicht mit ihrem frühen Tod abfinden, und ihr wurde der Wunsch erfüllt, einen Tag aus ihrem Leben noch einmal erleben zu dürfen. Man gab ihr den Rat, einen eher unwichtigen Tag zu wählen, weil sie ihn nicht nur noch einmal durchleben, sondern sich selbst auch dabei beobachten würde; der unwichtigste Tag ihres Lebens wäre noch wichtig genug. Emily suchte sich ihren zwölften Geburtstag aus. *Ein ganz normaler Tag,* dachte sie sich, *das ist wohl nicht zu viel verlangt.*

Doch als dieser ihrer Meinung nach ganz normale Tag seinen Lauf nahm, rührte sie gerade das Regelmäßige daran so an, dass sie es kaum ertragen konnte: der Duft frisch aufgebrühten Kaffees; das Gefühl des frischen Lakens auf ihrer jungen Haut, der Anblick ihrer Mutter, die in der Küche arbeitete, der Besuch des Nachbarsjungen George, der eines Tages ihr Mann und der Vater ihres Kindes sein sollte.

Schließlich überwältigte sie die Schönheit des ganz normalen Alltags: „Oh Erde", ruft sie aus, „du bist zu wunderbar, als dass jemand von dir Notiz nehmen würde."

Jesus wollte, dass auch wir uns von den Segnungen des Alltagslebens überwältigen lassen. Das war der Grund, weshalb er gekommen ist: „Ich bin gekommen, damit sie das Leben und volle Genüge haben sollen" (Johannes 10,10).

Jeder Tag, jeder Augenblick trägt so viel Ewigkeit in sich, dass wir die Freude kaum unterdrücken können, wenn wir uns darauf einlassen. Ich habe so eine Ahnung, dass genau das mit Mose geschah, als er den brennenden Dornbusch sah. Vielleicht führte Jahwe eine Laseroperation an seinen Augen durch, damit er sehen konnte, was schon immer da gewesen war, und Mose war von der Herrlichkeit Gottes so überwältigt, dass selbst der Boden, auf dem er stand, von der Heiligkeit Gottes erfüllt wurde, und die Büsche am Bergpfad brannten ebenfalls, um diese Herrlichkeit widerzuspiegeln. Was immer auch geschehen sein mag, diese Erfahrung mit dem brennenden Dornbusch schärfte vor dem Angesicht Gottes auch Moses Gespür für das Leid seines Volks.

Bills Vater erinnerte uns immer wieder: „Das hier ist nicht die Probe, Kinder. Es ist schon die Aufführung. Lasst sie euch nicht entgehen, während sie läuft." Schmerz und Freude, Gelächter und Tränen umgeben uns überall, wenn wir sie nur sehen und darauf reagieren können.

Einige Jahre zuvor hatten wir ein Lied geschrieben, das mir nun immer wieder durch den Kopf ging, während ich an meinem Kaffee nippte und die Regentropfen an der Fensterscheibe beobachtete. Eine Zeile darin lautete: „Ganz lebendig in deinem Geist, Herr, mach mich ganz lebendig." Ich habe in meinem Leben schon eine Menge Predigten gehört, doch die beste Predigt seit langem waren diese wenigen Worte einer viel beschäftigten Kellnerin, als sie mir eine Tasse Kaffee eingoss.

Gott hat uns diesen Tag geschenkt. Ich will ihn mir nicht entgehen lassen.

Genießen Sie ihn!

Fully Alive

Don't let me miss all the glory around me / Waiting for heaven someday to come / Open my eyes to miraculous Mondays / And make my feet march to eternity's drum

Fully alive in Your spirit / Lord, make me fully alive / Fully aware of Your presence, Lord / Totally, fully alive

Don't let me wait for some far-off forever / To say what I feel to the ones I hold dear / Risking the pain and the joys of loving / Keep me awake an alive while I'm here

Help me to see in this moment my calling / Don't let me wait for some „field far away" / Cries in my street, lives that are broken / Lord, let me see them and touch them ... today

Fully alive in Your spirit / Lord, make me fully alive / Fully aware of Your presence, Lord / Totally, fully alive

Ganz lebendig

Herr, hilf mir, dass ich mir die herrliche Welt um mich herum nicht entgehen lasse, während ich auf den Himmel warte; öffne mir die Augen für die Montage voller Wunder und lass meine Füße im Rhythmus der Ewigkeit marschieren.

Ganz lebendig in deinem Geist, Herr, mach mich ganz lebendig! Deiner Gegenwart bin ich mir ganz und gar bewusst, ich bin ganz lebendig!

Lass nicht zu, dass ich auf den St. Nimmerleinstag warte, um den Menschen, die mir lieb sind, zu sagen, was ich für sie empfinde. Ich will den Schmerz und die Freude der Liebe riskieren. Halte mich wach und am Leben, solange ich hier bin!

Hilf mir, in diesem Augenblick meine Berufung zu sehen, lass nicht zu, dass ich auf irgendeinen Zeitpunkt in der fernen Zukunft warte. Hilfeschreie in meiner Straße, ein zerbrochenes Leben – Herr, lass mich sie sehen und den Menschen helfen – heute!

Quicklebendig in deinem Geist, Herr, mach mich ganz lebendig! Deiner Gegenwart bin ich mir ganz und gar bewusst, ich bin ganz lebendig!

Text: Gloria Gaither
Melodie: William J. Gaither
Copyright © 1983 Gaither Music Company. Alle Rechte vorbehalten.

This Could Be the Dawning of That Day

Vielleicht dämmert jetzt jener Morgen herauf

Wir denken besonders dann daran, wenn das Land in einer Krise steckt. Dann hören wir, wie man über das Ende der Welt spekuliert und darüber redet, welche Ereignisse auf die Endzeit hinweisen.

Bill und ich haben einige solcher Krisen erlebt. Wir erinnern uns zum Beispiel an die Bombardierung von Hanoi und die Eskalation im Vietnamkrieg.

Als ich noch auf dem College war, hielt während der Kubakrise das ganze Land den Atem an und fragte sich, ob angesichts der internationalen Spannungen Atomwaffen eingesetzt würden (ob nun absichtlich oder durch Fahrlässigkeit).

Der Golfkrieg ließ uns über die Endzeitprophetien spekulieren, weil die in der modernen Kriegsführung eingesetzten

235

Waffen die Ölfelder des Nahen Ostens abfackeln und uns alle ins Jenseits befördern konnten. Wir begriffen, dass dieser Krieg tatsächlich wie die Schlacht von Harmagedon mit Soldaten auf Pferderücken und Mann gegen Mann ausgetragen werden könnte.

Im Laufe der letzten Jahrzehnte veranlassten uns die Bombenangriffe im Libanon oder die Terroranschläge in Syrien, auf den Golanhöhen oder in Tel Aviv mehr als einmal, das Buch Daniel oder die Offenbarung aufzuschlagen und dort Beschreibungen zu lesen, die denen in den Abendnachrichten glichen.

Mit einem Mal aber schlugen die Terroristen nicht mehr irgendwo auf der Welt zu, sondern in Oklahoma City, New York oder an Bord eines Flugzeugs, in dem ein Bekannter von uns hätte sitzen können.

Gegen Ende des 20. Jahrhunderts schien die Erde selbst müde geworden zu sein. Umweltverschmutzung und die unverantwortliche Nutzung ihrer Ressourcen hatten diesen großzügigen Planeten bis an die Grenzen beansprucht. Wie ein alternder Körper nähert sich die Erde Stück für Stück dem Zeitpunkt, da die Menschen, die anderswo eine neue Heimat gefunden haben, auf und davonfliegen werden, wie ein Geist, der der abgenutzten Hülle entflieht, und das Haus, das sie einmal bewohnt haben, zu Staub zerfallen lassen.

Wir können es spüren. Wie eine Erbsenschote könnte unser Planet explodieren – platzen und sich auflösen –, nachdem er seine Schuldigkeit getan hat.

Kein Wunder, dass in unserer Kultur Verleugnung und Verzweiflung an der Tagesordnung sind. Denjenigen, die alles in die vom Zerfall bedrohten Dinge investiert haben, stehen schwierige Zeiten bevor.

Doch wer zu Gott gehört, darf sich freuen. Die Verheißung, die uns gilt, gleicht der Spannung vor dem Countdown einer Rakete. Jedes Ereignis von Weltbedeutung ermutigt uns, materielle Dinge loszulassen und die Hoffnung zu ergreifen, die in uns ist. Je dunkler es in der Welt aussieht, desto heller brennt das Licht der Hoffnung.

Die heutige Gesellschaft betrachtet Warten mittlerweile als eine Form der Machtlosigkeit, wie es Robin Meyers in seinem Buch *Morning Sun on a White Piano* (dt.: „Morgensonne auf einem weißen Piano") ausdrückt. „Wir müssen etwas tun", ist, wie er sagt, die Maxime verzweifelter Menschen. Doch für diejenigen, die „eine Heimat haben, die nicht von Händen erbaut worden ist, sondern im Himmel und in der Ewigkeit liegt", ist das Leben „nur eine Reise, kein Ziel an sich". Wir leben, wie Meyers es ausdrückt, in dem Wissen, dass Hoffnung „die einzige Geisteshaltung ist, zu der es keine Alternative gibt".

Wir sind immer Pilger auf Wanderschaft gewesen, die einen Ort suchen, an dem ihre Seele ausruhen kann. Unsere Heimat, unser Zufluchtsort, war nie irgendein Gebäude, obwohl wir, solange wir auf dieser Erde leben, zeitweilig Wohnung darin nehmen. Nein, der Herr selbst war, ist und wird immer unser wahrer Zufluchtsort sein, ein Felsen, auf dem man sein Leben bauen kann. Wenn unser Planet zerfällt, wird nur er uns schützen können.

Wie schon der Psalmist sagte: „Du bist meine Zuflucht und mein Schutz, dein Wort ist meine einzige Hoffnung [...] Gib mir Halt, wie du es versprochen hast, damit ich lebe! Lass nicht zu, dass meine Hoffnung vergeblich ist." (Psalm 119,114.116). Wir verfallen also nicht in Depression, sondern sind mit gespannter Begeisterung erfüllt. Wo die Verzweiflung herrscht, brennt das Licht der Hoffnung heller, und das wird es tun, bis die Notwendigkeit, in Hoffnung zu leben, von der unglaublichen Realität eines neu heraufdämmernden Tages abgelöst wird.

Er öffnete uns den Weg des Vertrauens und damit den Zugang zur Gnade Gottes, in der wir jetzt festen Stand gewonnen haben. Nun haben wir Grund, uns zu rühmen, weil wir die gewisse Hoffnung haben, dass Gott uns an seiner Herr-

lichkeit teilnehmen lässt. Mehr noch: Wir rühmen uns sogar der Leiden, die wir für Christus auf uns nehmen müssen. Denn wir wissen: Durch Leiden lernen wir Geduld, durch Geduld kommt es zur Bewährung, durch Bewährung festigt sich die Hoffnung.
Römer 5,2–4; GN

Ja! Und amen.

This Could Be the Dawning of That Day

A parade began at Calvary / The saints of all the ages fill its ranks / O'er the sands of time they're marching to their King's great coronation / And this could be the dawning of that day

Nothing here holds their allegiance / They're not bound by shackles forged of earthly gold / Since that day they knelt at Calvary they've been pilgrims ever wand'ring / Just looking for a place to rest their souls

Oh, this could be the dawning of that grand and glorious day / When the face of Jesus we behold / Dreams and hopes of all the ages are awaiting His returning / And this could be the dawning of that day

All the saints are getting restless / Oh, what glorious expectation fills each face / Dream and hopes of all the ages are awaiting His returning / And this could be the dawning of that day

Oh, this could be the dawning of that grand and glorious day / When the face of Jesus we behold / Dreams and hopes of all the ages are waiting His returning / And this could be the dawning of that day

Vielleicht dämmert jetzt jener Morgen herauf

Auf Golgatha begann ein Festumzug; die Heiligen aller Zeitalter reihen sich ein. Über alle Zeiten hinweg marschieren sie zur Krönung ihres Königs und vielleicht dämmert jetzt jener Morgen herauf!

Nichts hier hält sie zurück, Fesseln, geschmiedet aus irdischem Gold, binden sie nicht. Seit jenem Tag, da sie auf Golgatha niederknieten, waren sie Pilger, auf der Suche nach einem Ort, an dem ihre Seele Ruhe findet.

Oh, heute könnte dieser große und herrliche Tag heraufdämmern, an dem wir Jesus von Angesicht zu Angesicht sehen! Träume und Hoffnungen aller Zeitalter erwarten seine Wiederkunft und heute könnte dieser Tag heraufdämmern.

Unruhe erfasst die Heiligen; auf jedem Gesicht zeichnet sich die Vorfreude ab! Träume und Hoffnungen aller Zeitalter erwarten seine Wiederkunft und heute könnte dieser Tag heraufdämmern.

Oh, heute könnte dieser große und herrliche Tag heraufdämmern, an dem wir Jesus von Angesicht zu Angesicht sehen! Träume und Hoffnungen aller Zeitalter erwarten seine Wiederkunft und heute könnte dieser Tag heraufdämmern.

Text: William J. und Gloria Gaither
Melodie: William J. Gaither
Copyright © 1971 Gaither Music Company. Alle Rechte vorbehalten.

*W*e'll Be There

Wir sind immer für dich da

An unserer Küchenwand hängt ein Schild, das wir dort angebracht haben, als unsere Kinder in der Mittelstufe waren und ich Bezirksmeister im Autotransport von Kindern war. Auf dem Schild ist zu lesen: „Wenn die Frau ins Haus gehört, was um alles in der Welt mache ich dann im Auto?"

Mir gefiel dieses Schild aus mehreren Gründen. Zunächst einmal macht es sich über die alberne Vorstellung lustig, dass ein gesunder Mensch, unabhängig von seinem Geschlecht, zu Hause zu bleiben hat. Zum anderen spottet es über die

239

allzu schlichte Vorstellung, dass die Rolle einer Frau als Liebhaberin, Gefährtin, Mutter und Hausfrau irgendwie dadurch definiert werden könnte, dass sie staubsaugt, den Geschirrspüler anwirft, Wäsche zusammenlegt und Kekse backt.

Eigentlich hatte ich vor, das Schild abzunehmen, sobald alle meine Kinder ihren Führerschein in der Tasche hatten. Doch leider brauche ich es immer noch als Hoffnungsspender, denn heute wimmelt es im Haus von einer neuen Generation von Kindern: unseren Enkeln und ihren Freunden. Heute fahre ich einen Kleinbus, mit dem man sieben Personen befördern kann, weil eine schöne großmütterliche Limousine weder genug Plätze noch genug Sicherheitsgurte bietet, wenn ich an manchen Tagen alle fünf Enkel auf einmal herumkutschieren muss.

Ich sitze immer noch oft im Auto – das heißt, wenn wir nicht gerade im Garten arbeiten, im Fluss fischen, Kreidebilder auf den Bürgersteig malen oder Sandwiches mit Erdnussbutter im Baumhaus verzehren. Bill und ich sind immer noch häufig unterwegs – allein und auch gemeinsam. Wir lieben unser Haus, haben jedoch vor langer Zeit entdeckt, dass füreinander da zu sein mehr bedeutet, als sich nur gemeinsam im Haus aufzuhalten.

Amy zum Beispiel ist Schauspielerin. Sie war schon immer eine Schauspielerin, auch schon bevor sie einen entsprechenden Abschluss an der Universität von Nebraska machte. Für sie da zu sein bedeutete, zu Theateraufführungen im ganzen Land zu fahren, das Haus nach Requisiten und Kostümen zu durchstöbern, und heute bedeutet es, ihre Kinder zu hüten, wenn sie und Andrew an einer Inszenierung arbeiten.

Für Benjy da zu sein bedeutete Diskussionen bis spät in die Nacht zu führen. Diskussionen über Songideen, über die Berufswahl und über langfristige Träume. Mit ihm fuhren wir zum Angeln und zu Rockkonzerten. Dadurch habe ich etwas über Animationstechniken, Basketball, Gitarrenlicks und Filmdrehbücher gelernt.

Mit Suzanne besuchte ich gemeinsam Literaturkurse. Am Montagabend haben wir zusammen chinesisch gegessen und über Herman Melville diskutiert. Wir tauschen uns darüber aus, wenn wir einen großartigen Abschnitt in einem Roman lesen, eine neue unverbrauchte Metapher in einem Gedicht finden oder auf der Suche nach einem guten Thema oder Anlass für ein Lied sind.

Bill und ich glaubten früher, unsere Aufgabe als Eltern sei es, bis zu ihrem 18. Lebensjahr für unsere Kinder zu sorgen oder zumindest solange sie mit uns unter einem Dach leben. Inzwischen haben wir gelernt, dass Kinder einen nicht verlassen, sondern sich vermehren. Das Elterndasein ist eine lebenslange Aufgabe und ein lebenslanges Vorrecht. Das haben wir übrigens nicht von unseren Kindern, sondern von unseren Eltern gelernt. Bis zu ihrem Tod waren sie für uns da und noch darüber hinaus, denn wir zehren immer noch von ihrer Weisheit und ihrem Vorbild.

Wir haben gelernt, dass der Schlafmangel, wenn unsere Babys Tag und Nacht durcheinanderbringen und Koliken ihr Verdauungssystem plagen, nichts gegen die schlaflosen Nächte ist, wenn unsere Kinder später einmal „zu Tode betrübt sind", nichts gegen die eigene innere Unruhe, weil wir nicht wissen, wo unsere Kinder geistlich stehen.

Wir haben gelernt, dass Gebet nicht die *letzte* Zuflucht ist, wenn wir nicht mehr aus noch ein wissen. Es ist unsere *einzige* Zuflucht, die uns wunderbare Ruhe in der Gewissheit schenkt, dass Gott Antwort genug ist.

Wir haben gelernt, dass wir unseren Kindern nichts Besseres mitgeben können als unsere Liebe zueinander und unser Versprechen, in den tiefen Tälern des Lebens zueinander zu stehen, bis der Tod uns scheidet.

Über und unter allem, neben allem und alles umfassend steht Gottes Verheißung, dass er für uns alle da ist. „Ich werde dich nie verlassen und dich nicht im Stich lassen" (Hebräer 13,5) – diese Worte gehören zu den wunderbarsten, die jemals geschrieben wurden. Und sie wurden von dem einzigen Menschen geäußert, der immer die Wahrheit sagte.

Wenn wir uns versprochen haben, als Familie füreinander da zu sein, kann das auch bedeuten, dass wir räumlich getrennt sind, füreinander beten, jederzeit angerufen werden können, geduldig sind und warten können oder einfach bereit sind, noch ein Weilchen zu bleiben. Oft bedeutet es, Schmerzen auszuhalten. Und würden Sie es glauben? Manchmal bedeutet es, zu Hause zu bleiben und Kekse zu backen.

We'll Be There

We'll be there / When you sleep through the night / We'll be there / When you need to hold us tight / For the first step you take / And the first time you make it / Clear to the top of the stairs / When you learn who you are / When you wish on a star / We'll be there

We'll be there / When your words turn into thyme / We'll be there / Read you stories at bedtime / When you play in the park / When you're scared of the dark / When you learn how to pray your first prayer / Through the thunder and storm / When it's cold or it's warm / We'll be there

We'll be there / When you skin up your knees / We'll be there / When you climb to the top of the trees / We will teach you to hike / Ride a two-wheeled bike / Build a kite that will soar in the air / When you wade in the streams / When you dream your first dreams / We'll be there

We'll be there / When you try out your wings / We'll be there / When you're questioning ev'rything / When you learn how to choose / When you try and you lose / And you find that the world is unfair / When you stand or you fall / You can know through it all / We'll be there

We'll be there / When you think you're alone / We'll be there / Pro'bly waiting to use the phone / When you're out on a date / And you get home too late / And you quietly slip up the stairs / Though you might never guess / We're awake; we won't rest / Till you're there

We'll be there / When you're out on your own / We'll be there / So proud of the way you've grown / Thanking God ev'ry day / That He sent you our way / And He trusted you once to our care / And wherever you roam / You can always come home / We'll be there

Wir sind immer für dich da

Wir sind für dich da, wenn du schläfst. Wir sind für dich da, wenn du jemanden brauchst, der dich ganz fest in den Arm nimmt. Bei deinem ersten Schritt und wenn du es zum ersten Mal ganz allein die Treppe hinaufschaffst, wenn du lernst, wer du bist, wenn du dir bei einer Sternschnuppe etwas wünschst, sind wir für dich da.

Wir sind für dich da, wenn du an Reimspielen Gefallen findest. Wir sind für dich da und lesen dir Gutenachtgeschichten vor. Wenn du im Park spielst, wenn du Angst im Dunkeln hast, wenn du dein erstes Gebet lernst. Bei Sturm und Gewitter, sei es heiß oder kalt, sind wir für dich da.

Wir sind für dich da, wenn du dir die Knie aufschlägst. Wir sind für dich da, wenn du auf Bäume kletterst, wir gehen mit dir wandern und bringen dir das Radfahren bei, bauen mit dir einen Drachen, der durch die Luft braust. Wenn du durch den Bach watest, wenn du deinen ersten Traum hast, sind wir für dich da.

Wir sind für dich da, wenn du flügge wirst. Wir sind für dich da, wenn du alles infrage stellst. Wenn du lernst, Entscheidungen zu treffen, wenn du Dinge ausprobierst, dir etwas nicht gelingt und du das Gefühl hast, die ganze Welt sei ungerecht. Ob du stehst oder fällst – du sollst wissen, dass wir immer für dich da sind.

Wir sind für dich da, wenn du glaubst, du seist allein. Wir sind für dich da und warten darauf, dass wir vielleicht auch mal das Telefon benutzen können. Wenn du mit einem Freund ausgehst und viel zu spät nach Hause kommst, leise die Treppe hochschleichst – du würdest es niemals vermuten, aber wir sind noch wach; wir können erst einschlafen, wenn du wieder da bist.

Wir sind für dich da, wenn du auf eigenen Füßen stehst. Wir sind für dich da und stolz darauf, was aus dir geworden ist. Wir danken Gott jeden Tag, dass er dich uns geschenkt und anvertraut hat. Wo immer du bist, du kannst jederzeit nach Hause kommen; wir sind für dich da.

Text: Gloria Gaither
Melodie: William J. Gaither
Copyright © 1983 Gaither Music Company. Alle Rechte vorbehalten.

I Wish You

Ich wünsche dir

Unsere Tochter Suzanne feierte ihre Schulabschlussparty. Familie, Freunde und Verwandte, Schulkameraden und ehemalige Lehrer versammelten sich unter der großen Weide am Bach, um Bowle zu trinken und Himbeertorte zu essen. Suzanne packte die Geschenke aus, die auf dem Tisch unter dem Partyzelt aufgebaut waren. Hier hatte sie gespielt, als sie noch ein Kind gewesen war. Viele Sommertage hatte sie damit verbracht, im Bach zu fischen und Schildkröten und Strumpfbandnattern zu fangen. Viele Familienabende hatten wir hier am Lagerfeuer verbracht und Hot Dogs und Marshmallows darin geröstet. Mit ihren ersten Freunden hatte sie hier an diesem Bach den Sonnenuntergang bestaunt.

Die Erinnerungen rannten förmlich über den grasbewachsenen Hügel und lugten hinter den Apfelbäumen im Obstgarten hervor. Bill und ich hörten zu, wie unsere Freunde unserer Tochter Erfolg als Schriftstellerin wünschten, Erfolg als Dichterin, eine glückliche Hand in ihrem gewählten Beruf und einen guten Uniabschluss.

Nach der Party, als die Gäste wieder ihrer Wege gegangen waren, setzten Bill und ich uns auf die Gartenschaukel. *Was würden wir ihr wünschen?*, fragten wir uns. Nicht Wohlstand, überlegten wir, und auch nicht Berühmtheit. Und Erfolg ist schwer zu definieren. Misserfolg wollten wir ihr auch nicht wünschen, obwohl wir wussten, dass wir manchmal aus unserem Versagen mehr lernen als aus unserem Erfolg. Und wir hatten erlebt, dass Wohlstand manche Leute kaputt gemacht hatte, manche ihn jedoch einsetzten, um Gutes zu tun und andere zu ermutigen.

Wir hofften, dass sie Jesus Christus immer besser kennenlernen und geistlich wachsen würde, so wie es direkt vor unseren Augen geschehen war, seit sie ihm ihr Leben übergeben hatte. Ja, Wachstum wollten wir ihr wünschen, doch wir wussten genau, dass das Sonnenschein und Regen, Erfolg und Misserfolg, Freude und Schmerz erfordern würde.

Wir würden ihr einen klaren Blick und Orientierungsvermögen wünschen. Wir würden ihr die Fähigkeit wünschen, Schmerzen, Leid und Probleme bei anderen Menschen wahrzunehmen, und das Mitgefühl, etwas dagegen zu unternehmen, wenn sie dazu in der Lage war. Am meisten jedoch wünschten wir ihr das, was Paulus sich für die Menschen erhofft hatte, die er in der neuen Gemeinde in Ephesus lieb gewonnen hatte. Dieser Bibelabschnitt war uns zu Hause sehr wichtig geworden, und nun, da wir nach den besten Worten suchten, um unsere Gefühle als Eltern auszudrücken, schienen keine Worte besser zu passen als diese:

Ich kann nur meine Knie beugen vor Gott, dem Vater, dem Vater von allem, was im Himmel und auf der Erde ist. Ich bete, dass er euch aus seinem großen Reichtum die Kraft gibt, durch seinen Geist innerlich stark zu werden. Und ich bete, dass Christus durch den Glauben immer mehr in euren Herzen wohnt und ihr in der Liebe Gottes fest verwurzelt und gegründet seid. So könnt ihr mit allen Gläubigen das ganze Ausmaß seiner Liebe erkennen. Und ihr könnt auch die ganze Liebe Christi erkennen – die größer ist, als ihr je begreifen werdet –, damit der Reichtum Gottes euch immer mehr erfüllt.
Epheser 3,14–19

Wir wollten sie vor allem beschützen, das ihr wehtun könnte, wussten jedoch genau, dass wir sie nicht unter einer Glasglocke aufwachsen lassen konnten. Die weiseste Wahl war, sie unserem Herrn anzubefehlen. Er hatte sie schließlich geschaffen und liebte sie mehr, als wir es je könnten.

I Wish You

I wish You some springtime / Some "bird on the wing" time / For blooming and sending out shoots / I wish you some test time / Some winter and rest time / For growing and putting down roots / I wish you some summer / For you're a becomer / With blue skies and flowers and dew / For there is a reason / God sends ev'ry season / He's planted His image in you

I wish you some laughter / Some "happy thereafter" / To give you a frame for your dreams / But I wish you some sorrows / Some rainy tomorrows / Some clouds with some sun in between / I wish you some crosses / I wish you some losses / For only in losing you win / I wish you some growing / I wish you some knowing / There's always a place to begin

We'd like to collect you / And shield and protect you / And save you from hurts if we could / But we must let you grow tall / To learn and to know all / That God has in mind for you good / We never could own you / For God only loaned you / To widen our world and our hearts / So we wish you His freedom / Knowing where He is leading / There is nothing can tear us apart

Ich wünsche dir

Ich wünsche dir den Frühling, dass du frei wie ein Vogel umherfliegen, blühen und Knospen treiben kannst; ich wünsche dir eine Zeit der Prüfung, Winter und Zeit zum Ausruhen, damit du wachsen und Wurzeln schlagen kannst. Ich wünsche dir den Sommer – denn du entwickelst dich noch – mit blauem Himmel und Blumen und Tau; denn es gibt einen Grund, warum uns Gott jede Jahreszeit schickt: Er hat uns nach seinem Bild gestaltet.

Ich wünsche dir Lachen, damit du dir's richtig gut gehen lassen kannst und deine Träume den passenden Rahmen haben. Ich wünsche dir aber auch Sorgen, einige Regentage und Wolken, aus denen zwischendurch die Sonne hervorlugt. Ich wünsche dir, dass du manchmal dein Kreuz tragen musst und auch mal verlierst, denn nur wer verliert, gewinnt. Ich wünsche dir Wachstum und dass du etwas lernst, damit kannst du überall anfangen.

Gerne würden wir dich abholen und gegen alles beschützen und vor Verletzungen bewahren, wenn wir könnten. Doch wir müssen dich erwachsen werden lassen, damit du lernen kannst, was Gott für dich zu deinem eigenen Vorteil geplant hat. Niemals dürfen wir dich als unser Eigentum beanspruchen, denn du bist nur eine Leihgabe Gottes, damit unsere Welt und unsere Herzen größer werden. Wir wünschen dir also Gottes Freiheit, das Wissen, wo er dich hinführt. Nichts kann uns auseinanderreißen.

Text: Gloria Gaither
Melodie: William J. Gaither
Copyright © 1977 William J. Gaither. Alle Rechte vorbehalten.

Welcome Back Home
Willkommen zu Hause

Ich frage mich oft, was die Mutter des verlorenen Sohns eigentlich die ganze Zeit gemacht hat, während ihr Junge weg war. Dem biblischen Gleichnis entnehmen wir, dass nur der Vater an dem entscheidenden Gespräch mit dem Sohn beteiligt war. Der junge Mann wollte, dass ihm sofort sein Erbe ausgezahlt würde. Dass er später mehr davon haben würde, konnte er nicht glauben.

Ich stelle mir vor, dass der Vater nach dem Gespräch ins Schlafzimmer gegangen und neben dem Bett zusammengebrochen ist, den Kopf in den Händen vergraben. Schluchzend mag er seiner Frau erzählt haben, dass er ihrem Sohn das Erbe vorzeitig ausgezahlt habe und dieser nun, gerade jetzt, dabei sei, seine Sachen zu packen und seinem Elternhaus den Rücken zu kehren.

Vor der Stimme der Vernunft hatte der junge Mann seine Ohren verschlossen; er wollte nicht hören, wie viel reicher er eines Tages sein würde, wenn er nur darauf vertraute, dass sein Vater die richtigen Investitionen tätigte und er ihm darüber hinaus, während sein Wohlstand mit jedem Tag wuchs, alles beibringen würde, was er nun auf die harte Tour lernen musste. Nein, das alles wollte er nicht hören. Er wollte seinen Anteil sofort ausgezahlt bekommen, nicht dann, wenn er zu alt wäre, den Reichtum zu genießen, so wie sein Vater.

Seine Mutter muss es innerlich zerrissen haben: auf der einen Seite der gesunde Menschenverstand des Vaters, auf der anderen Seite ihr eigenes Bedürfnis zu erfahren, was in ihrem Sohn eigentlich vorging. Er war kein schlechter Junge. Er war einfach nur unreif, und sie konnte sich noch gut daran erinnern, wie die Leidenschaft diesen Mann, den sie liebte, veranlasst hatte, Risiken einzugehen und im Glauben etwas zu wagen. Hatte er sie nicht schon geliebt, als sie noch ein naives und unerfahrenes Mädchen gewesen war? Was hatten sie damals schon von der Zukunft gewusst?

Sie spürte, wie es ihr das Herz zerriss. Sie war machtlos und konnte den Lauf der Dinge nicht anhalten.

Schweigend legte sie ihrem schwer atmenden Mann die Hand auf die Schulter. Was konnte sie sagen? Jetzt war es geschehen. Der Junge war schließlich juristisch gesehen ein Erwachsener, doch im Grunde ihres Herzens wusste sie genau, dass er, der er so behütet aufgewachsen war, wie ein Schaf unter die Wölfe geraten würde, ganz egal, wo er hinging. Er hatte ja keine Ahnung vom Leben!

Es kam ihr vor, als verstreiche der ganze Abend in Zeitlupe, wie der Traum, der sie verfolgte, seit sie ein Kind war, und in

dem sie versuchte, den Weg zum alten Bauernhaus hinunter-
zurennen, in dem sie aufgewachsen war. Irgendetwas, das sie
nicht sehen konnte, jagte ihr hinterher, und sie spürte, dass
dieses Etwas immer weiter aufholte, doch ihre Beine versagten ihr den Dienst, und irgendwie war sie nicht in der Lage,
um Hilfe zu rufen. Sie versuchte, zu laufen und zu schreien,
doch es gelang ihr nicht. Dann wachte sie schweißgebadet auf
und war nicht in der Lage, ihre Furcht genau zu benennen.

Diese Panik fühlte sie auch jetzt in sich aufsteigen. Sie
war gesichtslos, und doch konnte sie fast spüren, wie sie ihr
in den Nacken hauchte. Sie konnte nur beten, dass sich ihr
Sohn wieder eines Besseren besinnen würde, ehe ein Unglück geschah.

Der Junge ging. Seine Eltern standen da und blickten
ihm nach, bis er schließlich nur noch ein kleiner Punkt am
Horizont war und dann aus ihren Augen verschwand. Dann
machten sie sich wieder an die Arbeit. Gott sei gepriesen,
dass sie etwas zu tun hatten! Doch das Gefühl blieb, dass
irgendetwas noch in der Luft hing, dass all ihre Sätze mit
einem Fragezeichen endeten.

Der andere Sohn sorgte dafür, dass die Arbeit nicht zum
Stillstand kam. Auf ihn konnten sie sich immer verlassen,
und dafür waren sie dankbar. Die Preise für landwirtschaft-
liche Erzeugnisse blieben stabil. Die Ernten fielen gut aus,
doch ihr Wohlstand und der wirtschaftliche Erfolg erschie-
nen ihnen sinnlos. Ihr Leben war farblos und leer, ihre Tage
in düsteres Braun getaucht.

Oft ertappte die Mutter ihren Mann dabei, wie er beim
Sonnenuntergang auf der Veranda stand und auf den Punkt
am Horizont starrte, an dem ihr Sohn verschwunden war,
doch er sprach nie laut aus, wie sehr er seinen Sohn ver-
misste. Sie sehnte sich danach, über alles zu sprechen, was
ihr auf dem Herzen lag, doch ihr Mann machte nicht viele
Worte, und sie wusste, dass er die Entscheidung seines Soh-
nes, seinem Elternhaus den Rücken zu kehren, respektieren
würde.

In der Nacht, wenn alles im Haus still war und sie die regelmäßigen Atemzüge aller Bewohner hören konnte, schlich sie manchmal die Treppe hinunter und setzte sich auf die Bank am Fenster. Sie nahm den Federhalter zur Hand und schrieb Briefe, von denen sie wusste, dass sie sie nie abschicken würde – „in einem weit entfernten Land" war ja keine richtige Adresse. Manchmal kletterte sie auch aufs Dach. Dort konnte sie die Sterne sehen und die nächtliche Brise spüren. Hier bestand nicht die Gefahr, dass sie einer der Knechte oder eine Magd hören konnte, und auf den Schwingen des Windes schickte sie ihrem Sohn Botschaften, denn der Wind musste ja auch dorthin wehen, wo sich ihr Sohn befand. Und dann betete sie.

Ihr Mann sah ihn zuerst. Er stand in der offenen Veranda, wie so oft am Ende eines Tages und sah angestrengt zum Horizont. Er rief nach ihr. Konnte sie es auch sehen? Dieses Pünktchen, wo die Straße sich in der untergehenden Sonne verlor?

Zunächst sah sie nur das Flimmern der Hitze, das von dem frisch gepflügten Feld aufstieg. Nein, weiter rechts, neben der Lichtung – konnte sie es jetzt sehen?

Sie wagte nicht zu hoffen, doch die Gestalt, die allmählich immer größer wurde, war zweifellos ein Mann ... doch ihr Mann rannte schon den Feldweg zur Straße hinunter.

Welcome Back Home
Silence hid the anger as he took his promised pay / He would show them the could make it on his own / Then seething with resentment, he turned and walked away / Without a backward glance at what he'd known / And hurt was in the silence as he watched him fade from view / This son who'd brought him laughter, joy and tears / And thus began the waiting, the years without a word / The praying that someday he'd reappear

My son, I love you; You are forgiven / You still belong here; Won't you come home / The fam'ly's waiting to celebrate you / You are forgiven; Won't you come home

A figure in the distance is etched against the sky / A house, black-silhou-etted on the hill / A father stops – suspended – Oh, could it be his so / The son walks resolutely through the chill / The distance now is shorte-ned 'tween father and the son / The jolt of recognition jolts their pace / The paralyzing question hangs silent in the air / Then a father holds his son in sweet embrace

My son, I love you; You are forgiven / You still belong here; Won't you come home / The fam'ly's waiting to celebrate you / All is forgiven! Welcome back home

Willkommen zu Hause

Gesprochen: Mein lieber Sohn, kannst du hören, was ich dir schreibe? Zwar haben wir nichts von dir gehört, seit du an jenem Morgen das Haus verlassen hast, doch ist kein Tag vergangen, an dem wir nicht nach dir Ausschau gehalten und auf dich gewartet haben oder an deinem leeren Zimmer vorbeigegangen sind.

Ganz egal, wo du dich gerade aufhältst: Ich wünsche mir so sehr, dass du weißt: Du bist unser geliebtes Kind, und wir haben dir vergeben, noch bevor du darum gebeten hast. Ich weiß, dass der Weg, den du eingeschlagen hast, nur Sorgen und Schmerzen für dich bereithält. Wie kann ich dich wissen lassen, dass wir mit dir leiden? Ich weiß, dass der Weg, den du eingeschlagen hast, dich einsam und ängstlich machen wird. In der Nacht, wenn die Stille dein einziger Gefährte ist, nachdem alle Menschen, die dich ausnutzen, gegangen sind, darfst du wissen, dass du nicht allein bist.

Spürst du, wie unsere Arme dich halten? Wie wir jeden Abend unsere Augen über den Horizont schweifen lassen und im Dunst der Abenddämmerung nach dir Ausschau halten? Und auch wenn ich dir diesen Brief nicht schicken kann, schreibe ich ihn in den Wind, in jeden Sonnenunter-gang ist er eingraviert, das Gras auf der Wiese flüstert ihn dir zu. Ganz egal, wie weit du gehst, du bist unser Sohn, und nichts, was du tust, keine Entfernung, die zwischen uns liegt, und keine Entscheidung, die du triffst, kann uns davon abhalten, dich zu lieben.

Schweigen verbarg den Zorn, als er das ihm versprochene Geld nahm. Er würde ihnen schon zeigen, dass er allein zurechtkam. Dann wandte er ihnen voller Groll den Rücken zu und ging, ohne sich noch einmal umzusehen nach all dem, was er so gut kannte. Schweigend beobachteten sie, wie er aus ihren Augen verschwand – das tat weh –, ihr Sohn, der ihnen Freude bereitet, Lachen und Tränen gebracht hatte. So warteten sie, jahrelang, ohne ein Wort zu sagen, und sie beteten, dass er eines Tages wiederkommen würde.

Mein Sohn, ich liebe dich; ich habe dir vergeben. Du gehörst immer noch hierhin. Willst du nicht nach Hause kommen? Die Familie wartet nur darauf, deine Rückkehr zu feiern. Dir ist vergeben; willst du nicht nach Hause kommen?

In der Ferne zeichnet sich eine Gestalt gegen den Himmel ab. Die schwarze Silhouette eines Hauses auf dem Hügel. Der Vater hält inne, schluckt. Könnte das sein Sohn sein? Zielstrebig geht der Sohn durch die Abendkühle. Vater und Sohn kommen sich immer näher. Der Schock, als sie sich wiedererkennen, verlangsamt ihren Schritt. Die lähmende Frage hängt in der Luft, und dann umarmt der Vater seinen Sohn.

Mein Sohn, ich liebe dich; ich habe dir vergeben. Du gehörst immer noch hierhin. Willst du nicht nach Hause kommen? Die Familie wartet nur darauf, deine Rückkehr zu feiern. Alles ist vergeben! Willkommen zu Hause!

Text (Lied und Lesung): Gloria Gaither
Melodie: William J. Gaither und Richard Smallwood
Copyright © 1987 Gaither Music Company und Century Oak/Richwood Music (Rechte verwaltet von MCS Music America, Inc.). Alle Rechte vorbehalten.

*E*ven So, Lord Jesus, Come

Komm, Herr Jesus

Viele unserer Lieder wurden geschrieben, als wir noch sehr jung waren. Ich war kaum 21, als mich einer der letzten Verse in der Offenbarung zu dem Lied *Even So, Lord Jesus, Come* inspirierte. „Derjenige, der dies alles bezeugt, sagt: „Ja, ich komme bald!", schreibt Johannes und fügt dann eine ganz persönliche Bemerkung hinzu: „Amen! Komm, Herr Jesus" (Offenbarung 22,20).

Bill und ich glaubten damals, wir verstünden diese Verse, und sie bewegten uns dazu, unser persönliches „Amen! Komm, Herr Jesus" zu schreiben. Doch wie bei vielen unserer Lieder mussten wir noch viel mehr darüber lernen, was Gott uns alles gegeben hatte. Nur Zeit und Erfahrung konnten uns ein tieferes und umfassenderes Verständnis dessen schenken, was wir gerade einmal im Ansatz begriffen hatten.

Gott gebrauchte unsere Tochter Amy, die zu dem Zeitpunkt, als das Lied entstand, noch nicht einmal geboren war, um uns dieses Lied neu verstehen zu lassen.

Kurz bevor Kinder schlafen gehen, öffnen sie ihr Herz oft den Erwachsenen in ganz besonderer Weise. Nicht lange, aber lang genug, um einen Blick in ihr Denken und Fühlen erhaschen zu können. Wer könnte einer solchen Gelegenheit widerstehen? Denn die Geheimnisse, die uns Kinder in diesen flüchtigen Augenblicken mitteilen, sind in der Tat etwas ganz Besonderes.

„Mama", meinte die fünfjährige Amy eines Abends zu mir, nachdem wir lange genug gekuschelt hatten, dass sie mir die Tür ihres Herzens öffnen konnte. „Mama, wenn wir sterben ... wenn wir sterben, kommen wir dann in den Himmel oder kommt der Himmel zu uns?"

Ich wartete und versuchte, die Bedeutung dieses Schatzes zu erfassen, der mir gerade in die Hände gelegt worden war.

„Ich meine, glaubst du an diese Wagen, Mama?"

„Die Bibel spricht von Wagen, Liebes", begann ich vorsichtig. „Manche Leute haben erzählt, dass sie sie in sogenannten Visionen gesehen haben. Ich weiß nicht, ob sie richtige Wagen gesehen haben oder ob sie dieses Wort nur benutzt haben, weil sie nicht wussten, wie sie sonst beschreiben könnten, was sie gesehen haben. Warum fragst du?"

„Also, eigentlich will ich wissen, ob wir mit irgendeinem Wagen in den Himmel fahren oder ob der Himmel zu uns kommt." Sie hielt einen Augenblick inne und dachte nach. Dann sagte sie: „Ich glaube, wenn wir noch hier sind, hält das den Himmel zurück, aber wenn wir sterben, kann er einfach zu uns kommen."

Das, was sie sagte, verschlug mir fast den Atem. Ich konnte kaum etwas sagen. Ich murmelte irgendetwas wie: „Vielleicht hast du recht, Liebes, vielleicht hast du recht", und küsste ihre schläfrigen Augen. Ich spürte, wie sich die Tür zu ihrem Herzen wieder leise hinter mir schloss, während sie ins Reich der Träume entschwebte, doch diese großartige Wahrheit, die sie mich hatte sehen lassen, prägte sich mir für immer ein.

Die Einsicht, die sie gerade gewonnen und mir mitgeteilt hatte, war so klar, so schlicht. Natürlich! Es sind die Begrenzungen unseres Menschseins, die uns an diese Welt fesseln und den Himmel zurückdrängen. Doch wenn wir sterben, kann der Himmel zu uns kommen.

Während Amy friedlich schlief, machte ich mich in Gedanken auf eine Pilgerreise durch mein ganzes Leben – mit ihren Worten im Hinterkopf. Wenn wir zu Jesus kommen, beginnen wir, den Himmel hereinzulassen. Je mehr wir die Erde innerlich loslassen können, desto mehr Platz räumen wir der Ewigkeit ein. Das ist ein lebenslanger Prozess, in dem wir nach und nach immer mehr Lebensbereiche unserem Herrn übergeben, damit sie vom Himmel ausgefüllt werden.

Weil wir mit unserem Körper an diese Erde gefesselt sind, wird uns immer etwas vom Himmel in seiner ganzen Fülle trennen. Wir sind einfach nicht dafür ausgerüstet, ihn ganz in uns aufzunehmen. Wir könnten diese Herrlichkeit einfach nicht fassen. Doch wenn der Tod kommt, zerfällt unser Körper und der Himmel flutet herein. Die Ewigkeit, die in unserem Herzen begonnen hat, wird dann vollständig von uns Besitz ergreifen! Was für eine schöne, schlichte Art, das Geheimnis des Himmels aufzuklären!

Wieder einmal stand ich ehrfürchtig vor der Weisheit eines Kindes. Ich hatte hochtrabende Diskussionen über den Himmel gehört und mir schwierige theologische Theorien darüber zu Gemüte geführt, doch dies war ein ganz neues unverbrauchtes Bild. „Aus dem Munde der jungen Kinder und Säuglinge ..." (Psalm 8,3, L). „Gott hat das auserwählt, was in den Augen der Welt gering ist, um so diejenigen zu beschämen, die sich selbst für weise halten" (1. Korinther 1,27). Es ist eben nicht so, dass das Leben hier ist und der Himmel irgendwo im Jenseits. Der Himmel umgibt uns und wartet nur darauf, dass wir ihn erkennen und willkommen heißen.

Ich dachte an all die wunderbaren Augenblicke, in denen der Heilige Geist so nah war. In diesen Momenten hatte man einen Blick auf den Himmel erhascht und einen Zipfel davon in der Hand gehalten. Diese unglaublich gut schmeckenden Bissen, und trotzdem hatte man Hunger und Durst auf mehr. Wie oft ging es uns wie dem Psalmisten, der schrieb: „Wie der Hirsch nach Wasser dürstet, so sehne ich mich nach dir, mein Gott. Mich dürstet nach Gott, nach dem lebendigen Gott. Wann darf ich kommen und ihn sehen?" (Psalm 42,2–3). Genau wie der Hirsch brauchen auch wir frisches Wasser. Gott will, dass wir ihn selbst trinken, in großen Schlucken, die unseren Durst löschen. Wenn wir nach Wasser lechzen, dann deshalb, um uns weiter vorwärtszutreiben, hin zum lebendigen Wasser – damit wir begreifen, dass wir ohne dieses lebendige Wasser sterben!

Wie oft haben Bill und ich nach einer geistlichen Dürre, wenn wir an diese Erde gefesselt waren und unser Glaube blind und eng wurde, Gott darum gebeten, uns diese erfrischenden Augenblicke zu schenken, in denen wir wissen, dass der Himmel noch da ist, dass er an den Rändern dieser Zeit und Welt darauf wartet, uns zu überfluten und Besitz von uns zu ergreifen. Wie dankbar waren wir für den Zuspruch, dass der Tröster den Schleier lüften will, der den Himmel zurückhält, und genug davon hereinlassen will, um die Räume zu füllen, die wir mit den Schaufeln unseres Einsatzes eigenhändig ausgehöhlt haben.

Manchmal finden wir es schwierig, jemandem, der den Geschmack der Ewigkeit nicht kennt, ein Gefühl von dem Hunger und Durst zu vermitteln, die uns zu den kühlen Quellen und dem sättigenden Manna treiben. Es war für mich nicht immer einfach zu verstehen, warum sich Christen für Predigten und Lieder, in denen sie Gott feiern, begeistern. Doch jetzt, wo ich selbst davon geschmeckt habe, weiß ich, dass sich die größten Reichtümer, mit denen sich unsere Welt brüsten kann, niemals auch nur mit einem kleinen Bissen der guten Dinge vergleichen können, die Gott für uns bereithält.

Amy hatte recht. Der Himmel umgibt uns und wartet nur darauf hereinzukommen. Eines Tages werden wir vollends die Realität dessen kennenlernen, was wir hier geglaubt haben. Am besten drückt es Paulus aus:

Jetzt sehen wir die Dinge noch unvollkommen, wie in einem trüben Spiegel, dann aber werden wir alles in völliger Klarheit erkennen. Alles, was ich jetzt weiß, ist unvollständig; dann aber werde ich alles erkennen, so wie Gott mich jetzt schon kennt. Glaube, Hoffnung und Liebe, diese drei bleiben. Aber am größten ist die Liebe.
1. Korinther 13,12–13

Even So, Lord Jesus, Come
In a world of fear and turmoil / In a race that seems so hard to run /
Lord, I need Thy rich infilling / Even so, Lord Jesus, come

When my eyes shall span the river / When I gaze into the vast unknown
/ May I say with calm assurance / "Even so, Lord Jesus, come"

Even so, Lord Jesus, come / My heart doth long for Thee / Tho I've failed
and betrayed Thy trust / Even so, Lord Jesus, come

Komm, Herr Jesus
In einer Welt voller Furcht und Aufruhr, in einem Rennen, das so schwer
zu bestreiten ist, bin ich darauf angewiesen, Herr, dass du mich füllst.
Komm, Herr Jesus.

Wenn ich meine Augen auf das andere Flussufer richte und ins Unge-
wisse schweifen lasse, kann ich doch voller Zuversicht sagen: „Komm,
Herr Jesus."

Ja, komm, Herr Jesus, mein Herz sehnt sich nach dir. Auch wenn ich ver-
sagt und dein Vertrauen missbraucht habe. Komm, Herr Jesus.

Text: William J. und Gloria Gaither
Melodie: William J. Gaither
Copyright © 1964 William J. Gaither. Alle Rechte vorbehalten.

$\mathcal{O}$ld Friends

Alte Freunde

Freundschaften gehören zu den wenigen menschlichen
Erfahrungen, die ein ganzes Leben lang andauern können.
Freundschaften, die so lange halten, sind ein seltener Schatz.
Vieles wurde darüber geschrieben, wie man Freundschaften
schließt, aufbaut und erhält. Darunter finden sich recht nied-

liche Vorschläge, wie zum Beispiel kleine Überraschungen unter dem Kopfkissen, Botschaften auf dem Steuerrad oder Karten, die man zu bestimmten Feiertagen verschickt. Doch die besten Freundschaften beginnen oft zufällig, zwischen zwei Menschen, die sich nicht besonders ähnlich sind, und sie entwickeln sich allmählich im Alltagsleben.

Wenn gute Freundschaften die Feuerprobe des Lebens bestehen, muss man sich nicht auf der Pelle hängen. Man führt nicht Buch darüber, wer wem wann den letzten Brief geschrieben oder den anderen zum Essen eingeladen hat. Gute Freunde sind nicht beleidigt, wenn der eine einmal zwei Tage, zwei Wochen oder zwei Monate nicht anruft. Wenn Sie sich das nächste Mal wieder sehen, setzen Sie einfach wieder da an, wo Sie beim letzten Mal aufgehört haben, so als sei überhaupt keine Zeit vergangen. Trotzdem wissen Sie, dass ein guter Freund jederzeit für Sie da ist, wenn Sie ihn brauchen.

Im Laufe der Jahre erlebt man es oft, dass ein Freund für einen da war oder man umgekehrt einen Freund in einer Krise begleitet hat. Diese Ereignisse sind wie silberne Fäden, die man sammelt und zu einem starken Band flicht, das die Freundschaft zusammenhält. In ihrem Buch *Friends for the Journey* (dt.: „Freunde für die Reise"), das sie zusammen mit Luci Shaw verfasst hat, schreibt Madeleine L'Engle: „Im Fernsehen bekommen wir Instant-Sex zu sehen. Doch Freundschaft braucht wie alle guten Dinge Zeit zum Reifen. Wir müssen an sie glauben, weil wir wie alle Menschen Fehler begehen, sogar im Umgang mit Menschen, die wir lieben (vielleicht auch vor allem bei diesen Menschen). Wir brauchen Großmut und Geduld und Liebe."

Im Buch der Sprichwörter in der Bibel liest man eine Menge über Freundschaft – darüber, wie man ein guter Freund ist oder wie man einen erkennt. Ein Freund ist zum Beispiel beständig und „flippt nicht aus", wenn das Fahrwasser unruhig wird. Der weise König Salomo drückte es so aus: „Ein Freund steht allezeit zu dir, auch in Notzeiten hilft er dir wie ein Bruder" (Sprüche 17,17; GN). Ein Freund lässt dich nicht im Stich, wenn sich deine Lebensumstände verändern, er igelt sich nicht ein, wenn Probleme auftauchen (seine, Ihre oder auch Probleme zwischen Ihnen). Im Gegenteil, ein Freund ist vor allem dann zur Stelle, wenn es Ärger gibt.

Ein Freund macht Ihnen nichts vor. Nein, ein wahrer Freund schätzt Sie genug, um Ihnen die Wahrheit zu sagen, selbst wenn er damit die Freundschaft riskiert. Nehmen Sie sich aber vor dem Schmeichler in Acht, der Ihnen erzählt, was für ein toller Typ Sie sind, der jede einzelne Ihrer Auffassungen teilt und jede Ihrer Handlungen lobt. So ein Mensch will etwas von Ihnen! Und er ist kein Freund. Es ist immer besser, einen ehrlichen Kritiker zu wählen als einen Menschen, der Sie manipuliert, indem er Ihnen Komplimente macht und scheinbar jeden Ihrer Wünsche erfüllt. In den Sprüchen wird es so ausgedrückt: „Ein Freund bleibt dein Freund, auch wenn er dir wehtut; ein Feind überfällt dich mit übertrieben vielen Küssen" (Sprüche 27,6; GN). Ein Freund mag und schätzt Sie, bevor, während und nachdem Sie „jemand" sind.

Ein Freund ist ein Heiler. Einen wahren Freund um sich herum zu haben, ist wie rissige Hände mit einer guten Creme einzureiben oder, wie ich gerne sage, Lancôme für die Seele. In Sprüche 27,9 steht: „Das Herz freut sich an Salbe und Räucherwerk, und süß ist der Freund, der wohlgemeinten Rat gibt" (L). Ein Freund lässt Sie als Mensch und als Christ wachsen. Ein wahrer Freund erweitert Ihren Horizont der Ewigkeit und lenkt Ihren Blick auf die Dinge, die in unserem Leben Bestand haben.

Ein guter Freund hilft Ihnen durch schwere Zeiten, doch dabei lässt er es nicht bewenden. Er oder sie wird Sie ermutigen, weiterhin Dinge zu tun, die gut und wahr sind und Bestand haben. Paulus erwies sich als ein solcher Freund, als er schrieb:

Und nun, liebe Freunde, lasst mich zum Schluss noch etwas sagen: Konzentriert euch auf das, was wahr und anständig und gerecht ist. Denkt über das nach, was rein und liebenswert und bewunderungswürdig ist, über Dinge, die Auszeichnung und Lob verdienen. Hört nicht auf, das zu tun, was ihr von mir gelernt und gehört habt und was ihr bei mir gesehen habt; und der Gott des Friedens wird mit euch sein.
Philipper 4,8–9

Schließlich und endlich ist es gut, sich daran zu erinnern, dass auch der beste menschliche Freund nicht vollkommen ist. Doch *einen* Freund gibt es, der Sie niemals enttäuscht, immer die Wahrheit sagt und Sie nicht im Stich lässt, wenn es hart auf hart kommt. Dieser Freund hätte uns zu Knechten, Untertanen, Untergebenen berufen können – schließlich war er ja Gott, der zu uns auf die Erde gekommen war. Aber (und das hat er selbst gesagt) er entschloss sich, uns Freunde zu nennen! Gott betrachtet uns als seine Freunde!

Bill und ich wurden in unserem Leben reich beschenkt. Wir lieben einander. Wir haben das Vorrecht genossen, drei Kinder großzuziehen. Wir haben die ganze Welt bereist und manchen wunderschönen Ort gesehen. Wir haben fantastische Erfahrungen gemacht. Doch der größte Schatz sind die wunderbaren, treuen, ehrlichen, langjährigen Freunde und die Freude, Hand in Hand mit dem durchs Leben zu gehen, der sich entschieden hat, Bill und Gloria Gaither seine Freunde zu nennen.

Danke Herr, für Freunde.
Durch alle Lebensabschnitte begleiten uns gute Freunde. In Schönheit und Vitalität, in Zeiten, in denen Kraft und Jugend verloren gehen, bei bahnbrechenden Erfolgen und bei beschämendem Versagen – Freunde bleiben da.
Freunde geben, wenn Not herrscht – sie feiern und freuen sich mit uns, wenn Überfluss herrscht. Sie lachen über un-

*sere Witze und unsere Marotten. Sie weinen mit uns, wenn
wir trauern und bekümmert sind. Freunde bücken sich nach
den Stücken, die wir liegen gelassen haben, legen sich ins
Zeug, wenn wir nachlässig werden, und begleichen die
Rechnung, wenn wir nicht genug in der Tasche haben. Sie
haben ein offenes Ohr, wenn wir ihnen etwas erzählen ...
und sie hören genau hin, wenn wir schweigen. Sie lieben
unsere Kinder, tolerieren unsere Hunde und akzeptieren
unsere Ehepartner.*

*Herr, ich möchte dir für all die wunderbaren Beziehungen
auf dieser Erde danken, besonders für die guten Freunde,
die du uns geschenkt hast. Am meisten aber danke ich dir,
dass du dich entschieden hast, uns ein Freund zu sein, denn
wir brauchten und brauchen nichts nötiger als einen wahren
Freund.*

Old Friends

A phone call, a letter/ A pat on the back, or a "Hey, I just dropped by to
say ..." / A hand when we're down, a loan when we just couldn't pay / A
song or story, a rose from the florist, a note that you happened to send
/ Out of the blue just to tell you that you're still our friend

Old friends – after all these years, just / Old friends – through the laughter and tears / Old friends – what a find! What a priceless treasure / Old
friends – like a rare piece of gold / Old friends – make it great to grow
old / 'Til then, through it all I will hold to old friends

Oh, God must have known / There'd be days on our own / We would lose
our will to go on / That's why He sent friends like you along

Old friends – yes, you've always been there / My old friends – we've had
more than our share / Old friends – I'm a rich millionaire in old friends

We've been through some tough times / When we didn't know whether
we'd even have one single dime / But that didn't change you; you stayed

by our side the whole time / When we were big winners and everything seemed to be finally going our way / You just cheered us on, so glad we're able to say

Old friends – after all these years, just / Old friends – through the laughter and tears / Old friends – what a find! What a priceless treasure / Old friends – like a rare piece of gold / Old friends – make it great to grow old / 'Til then, through it all I will hold to old friends

Alte Freunde

Ein Anruf, ein Brief, ein Klaps auf die Schulter oder ein „Ich bin nur vorbeigekommen, um dir ... zu erzählen ...", eine Hand, wenn wir niedergeschlagen sind, ein Darlehen, wenn wir nicht flüssig sind, ein Lied, eine Geschichte, eine Rose vom Blumenverkäufer, eine Karte, die du mir aus heiterem Himmel geschickt hast, nur um uns zu sagen, dass wir noch Freunde sind.

Alte Freunde – nach all den Jahren alte Freunde – im Lachen und Weinen. Alte Freunde – welch ein Fund! Welch ein kostbarer Schatz! Alte Freunde – wie ein seltenes Stück Gold. An den alten Freunden will ich festhalten.

Oh, Gott muss gewusst haben, dass wir an manchen Tagen auf uns allein gestellt sind und nicht mehr weitermachen wollen. Darum hat er uns solche Freunde wie euch geschickt.

Alte Freunde – ja, ihr seid immer da gewesen. Meine alten Freunde – davon hatten wir mehr, als wir verdient haben. Alte Freunde – was sie betrifft, bin ich reich wie ein Millionär.

Wir haben schwere Zeiten durchgestanden, als wir keinen einzigen Groschen in der Tasche hatten – aber ihr seid immer die Gleichen geblieben, die ganze Zeit standet ihr uns zur Seite, als wir Erfolg hatten und endlich alles gut für uns aussah, da habt ihr uns unterstützt, damit wir weitermachen. Ich freue mich so über ...

Alte Freunde – nach all den Jahren alte Freunde – im Lachen und Weinen. Alte Freunde – welch ein Fund! Welch ein kostbarer Schatz! Alte Freunde – wie ein seltenes Stück Gold. An den alten Freunden will ich festhalten.

Text: Gloria Gaither
Melodie: William J. Gaither und J. D. Miller
Copyright © 1993 Gaither Music Company, Life Gate Music und Lojon Music (Rechte verwaltet vom Gaither Copyright Management). Alle Rechte vorbehalten.

Resurrection
Auferstehung

Es war Karfreitag; am Sonntag würden wir Ostern feiern. Tod und Auferstehung tanzten umeinander, nicht nur im Tod und in der Auferstehung unseres Herrn, sondern auch in der letzten Schlacht des Winters mit dem Frühling. Alpha und Omega, Anfang und Ende wirbelten so durcheinander und verschwommen ineinander, dass man sie kaum unterscheiden konnte.

Kämpfe steht man beim Sterben und beim Gebären durch, und obwohl wir im Allgemeinen glauben, dass man geboren werden muss, um später einmal zu sterben, sagt uns das Wort Gottes, dass man sterben muss, um geboren zu werden. „Das Weizenkorn muss in die Erde fallen und sterben, sonst bleibt es allein. Aber wenn es stirbt, bringt es viel Frucht" (Johannes 12,24; GN).

Am Karfreitag im Jahr zuvor hatte unsere Tochter Suzanne eine schwere Zeit durchgemacht. Nur zwei Wochen vor einer größeren Operation war sie schwanger geworden. Der Chirurg, der davon nichts ahnte, hatte einen schweren Fall von Endometriose an ihrer Gebärmutter operativ behandelt und mit Laser Gewebe herausgeschnitten. Man hoffte, ihr mit diesem Eingriff eine Schwangerschaft zu ermöglichen. Dabei wuchs in ihr bereits ein winziges Leben heran.

263

Als die operierte Gebärmutter im weiteren Verlauf der Schwangerschaft immer größer wurde, wurde Suzanne immer schwächer, bis sie schließlich nur noch mit mir auf der offenen Veranda sitzen oder einen kurzen Ausflug zum Supermarkt unternehmen konnte. Manchmal hatte sie das Gefühl, sie würde sterben, an anderen Tagen gewann sie neue Kraft aus der Hoffnung, dass ihr Körper sich erholen würde, sobald sie das Kind zur Welt gebracht hatte.

Dann machte sie sich auch Sorgen, dass das Kind womöglich durch die Operation verletzt worden war oder durch die Narkosemittel Schaden genommen hatte.

Schließlich wurde im August der kleine Will geboren. Wir waren froh und erleichtert, dass er gesund war und Suzanne alles überlebt hatte. Vielleicht war das der Grund, weshalb Bill und ich so verrückt nach unserem Enkel waren – und so dankbar für ihn.

Im folgenden Frühjahr, als wir uns an diesem neuen Leben freuten, das uns geschenkt worden war, und als die Natur um uns herum wieder erwachte, starb meine Mutter an Krebs. Fünf Wochen waren meine Schwester und ich im Krankenhaus gewesen, um bei ihr zu sein. „Also, *das* haben wir noch nie gemacht", sagte meine Mutter, die immer eine Abenteurerin gewesen war, zu mir. Das war das letzte und riskanteste Abenteuer, das jemals irgendeiner von uns auf sich genommen hatte.

An jenem Freitag vor Ostern also, während meine Schwester und ich unsere Enkel dabei beobachteten, wie sie im Krankenzimmer spielten, ging meine Mutter auf ihre letzte Reise. Sie hatte es schwer.

Die Erde gibt nicht so einfach auf und die letzten Winterstürme sind manchmal die schwersten. Ich kann mich an Jahre erinnern, in denen es zu Ostern schneite. Doch trotzdem hat der Winter letztendlich verloren. Der Frühling kommt.

Der kalte Wind rüttelte an den Krankenhausfenstern hinter den Osterglocken und Hyazinthen, die Freunde mit-

264

gebracht hatten, um Farbe und Duft in Mutters Zimmer zu bringen. Draußen auf der Straße wagten sich die ersten rosa und weißen Blüten an den Zierapfelbäumen hervor.

Ich wandte mich wieder vom Fenster und schüttelte die Kissen auf, um es meiner Mutter bequemer zu machen. Dann beugte ich mich über sie, um ihre samtene, mir so vertraute Wange zu küssen. Weil ihre Nieren praktisch nicht mehr arbeiteten, war ihre Haut so gelb wie die Osterglocken auf dem Fensterbrett. Ich tauchte einen Waschlappen in warmes Wasser und wusch ihre schwieligen Füße. Dann rieb ich sie mit einer teuren Creme ein. Berührungen werden sehr wichtig, wenn es keine andere Möglichkeit mehr gibt, einen anderen Menschen aufzubauen.

Dieser Körper ist wie ein Samenkorn, dachte ich. *Es dauert nicht mehr lange, bis das Leben, das darin wohnt, es bersten lässt.* Meine Mutter war immer wissbegierig gewesen, es dürstete sie nach jedem Tropfen Weisheit, den ihr das Leben bot. Dieser Körper würde diesem Keim nicht mehr lange widerstehen können. Die winterliche Hülle würde bald platzen, weil das Leben herausdrängte.

„Der Tod wurde verschlungen vom Sieg" (1. Korinther 15,54).

Alpha und Omega, Anfang und Ende. In ihm fällt beides zusammen. Ich hatte Will beobachtet, wie er mit seinen Cousins und Cousinen spielte. Er war begierig, Neues zu lernen. Mutter hatte gerade ihren 84. Geburtstag gefeiert, und sie war von denselben Einschränkungen frustriert, von denen auch der kleine Will frustriert war. So viel zu lernen und zu erfahren und so wenig Zeit.

Ich setzte mich zu meiner sterbenden Mutter. Zeit und das Irdische waren für sie Fesseln, die Will gerade erst kennenlernte. Wie eine Schlange, die die zu klein gewordene Haut abstreift, wie ein berstendes Samenkorn würden diese engen Grenzen bald dem Leben weichen müssen.

In mein Tagebuch schrieb ich:

Dieser Prozess – dieser Tanz von Alphas und Omegas, dieser Brauch des Frühlings – mag toben und wüten und drohen; doch der Tod selbst wird sterben, auch wenn er einen Augenblick noch sein hässliches Gesicht zeigt. Heute ist Freitag. Morgen ist Samstag. Doch der Sonntag steht vor der Tür! Ostern lässt sich nicht aufhalten!

Einige Tage später hielt ich meine Mutter in den Armen, als sie ihren letzten Atemzug tat. Ein Text, den ich vor Jahren geschrieben hatte, kam mir wieder ins Gedächtnis und sang sich in mein Herz. Am eigenen Leib hatte ich seine Wahrheit erfahren.

Tod, wo ist dein Sieg? Grab, wo ist dein Stachel? Kommt, Kinder, und tanzt mit mir! Singt unserem lebendigen König!

Ich wusste, dass Mutter nun auch tanzte. Halleluja!

Resurrection

Hang out the banners and shout the news / Blow the trumpets and horns / 'Til there is no one who has not heard / "We shall not die anymore"

I'm here to tell you that Jesus lives / As He lives, so shall we / Dying and fear have passed away / Swallowed in victory

Morning has broken the cords away / There's no reason to fear / Why seek the living among the dead? / Jesus, you Lord is not here / He is alive; He's not here

Where, death, is your victory? / Where, oh grave, is your sting / Come, children, and dance with me / Sing to our living King

Love wins over everything / Melts the spears and the swords / Join hands, let your voices ring / Christ is our risen Lord

Open the prisons and ring the bells / Join the ransomed and free / In celebration for what He's done / Jesus, the Christ sets you free / Jesus, the Christ sets you free

Auferstehung

Hängt die Transparente auf und ruft es hinaus! Blast in die Trompeten und Hörner, bis jeder es gehört hat: „Wir werden nicht mehr sterben!"

Ich bin hier, um euch zu erzählen, dass Jesus lebt; und wie er lebt, werden auch wir leben! Sterben und Furcht sind nun vorbei, verschlungen vom Sieg!

Der Morgen hat die Stricke zerrissen! Es gibt keinen Grund mehr, Angst zu haben. Warum den Lebendigen unter den Toten suchen? Jesus, dein Herr, ist nicht hier – er lebt, er ist nicht hier!

Tod, wo ist dein Sieg? Grab, wo ist dein Stachel? Kommt, Kinder, und tanzt mit mir! Singt unserem lebendigen König!

Die Liebe trägt den Sieg davon, lässt Speere und Schwerter schmelzen. Fasst euch an den Händen, erhebt eure Stimmen; unser auferstandener Herr ist der Christus.

Öffnet die Gefängnistore, läutet die Glocken! Schließt euch den Freigekauften an und feiert, was er für euch getan hat; Jesus, der Christus macht euch frei – Jesus, der Christus macht euch frei!

Text: Gloria Gaither
Melodie: William J. Gaither und Michael W. Smith
Copyright © 1982 Gaither Music Company und New Spring Publishing, Inc. (Rechte verwaltet von BMG Music Publishing, Inc.). Alle Rechte vorbehalten.

Through

Hindurch

In all den Jahren, in denen wir gesungen, geschrieben und mit Menschen gearbeitet haben, begegnete uns immer wieder ein Wort. Es steht in fast jedem Brief, den wir bekommen; wir hören es von Menschen, die nach einem Konzert oder nach einem Vortrag mit uns sprechen wollen. Das Wort heißt „hindurch". „Diese Lieder haben mir durch eine schwierige Situation hindurchgeholfen" – diesen Satz hören wir sehr oft.

Wenn wir vor einem Publikum stehen – sei es nun eine kleine Gruppe in familiärer Atmosphäre oder eine große Anzahl von Menschen, die ein Stadion füllen, bei uns zu Hause oder im Ausland –, wir können uns sicher sein, dass alle etwas gemeinsam haben: Jeder macht etwas durch. Wir alle müssen Probleme bewältigen, bis wir eines Tages dieses Leben durchgestanden haben.

Wie oft beten wir, dass Gott uns die Probleme, mit denen wir uns herumplagen, nimmt oder löst: Krankheit, zerbrochene Beziehungen, Traurigkeit, Entfremdung, Rückschläge, Enttäuschungen in Beruf oder Gemeindearbeit, entgangene Chancen, auf die wir gehofft hatten. Wir versammeln uns in den Gemeinden oder Hauskreisen und bitten Gott, dass er die Probleme verschwinden lässt, unseren Körper heilt, dafür sorgt, dass unsere Ehepartner uns lieben, dass er unsere Kinder verändert, uns die erwünschte Beförderung verschafft oder uns die Antwort auf alle unsere finanziellen Probleme liefert.

Alle diese Bitten sind ganz legitime Gebetsanliegen; Gott will, dass wir alles vor ihn bringen, was uns belastet. Die Bibel sagt uns: „Überlasst all eure Sorgen Gott, denn er sorgt sich um alles, was euch betrifft" (1. Petrus 5,7). Trotzdem wissen wir, dass er gerade die Probleme, die wir ihn aus dem Weg zu räumen bitten, dazu gebraucht, um in den Eigenschaften zu wachsen, nach denen wir uns am meisten sehnen und die er sich für uns wünscht.

Zum Beispiel wissen wir, dass sich im Grunde keiner das Leben wünscht, zu dem uns die ungezügelte menschliche Natur verführen würde. Im Galaterbrief können wir nachlesen, wie solch ein selbstsüchtiges Leben ohne den Heiligen Geist aussieht: „Unzucht, unreine Gedanken, Vergnügungssucht, Götzendienst, Zauberei, Feindschaften, Streit, Eifersucht, Zorn, selbstsüchtiger Ehrgeiz, Spaltungen, selbstgerechte Abgrenzung gegen andere Gruppen, Neid, Trunkenheit, ausschweifender Lebenswandel und dergleichen mehr" (Galater 5,19–21). All das führt in unseren Häusern und Städten, am Arbeitsplatz und in Regierungen zu Leid und Krieg. Niemand, der bei Verstand ist, würde sich solch ein Leben wünschen. Niemand träumt von einer Ehe, einem Heim, einer Familie oder einer Gemeinschaft, in der bzw. dem man so etwas findet.

Vielmehr sehnen wir uns im Grunde unseres Herzens danach, nach Hause zu kommen, an einen Ort, an dem wir Liebe, Freude und Frieden, Geduld, Freundlichkeit und Güte, Treue, Bescheidenheit und Selbstbeherrschung finden. Doch wie bekommt man das? Oft gebraucht Gott gerade die Probleme, die wir ihn zu lösen oder aus dem Weg zu räumen bitten, um in uns die Charakterzüge auszubilden, nach denen wir uns sehnen. Zum Beispiel lernen wir Geduld durch Warten, nicht durch Sofortlösungen. Wir bekommen Frieden, indem wir uns auf seine Pläne für unser Leben verlassen, weil wir wissen, dass sie höher, tiefer und beständiger als unsere Pläne sind. Wir lernen treu zu sein, indem wir an einer Sache dranbleiben, auch wenn es einfacher wäre, das Handtuch zu werfen und sich aus dem Staub zu machen.

Wir lernen gut, freundlich und sanft zu sein, indem wir Kränkungen nicht mit gleicher Münze heimzahlen. Wenn wir selbst eine schwierige Zeit durchmachen, können wir nachempfinden, was andere in der gleichen Situation durchgemacht haben.

*„Meine Gedanken sind nicht eure Gedanken", sagt der Herr,
„und meine Wege sind nicht eure Wege. Denn so viel der
Himmel höher ist als die Erde, so viel höher stehen meine
Wege über euren Wegen und meine Gedanken über euren
Gedanken."*
Jesaja 55,8–9

Hier sehen wir wieder die Perspektive der Ewigkeit – das
große Ganze.

*Regen und Schnee fallen vom Himmel und bewässern die
Erde. Sie kehren nicht dorthin zurück, ohne Saat für den
Bauern und Brot für die Hungrigen hervorzubringen. So ist
es auch mit meinem Wort, das aus meinem Mund kommt.
Es wird nicht ohne Frucht zurückkommen, sondern es tut,
was ich will und richtet aus, wofür ich es gesandt habe.*
Jesaja 55,10–11

Wir können sicher sein, dass Gott mit unserem Leben immer etwas vorhat, das gut und ewig ist. Das irdische Wesen
in uns ist auf schnelle, vorübergehende Lösungen aus, die
letzten Endes oft destruktiv sind. Selbstsucht ist immer destruktiv.

Wenn Gott uns um etwas bittet, wenn er in die Situation
unserer Zeit hineinspricht – mit seinen Geboten, Verheißungen, Segnungen, Warnungen –, dann immer deshalb, weil
wir davon „profitieren" sollen, auch wenn es gemessen am
Wertesystem dieser Welt nicht unbedingt danach aussieht.
Gott hat dabei die Perspektive der Ewigkeit im Blick – Eigenschaften, die Bestand haben.

Manchmal bringen die Abfallprodukte dessen, was er in
uns bewirkt, die greifbaren guten Dinge dieser Welt mit sich:
Ruhm, finanziellen Überfluss, Führungspositionen. Sogar
diese Welt hat die guten Eigenschaften des Himmels bitter
nötig. Doch Sie können sicher sein, dass diese Dinge niemals
das Endergebnis darstellen, das Gott im Blick hat. Sein Wort

wird immer das bewirken, was er will, und das sind gute Dinge von ewiger Bedeutung.

Gott verwandelt sogar unsere Neigung zum Ungehorsam in eine Art Geschenk. Wenn wir nämlich fallen, dürfen wir erfahren, dass wir auf seine Barmherzigkeit angewiesen sind, auf seine Gnade, Freude, Vergebung und – was am wichtigsten ist – auf seine Liebe, nach der sich der Mensch am meisten sehnt.

Ganz egal, was wir durchmachen, wir können sicher sein, dass Gott uns viel zu sehr liebt, als dass wir uns mit den kleinen Erfolgen zufriedengeben sollten, die uns diese Welt bieten kann, wenn er uns die Schatzkammer seiner unermesslichen Reichtümer öffnen will.

Er hat etwas in uns begonnen, das unsere kühnsten Erwartungen übersteigt, und er wird vollenden, was er in uns angefangen hat, wenn wir nur zulassen, dass er uns durchträgt.

Through
Through the fire, through the flood / Through the water, through the blood / Through the dry and barren places / Through life's dense and maddening mazes / Through the pain and through the glory / Through will always tell the story / Of a God whose power and mercy / Will not fail to take us through

When I saw what lay before me / "Lord", I cried, "what will you do" / I thought He would just remove it / But He gently led me through

Without fire, there's no refining / Without pain there's no relief / Without flood there's no rescue / Without testing, no belief

I know He could part the waters / At His voice, a mountains move / But His love would crowd me to him / Through my need His presence proved

Come, my child, I'll take you through it / When you faint, I'll carry you / Cast on me your fear and weakness / Trust my heart; I'll take you through

Through the fire, through the flood / Through the water, through the blood / Through the dry and barren places / Through life's dense and maddening mazes / Through the pain and through the glory / Through will always tell the story / Of a God whose power and mercy / Will not fail to take us through

Hindurch

Durchs Feuer, durch die Flut, durchs Wasser, durch Blut, durch öde und unfruchtbare Orte, durch die Labyrinthe des Lebens, die uns verwirren und verrückt machen, durch Schmerz und Ruhm – das „Durch" wird immer die Geschichte eines Gottes erzählen, dessen Macht und Barmherzigkeit uns immer hindurchtragen wird.

Als ich sah, was vor mir lag, schrie ich: „Herr, was wirst du tun?" Ich glaubte, er würde alle Hindernisse beseitigen, doch er führte mich sanft hindurch.

Ohne Feuer gibt es keine Läuterung, ohne Schmerz gibt es keine Erleichterung. Ohne Flut gibt es keine Rettung, ohne Prüfungen keinen Glauben.

Ich weiß, dass er das Meer teilen konnte, auf sein Wort hin bewegt sich ein Berg, doch seine Liebe zog mich zu ihm – in meiner Bedürftigkeit erwies sich seine Gegenwart.

Komm, mein Kind, ich begleite dich hindurch. Wenn du zu schwach bist, trage ich dich. Wirf deine Ängste und deine Schwachheit auf mich. Vertraue mir, ich begleite dich hindurch.

Durchs Feuer, durch die Flut, durchs Wasser, durch Blut, durch öde und unfruchtbare Orte, durch die Labyrinthe des Lebens, die uns verwirren

und verrückt machen, durch Schmerz und Ruhm – das „Durch" wird immer die Geschichte eines Gottes erzählen, dessen Macht und Barmherzigkeit uns immer hindurchtragen wird.

Text: Gloria Gaither, April 2004
Melodie: William J. Gaither und Michael Sykes
Copyright © 2006 Gaither Music Company und Mal 'N Al Music (Rechte verwaltet vom Gaither Copyright Management). Alle Rechte vorbehalten.

Give it away

Gib es weiter

Bills Großvater sagte immer: „Im Grunde gibt es nur zwei Arten von Menschen auf der Welt – die, die nehmen, und die, die geben. Also entscheidet euch, zu welcher Gruppe ihr gehören wollt." Je älter Bill und ich werden, desto mehr kommen wir zu der Überzeugung, dass er recht hatte. Es gibt großzügige Menschen mit einem großen Herzen und geizige Leute, die alles festhalten.

Wir haben auch beobachtet, dass die Einstellung, mit der ein Mensch ans Leben herangeht, nicht viel damit zu tun hat, wie viel er besitzt. Wir haben selbstlose, großzügige Arme ebenso gesehen wie knauserige Reiche. Wir haben wohlhabende Menschen erlebt, die über die Maßen viel gaben, und geizige Arme. Es hängt alles davon ab, wie wir die uns zugemessene Lebenszeit verbringen wollen.

Bill und ich hatten beide irische Großmütter, die gerne gaben. Keine von beiden war überreich mit irdischen Gütern gesegnet, doch es war unmöglich, nach einem Besuch bei ihnen ohne einen Kohlkopf oder ein frisch gebackenes Brot aus der Tür zu gehen. An der Schaukel unter dem Vordach stand immer ein Glas Limonade bereit, und wenn wir aus einem Schneesturm in Michigan oder Indiana ins Haus kamen, wartete immer eine Tasse heiße Schokolade auf uns.

Seien es ein paar Maiskolben aus dem Garten fürs Abendessen oder eine Schale mit dampfender Kartoffelsuppe, „bevor ihr geht" – irgendetwas gaben sie einem immer mit, einfach weil es ihnen Freude machte. Das „Geschenk" diente uns als Entschuldigung, noch ein bisschen länger zu bleiben, sich noch ein bisschen zu unterhalten.

Heute leben wir in einer Welt, die an Depression von fast epidemischen Ausmaßen leidet. Man bringt uns bei, unser eigenes Wohl im Auge zu behalten, unabhängig zu sein und sich nicht allzu intensiv mit den Nachbarn einzulassen. Man hält uns an, auf eigenen Füßen zu stehen, auf uns aufzupassen und ironischerweise auch maßlos zu leben.

Ein alter Freund sagte einmal, als wir noch jungverheiratet waren, zu uns: „Ihr könnt nur das behalten, was ihr weitergebt." Wir haben festgestellt, dass das stimmt. Und nicht nur das, auf die eine oder andere Weise scheinen wir auch das zu verlieren, was wir um jeden Preis behalten wollen.

Doch ich bin überzeugt, dass eines der wichtigsten Prinzipien, die Jesus jemals lehrte, das Folgende ist: „Wer sein Leben in dieser Welt liebt, wird es verlieren. Wer sein Leben in dieser Welt gering achtet, wird es zum ewigen Leben bewahren." (Johannes 12,25).

Natürlich waren Jesu Worte nicht nur eine leere Hülle. Er selbst sollte der lebende Beweis für diese Aussage werden. Ohne das Kreuz, ohne das Grab, ohne dass er bereitwillig sein Leben hingegeben hätte, gäbe es keine Auferstehung. So wie er uns einlädt, Gottes Samen in die Welt hineinzutragen, auch auf Kosten unserer persönlichen Sicherheit, so ruft er uns auch auf, nichts zurückzuhalten, uns selbst hinzugeben, sodass die Ernte des neuen Lebens, Friede, Geduld, Vergebung und Liebe, aus diesem Samen wachsen kann.

Wir werden merken, dass uns dieser Prozess Freude macht – und Freiheit schenkt. Wir müssen nichts von dem bewahren und festhalten, was wir weitergeben. Wir müssen keine Angst davor haben, beraubt, überfallen oder angegriffen zu werden. Wir können sicher sein, dass dieser Schatz in Gottes Händen liegt und der Erlös daraus benutzt und investiert wird, um Erstaunliches damit zu bewirken.

Das folgende Lied drückt nicht nur einfach ein schönes Gefühl aus. Es ist eine Revolution! Was könnte geschehen, wenn die Freude am Geben die ganze Welt verändert? Nach Jesu Worten wäre das durchaus möglich. Er sagte, dass es uns vollkommen machen würde, wenn wir uns hingeben. Den Hungrigen zu essen und den Durstigen etwas zu trinken zu geben, Fremden Gastfreundschaft zu erweisen, Armen Kleidung zu schenken und sich um Kranke zu kümmern macht uns seinen Aussagen zufolge zu Erben des Himmelreichs. Und Nahrung, Wasser, ein Dach über dem Kopf, Kleidung und Krankenpflege sind nur die Spitze des Eisbergs! Was würde geschehen, wenn wir anderen wirklich Nahrung für die Seele, Wasser für den Geist, ein wirkliches Zuhause, das Gefühl dazuzugehören und Heilung für gebrochene Herzen schenken würden?

Und wissen Sie was? Wir können Gott im Geben nicht übertreffen! Lassen Sie sich die folgenden Sätze einmal auf der Zunge zergehen. „Verkauft, was ihr habt, und gebt es den Bedürftigen. Auf diese Weise sammelt ihr euch Schätze im Himmel! Und die Geldbörsen des Himmels haben keine Löcher. Dort ist euer Schatz sicher – kein Dieb kann ihn stehlen und keine Motte ihn zerfressen. Wo immer euer Reichtum ist, da wird auch euer Herz sein." (Lukas 12,33–34).

Das beste Antidepressivum, das man überhaupt nur finden kann, ist dieses Rezept, das uns von den Altvorderen überliefert wurde – und vom Herrn des Lebens selbst.

Give It Away
He was workin' his garden when I happened by / He waved me over with that look in his eye / And he started in breakin' off some ears of corn / "Here, boy, today this corn is just right / Just boil it up for your supper tonight / I've learned it's true what my pappy used to say / Nothin's quite good 'til you give it away"

If you want more happy than your heart will hold / If you wanta stand taller – if the truth were told / Just take whatever you have and give it away / If you want less lonely and a lot more fun / And deep satisfaction when the day is done / Then throw your heart wide open and give it away

There's been a lotta water over the dam / Since that day in the garden with my Uncle Sam / So I hope you'll hear these words I have to say / There are two kinds of folks – takers and givers / There are gripers and complainers and big-hearted livers / It depends on how we choose to spend our days / We can hoard up all we've got or give it all away ...

If you want more happy than your heart will hold / If you wanta stand taller – if the truth were told / Just take whatever you have and give it away / If you want less lonely and a lot more fun / And deep satisfaction when the day is done / Then throw your heart wide open and give it away

Gib es weiter

Er arbeitete gerade im Garten, als ich zufällig vorbeikam; er winkte mich zu sich herüber mit diesem Blick in den Augen und brach einige Maiskolben vom Stengel. „Hier, mein Junge, heute ist der Mais reif, koch ihn dir zum Abendessen. Ich habe gelernt, dass mein Vater recht hatte, wenn er sagte: Eine Sache ist nur dann richtig gut, wenn man sie weitergibt."

Wenn du mehr Glück empfinden willst, als dein Herz fassen kann, wenn du aufrecht durchs Leben gehen willst – um die Wahrheit zu sagen, nimm, was du hast, und gib es weiter. Wenn du nicht so einsam sein und das Leben genießen willst, das Gefühl tiefer Zufriedenheit kennenlernen möchtest – wenn der Tag vorbei ist, dann öffne dein Herz und schenke es anderen!

Viel Wasser ist über den Damm geflossen seit diesem Tag im Garten mit meinem Onkel Sam, und deshalb hoffe ich, dass du auf meine Worte hörst.

Es gibt zwei Arten von Menschen: solche, die nehmen, und solche, die geben. Manche meckern und beschweren sich gerne, andere geben mit dankbarem Herzen. Alles hängt davon ab, wie wir unser Leben gestalten wollen – entweder horten wir unseren Besitz oder wir geben alles weiter.

Wenn du mehr Glück empfinden willst, als dein Herz fassen kann, wenn du aufrecht durchs Leben gehen willst – um die Wahrheit zu sagen, nimm, was du hast, und gib es weiter. Wenn du nicht so einsam sein und das Leben genießen willst, das Gefühl tiefer Zufriedenheit kennenlernen möchtest – wenn der Tag vorbei ist, dann öffne dein Herz und schenke es anderen!

Text: Gloria Gaither
Melodie: Benjamin Gaither
Copyright © 2006 Gaither Music Company und Hook, Line and Music Publishing (Rechte verwaltet vom Gaither Copyright Management). Alle Rechte vorbehalten.

When God seems so near

Wenn Gott uns so nah scheint

Ich bin dabei, den Sabbat neu zu entdecken. Ich dachte schon als Kind über seine Bedeutung nach, als mein Vater von der Kanzel und auch zu Hause oft vom Sabbat sprach. Er meinte, der Sabbat sei nicht nur ein Tag, sondern vielmehr ein Prinzip, das Prinzip nämlich, „sich im vollendeten Werk Gottes auszuruhen". Seiner Auffassung nach lebten wir in der Sabbat-„Dispensation".

Er unterschied darüber hinaus zwischen dem Sabbat und dem „Tag des Herrn" und wies darauf hin, dass wir als Christen uns am „Tag des Herrn" versammeln, weil wir die Auferstehung feiern – das vollendete Werk Gottes in Jesus. Das ist der Tag, an dem für uns die „Sabbat"-Zeit der Ruhe begann, die bis zur Wiederkunft Jesu fortdauert.

Ich glaube heute, dass es zwei Kennzeichen eines wahren Christen gibt: Ruhe und Freude. Trotz des Chaos, das in unserer Welt herrscht, und trotz unserer individuellen Lebenssituation sollten wir im Innersten unseres Wesens Ruhe finden. Auch andere Menschen um uns herum sollten spüren, dass wir diesen inneren Frieden haben.

Das andere Kennzeichen eines Christen sollte Freude sein, die Art von Freude, die Paulus und Silas im Gefängnis singen ließ, die Art von Freude, die sich in Stephanus' Gesicht widerspiegelte, während er gesteinigt wurde, und die ihn ausrufen ließ: „Schaut doch, ich sehe den Himmel offen und den Menschensohn auf dem Ehrenplatz zur Rechten Gottes stehen" (Apostelgeschichte 7,56).

Diese Ruhe und dieser Frieden sind nicht das Ergebnis bestimmter Lebensumstände, sondern werden uns geschenkt, wenn wir das annehmen, was Jesus schon für uns getan hat. Trotzdem können wir uns dieser Freude zu einem überraschenden Zeitpunkt und an unerwarteten Orten bewusst werden. C. S. Lewis nannte das „überrascht von Freude".

Es kann in dieser Sabbatzeit, in der wir leben, vorkommen, dass uns Ruhe, Frieden und Freude genau dann überraschen, wenn wir am wenigsten damit rechnen. Wie oft habe ich jemanden, der mit Gott lebt, sagen hören, dass er „mitten im Sturm ein Gefühl des Friedens" erlebt habe.

In ihrem wunderbaren kleinen Buch *Sabbath Keeping* (dt.: „Den Sabbat halten" – nicht auf Deutsch erhältlich) sagt Donna Schaper: „In einer Kultur, die immer mehr von uns fordert, deren Tempo ständig steigt, ist der Sabbat eine Form des zivilen Ungehorsams ... Am Sabbat soll man nicht hetzen. Hetze ist das, was unsere Kultur von uns fordert, aber nicht das, was Gottes Willen entspricht."

Dieses Ausruhen, das ich meine, gilt nicht nur für den Sabbat, sondern für unseren Alltag überhaupt, ganz egal, wie hektisch er sich gestaltet. Diese Ruhe ist eine stabilisierende Kraft, wenn alles aus dem Gleichgewicht gerät.

Die Entscheidung, diese Realität des Sabbats im Blick zu behalten, lohnt sich immer. Sie verwandelt ein Kornfeld in eine Kathedrale und die Küste in eine Synagoge. Die Entscheidung, zuzulassen, dass die Freude an die Oberfläche sprudelt – die Entscheidung, körperlich, emotional und geistig zur Ruhe zu kommen –, schafft einen Freiraum, in dem sich Gottes Geist ausbreiten kann. Es ist so, als ob man ein Loch in den Sand gräbt, tief genug, dass das Meerwasser es überflutet.

Für uns ist es wichtig, an jedem Tag, in jeder Stunde solche Sabbatmomente zu schaffen, in denen wir die Freude feiern, die in uns wohnt. Ich glaube, es tut uns gut, wenn wir Frieden und Freude ganz dicht unter der Oberfläche unseres Bewusstseins halten. Das ist umso wichtiger, je mehr Hetze und Chaos in unserem Umfeld herrscht. Frieden und Freude sind mobil! Sie gehen überall mit uns hin, und es ist einfach wunderbar, dass wir sie uns jederzeit wie kühles Wasser ins Gesicht spritzen können!

Es gehört zu den Prinzipien eines Gläubigen, dass „die Freude am Herrn ... eure Stärke [ist]" (Nehemia 8,10, L). Wenn man die Freude wegnimmt, verschwindet auch die Stärke. Was für eine subversive Taktik! Wem außer Gott wäre es wohl eingefallen, eine Waffe wie die Stärke in solch einem Waffenarsenal wie der Freude einzulagern?

Das folgende Lied schrieben Bill und ich, als wir in unseren 20ern waren. Wir entdeckten fast durch Zufall, dass Gott uns spürbar nah war, wenn wir ganz zur Ruhe kamen und uns auf seine guten Gaben konzentrierten. Wir brauchten nicht stark zu sein – er war es. Wir mussten nicht vorgeben, glücklich zu sein; sondern konnten uns auf etwas Tieferes, Beständigeres verlassen, echte Freude nämlich. Wir konnten in dem vollendeten Werk Gottes ruhen. Er wollte nur eins von uns: dass wir uns an allem freuten, das er geschaffen hatte, und mit ihm feierten. Welcher Mensch, der noch bei vollem Verstand ist, würde nicht zu solch einer Party kommen?

When God Seems So Near

When I pause in the hush of His holy presence / When I'm so still I can hear each whispered word / When I pause to pray I enter His cathedral / These are the times when God seems so near

There are times when I cannot feel his presence / When the clouds of doubt obscure the Master's smile / But when I'm still enough to hear His gentle whisper / Then I know my Lord has been there all the while

When I'm still I can hear His gentle biding / When I wait until I feel His hand in mine / These are the times I draw near enough to touch Him / Then I know that He has been there all the time

Wenn Gott uns so nah scheint

Wenn ich in seiner heiligen Gegenwart zur Ruhe komme, wenn ich so still bin, dass ich jedes geflüsterte Wort höre, wenn ich innehalte, um zu beten, betrete ich seine Kathedrale. Das sind die Momente, in denen Gott mir so nahe scheint.

Manchmal kann ich seine Gegenwart nicht spüren, wenn die Wolken des Zweifels das Lächeln meines Herrn verdecken. Doch solange ich noch sein sanftes Flüstern hören kann, weiß ich, dass mein Herr die ganze Zeit da gewesen ist.

Wenn ich still bin, kann ich seine leise Einladung hören, wenn ich warte, bis ich seine Hände in den meinen spüre. Dann komme ich ihm so nah, dass ich ihn berühren kann, dann weiß ich, dass er die ganze Zeit da gewesen ist.

Text: William J. und Gloria Gaither
Melodie: William J. Gaither
Copyright © 1966 William J. Gaither. Alle Rechte vorbehalten.

I Will Go On

Ich gehe weiter

„I Will Go On" gehört zu den ermutigendsten Liedern, die wir je geschrieben haben. Allerdings ist es auch eins der entmutigendsten, und ich muss gestehen, dass es viel einfacher war, es zu schreiben, als danach zu leben. Es ist ermutigend, weil es uns immer wieder daran erinnert, Probleme aus der richtigen Perspektive zu sehen, unsere Weltsicht neu auszurichten und die Vergangenheit hinter uns zu lassen. Zu den entmutigendsten Liedern gehört es – zumindest für mich – aus dem folgenden Grund: Wenn ich es einmal endlich geschafft habe, bei einem bestimmten Problem die Vergangenheit, meinen Unmut, das Selbstmitleid oder das lähmende Gefühl der Entmutigung hinter mir zu lassen, mich wieder auf Gott und die Zukunft auszurichten und Gott zu bitten, mir mit seiner Gnade beizustehen, stürmt schon wieder ein neuer Tsunami in mein Leben.

Vielleicht sind deshalb Sündenbekenntnis, Buße, Vertrauen auf Gott (und nicht auf unsere eigenen Fähigkeiten), Dankbarkeit, Lobpreis und tätiges Mitleid für andere so wesentlich, um unseren Glauben am Leben zu erhalten.

„I Will Go On" gehört zu unseren Lieblingsliedern. Wir haben gemerkt, dass es für ein gesundes geistliches Leben von wesentlicher Bedeutung ist, nicht nur anderen, sondern auch sich selbst zu vergeben. Wir müssen mutig sein und zugeben, wenn wir uns nicht gerade freundlich verhalten haben, wir müssen Verbitterung und Selbstvorwürfe loslassen, bevor sie Wurzeln schlagen, auf die Hoffnung setzen, für uns selbst und für andere, und uns entscheiden, den Blick nach vorne zu richten. Paulus drückte es so aus: „Ich halte geradewegs auf das Ziel zu, um den Siegespreis zu gewinnen. Dieser Preis ist das ewige Leben, zu dem Gott mich durch Jesus Christus berufen hat" (Philipper 3,14; GN).

Seelsorger sagen uns, dass dieses Lied nicht nur theologisch, sondern auch psychologisch fundiert ist. Altlasten können uns daran hindern, die Zukunft in Angriff zu nehmen. Groll und Unmut können unsere Beziehungen sabotieren, die nur darauf warten, von uns gepflegt und gestaltet zu werden. Fachleuten zufolge lernen Kinder, denen von klein auf beigebracht wird, mit anderen immer quitt sein zu müssen, oder die hören, wie ihre Eltern Ungerechtigkeiten einfach nicht vergessen können (und wann ist das Leben schon gerecht?), mit geballten Fäusten durchs Leben zu gehen und dem Erstbesten, der ihren Weg kreuzt, aggressiv gegenüberzutreten. Im Laufe der Jahre werden ihre Waffen immer größer: die Fäuste werden zu Stöcken, zu Knüppeln, Pistolen, Bomben ... bis die ganze Erde ein Feldlager von kleinen Tyrannen ist, die unseren Planeten in die Luft jagen wollen.

Der Kelch unseres Lebens bietet nicht unbegrenzt Platz. Um ihn mit Liebe, Freude, Frieden, Zufriedenheit, Güte und Wachstum im Glauben zu füllen, müssen wir ihn zunächst von Zorn, Vorwürfen, Groll, Verbitterung, Neid und negativer Energie leeren. Es liegt an uns. Die gute Nachricht lautet: Sobald wir Gott unser Versagen eingestehen und ihn an uns arbeiten lassen, verspricht er, uns Kraft zu schenken, damit wir das Leben in Angriff nehmen können.

I Will Go On
I repent for moments I have spent / Recalling all the pain / And failures of my past / I repent for dwelling on the things / Beyond my pow'r to change / The chains that held me fast

I give up bitterness and hate / And blaming men and fate / For all my discontent / The guilt and pain I empty from my cup / So God can fill it up / With peace and sweet content

I will go on / My past I leave behind me / I gladly take His mercy and His love / He is joy and He is peace / He is strength and sweet release / I know He is and I am His / I will go on

I accept the promise of the dawn / A place to build upon / To make a brandnew day / I will begin convinced that Jesus lives / Assured that He forgives / And that He's here to stay

I will go on / My past I leave behind me / I gladly take His mercy and His love / He is joy and He is peace / He is strength and sweet release / I know He is and I am His / I will go on

Ich gehe weiter

Ich bereue die Augenblicke, in denen ich mich vergangener Schmerzen und Fehler erinnert habe. Ich tue Buße darüber, dass ich immer noch an Dinge denke, die ich nicht ändern kann – sie hielten mich gefangen.

Ich gebe Verbitterung und Hass auf, will nicht mehr Menschen und das Schicksal für meine Unzufriedenheit verantwortlich machen. Ich leere meinen Kelch von Schuldgefühlen und Schmerzen, damit Gott ihn mit Frieden und Zufriedenheit füllen kann.

Ich gehe vorwärts, lasse die Vergangenheit hinter mir, nehme mit Freuden seine Barmherzigkeit und Gnade an. Er ist Freude, er ist Frieden, er ist Stärke und Freiheit. Ich weiß, dass er existiert und dass ich ihm gehöre. Ich gehe vorwärts.

Ich glaube der Verheißung eines neuen Morgens, glaube, dass es ein Fundament gibt, auf dem ich bauen kann, um einen neuen Tag zu gestalten. Ich will mich mit der Überzeugung, dass Jesus lebt, auf den Weg machen in der Zuversicht, dass er vergibt und immer bei uns ist.

Ich gehe vorwärts, lasse die Vergangenheit hinter mir, nehme mit Freuden seine Barmherzigkeit und Gnade an. Er ist Freude, er ist Frieden, er ist Stärke und Freiheit. Ich weiß, dass er existiert und dass ich ihm gehöre. Ich gehe vorwärts.

Text: William J. und Gloria Gaither
Melodie: William J. Gaither
Copyright © 1979 William J. Gaither. Alle Rechte vorbehalten.

I Do Believe

Ich glaube

„Ich kann meine Gedanken nicht stoppen, Mama! Ich kann meine Gedanken nicht stoppen!" Unser zehnjähriger Sohn hielt sich mit beiden Händen den Kopf und ging in der Küche auf und ab.

Bill und ich wussten, was er meinte. Sein Kopf war so voll von Melodien, Fragen und Ideen, dass er sie nicht in eine Ordnung zu bringen und auszudrücken vermochte. Mit zehn Jahren war er noch nicht in der Lage, alles in Worte zu fassen, was ihm im Kopf herumging, selbst wenn er Ordnung in seine Gedanken hätte bringen können.

Benjy war immer schon kreativ, und wir hatten schon früh zugesehen, dass er Klavierstunden bekam, damit er eine Möglichkeit hatte, die Musik, die ihm im Kopf herumschwirrte, loszuwerden. Später stieg er auf Schlagzeug um. Nach der Schule ging er meist direkten Weges in die schalldichte Schlagzeugkabine, die wir ihm hatten bauen lassen. Er setzte sich die Kopfhörer auf und übte die Rhythmen, die er auf Schallplatten gehört hatte. Außerdem malte er, und er fing an, Gitarrenstunden zu nehmen, damit er die Akkorde greifen konnte, die sich in den verwinkelten Gängen seines Hirns herumtrieben.

Und – er hatte immer Fragen. Er war wie ich. Mein ganzes Leben lang hatten mich Fragen geplagt – von den Gesetzen des Universums bis hin zur Biologie, von der Psychologie des menschlichen Verhaltens bis hin zu den Grundlagen der Gesellschaft. Am häufigsten aber stellte ich Gott Fragen zum menschlichen Leid, zur Erbsünde, zum Schicksal der Menschheit und der Selbstzufriedenheit der Kirche.

Jede einzelne Frage, die unserem Sohn auf dem Herzen lag, hatte ich also auch schon gestellt. Ich war mir auch bewusst, dass jede Frage, die mir selbst auf dem Herzen lag, schon jemand anders vor mir gestellt hatte.

Ich bin dankbar, dass meine Mutter meine Fragen niemals belächelt, verurteilt oder ignoriert hat. Während andere Eltern ihre Kinder dafür tadelten, dass sie ihnen ein Loch in den Bauch fragten, ermutigte mich meine Mutter dazu. „Frag nur", sagte sie oft. „Glaubst du etwa, dein Gehirn könnte sich eine Frage ausdenken, die Gott ärgern würde? Er hat doch das Gehirn geschaffen, das du benutzt, um deine Fragen zu stellen, also kannst du ziemlich sicher sein, dass er die Fragen alle schon kennt."

Wir hoffen, dass wir unsere Kinder weise erzogen haben. Ich weiß, dass sie als junge Erwachsene immer noch Fragen stellen und einem Gott nachfolgen, der zu ehrlichen Fragen ermutigt, die ihn und seine Schöpfung betreffen.

Doch allmählich glaube ich, dass wir früher oder später immer in Gottes ausgebreiteten Armen landen, wenn wir aufrichtig auf der Suche nach Wahrheit sind. Und wenn uns Gottes Arme umfangen, werden wir sehen, dass die Antwort auf unsere brennendsten Fragen nicht aus Worten und Tatsachen besteht, sondern ein Gesicht trägt; sie ist keine Formel, sondern eine Beziehung, kein Lehrsatz, sondern eine Person: Jesus Christus.

An manchen Tagen halte ich mir immer noch wie Benjy den Kopf und sage: „Ich kann meine Gedanken nicht stoppen, ich kann meine Gedanken nicht stoppen." An manchen Tagen wünsche ich mir, ich könnte mich damit zufrieden geben, im Sumpf des Status quo zu versinken und mich mit platten Antworten, einfachen Lösungen und schlichten Rezepten für das Leben begnügen.

Doch an den meisten Tagen freue ich mich darüber, dass mir das einfach nicht möglich ist. An den meisten Tagen bin ich dankbar für die tiefe Überzeugung, dass die Suche nach Wahrheit ein Abenteuer ist und der Prozess – selbst wenn er in einen inneren Kampf ausartet – wichtiger ist als das Endergebnis. Im Grunde setzt sich bei mir sogar allmählich die Auffassung durch, dass das „Endergebnis" nicht mein Problem ist, sondern Gottes Problem, der uns verheißen hat, dass er vollenden wird, was er – und nicht ich – angefangen hat.

Deshalb habe ich mich entschlossen, Sicherheit gegen diese Art der Zufriedenheit einzutauschen. Ich will keine Garantien mehr haben, sondern suche das Abenteuer, und Beziehungen sind mir wichtiger als erreichte Ziele. Ich entscheide mich dafür, im Unerwarteten Ruhe zu finden und meine Heimat in dem großen Herzen zu suchen, das für die Liebe zu seinen Geschöpfen schlägt.

I Do Believe
Some say faith is just believing / Others say it's self-deceiving Inventing childish dreams to get us through / But deep inside me there's a yearning / For true wisdom, not just learning / I'd trade all my clever questions / For one answer that is true

I do believe You are the One / The home I've longed to find, My only hope, God's only Son / I do believe, I touch, I see / That all along You've longed to be / My Lord, my God

Lord, you know I need some answers / Questions eat at me like cancer / Make me once again a simple child / Help me take the risk of losing / Lose it all to find in choosing / To believe You are the answer- / Earth an heaven reconciled

I do believe You are the One / The home I've longed to find, My only hope, God's only Son / I do believe, I touch, I see / That all along You've longed to be / My Lord, my God

Ich glaube
Manche meinen, Glaube bedeutet nur, etwas für wahr zu halten, andere sagen, Glaube sei nur Selbsttäuschung, kindische Träumerei, die einem hilft durchzuhalten. Doch tief in meinem Inneren sehne ich mich nach wahrer Weisheit, nicht nur Gelehrsamkeit. All meine klugen Fragen würde ich gegen eine wahre Antwort tauschen.

Ich glaube, dass du der Eine und Einzigartige bist – die Heimat, nach der ich mich gesehnt habe, meine einzige Hoffnung, Gottes eingeborener Sohn. Ich glaube, berühre, sehe, dass du dich die ganz Zeit danach gesehnt hast, mein Herr und Gott zu sein.

Herr, du weißt, dass ich ein paar Antworten brauche. Die Fragen fressen mich auf wie eine Krebsgeschwulst. Mach mich wieder zu einem einfachen Kind. Hilf mir, das Risiko einzugehen, zu verlieren, alles zu verlieren, wenn ich mich dafür entscheide zu glauben, dass du die Antwort bist – Erde und Himmel sind miteinander versöhnt.

Ich glaube, dass du der Eine und Einzigartige bist – die Heimat, nach der ich mich gesehnt habe, meine einzige Hoffnung, Gottes eingeborener Sohn. Ich glaube, berühre, sehe, dass du dich die ganze Zeit danach gesehnt hast, mein Herr und Gott zu sein.

Text: Gloria Gaither
Melodie: William J. Gaither
Copyright © 1980 William J. Gaither. Alle Rechte vorbehalten.

My Father's Angels
Die Engel meines Vaters

Zurzeit grassiert eine Epidemie, die man als Engelmanie bezeichnen könnte. In Zeiten geistlichen Hungers gibt es immer Leute, die ihre Pseudospiritualität, die nichts fordert und leicht zugänglich ist, an den Mann bringen wollen. Ein Mischmasch aus Weltreligionen, Aberglauben, Zaubertricks und gefälliger Rhetorik wird als Patentrezept für leidende Herzen und Fastfood für die hungrige Seele gehandelt.

In diesem geistigen Klima, das von esoterischem Vokabular geprägt wird, wimmelt es von Geschichten über Engelerscheinungen. Engelschmuck, Engel-T-Shirts und Engeldeko sind käuflich zu erwerbende Ikonen einer Religion, in der es kein Kreuz, keinen schmalen Weg und kein Gericht gibt.

Ätherische Bilder deuten auf eine spirituelle Sensibilität hin, wie sie gerade in Mode ist, einen religiösen Club, in den man eintreten darf, wenn man mit populärem Vokabular um sich wirft. Man spricht etwa vom „Gott in mir", von „Selbstverwirklichung", „Visualisierung" oder davon, „mit meiner inneren Realität in Berührung zu kommen".

Doch Gottes Wort zufolge sind Engel in Wirklichkeit Diener Gottes, die unseren Blick auf Christus selbst ausrichten. Sie sind keine flauschigen Ikonen einer nebulösen Spiritualität, sondern mächtige und manchmal Furcht einflößende Botschafter und Diener, die uns davon abhalten sollten, den Weg, die Wahrheit und das Leben – Jesus selbst – aus dem Blick zu verlieren.

In der ganzen Bibel treten Engel auf, die im Auftrag Gottes zu den Menschen unterwegs sind. Hier nur einige Beispiele:

Ein Engel des Herrn erschien Hagar, nachdem ihre Herrin Sarai sie so misshandelt hatte, dass sie aus Abrahams Haus weglief. Der Engel gab dem Kind, mit dem sie schwanger war, den Namen Ismael und verhieß ihr viele Nachkommen. Dann schickte er sie zurück zu Sarai, damit sie dort ihr Kind bekommen würde.

Der Engel des Herrn rief Abraham vom Himmel zu, als der das Messer hob, um seinen Sohn Isaak zu töten, so wie es ihm Gott befohlen hatte. „Lass es sein! Tu dem Kind nichts!", sagte der Engel. „Denn jetzt weiß ich, dass du Ehrfurcht vor Gott hast. Du hättest sogar deinen einzigen Sohn auf meinen Befehl hin geopfert" (1. Mose 22,12). Im Dickicht hatte sich ein Schafbock verfangen, der nun als Opfer dargebracht werden konnte, um Gottes Fürsorge zu feiern.

Als Bileam auf dem Weg war, um sich den Fürsten von Balak anzuschließen, stellte sich ihm der Engel des Herrn mit seiner Ehrfurcht gebietenden Gegenwart in den Weg, weil Bileam auf dem „verkehrten Weg" war (siehe 4. Mose 22,32). Der Esel sah den Engel, doch Bileam nahm ihn erst wahr, als Gott seine Augen für den Boten öffnete, der ihm mit gezücktem Schwert den Weg verstellte.

Als Gideon – der jüngste Spross einer Familie in der unbedeutendsten Sippe im Stamm Manasse – Weizen in einer Weinpresse dreschen wollte, um zu verhindern, dass dieser den Midianitern in die Hände fiel, teilte ihm ein Engel des Herrn mit, dass er selbst Israel retten sollte. Gideon bereitete eine Ziege mit etwas Brühe und Brot zu und bot sie dem Engel an, verbunden mit der Bitte, ihm zu beweisen, dass er wirklich von Gott gesandt war. Der Engel forderte ihn auf, Fleisch und Brot auf einen Felsen zu legen und die Brühe darüber zu gießen. Gideon tat, wie ihm geheißen wurde. Mit der Spitze seines Stabes berührte der Engel Fleisch und Brot und es wurde von den lodernden Flammen verzehrt. Als sich der Rauch verzogen hatte, war der Engel verschwunden. Um es kurz zu fassen: Anschließend wurde Gideon aktiv und schrieb Geschichte (siehe Richter 6).

Nachdem Elia die Baalspropheten getötet hatte, drohte ihm Isebel, ihm das Gleiche anzutun. Elia geriet in Panik, rannte um sein Leben und versteckte sich erschöpft und hungrig in der Wüste, wo er unter einem Ginsterbusch zusammenbrach und darum betete, sterben zu dürfen. Dann erschien ihm ein Engel, berührte ihn an der Schulter und sagte: „Steh auf und iss." Elia blickte sich um, und sah frisches Brot und eine Karaffe Wasser neben sich stehen. Er aß und trank und legte sich dann wieder hin. Doch wie eine gute jüdische Mutter kam der Engel wieder. „Iss, iss", sagte der Engel. „Für deine nächste Reise brauchst du eine Menge Kraft." Wie ein guter jüdischer Junge gehorchte Elia und aß noch einmal. Das war auch gut so, denn die Reise entpuppte sich als 40-tägige Wanderung zum Berg Horeb (1. Könige 19). Dann war ihm danach, sich einmal richtig auszuschlafen (was er in einer Höhle tun konnte).

Manchmal halfen Engel den Menschen, ihre Feinde zu bekämpfen. Doch manchmal zeigten die Engel des Herrn den Menschen auch, dass Engel kein Heer benötigen, das sie unterstützt. Als der König von Assyrien den Gott Israels in einem Brief verspottete, zeigte Hiskia ihn Gott und betete: „Herr, Gott Israels, der du zwischen Cherubim thronst! Du allein bist Gott über alle Königreiche der Erde ... Herr, unser Gott, rette uns vor seiner Macht; dann werden alle Königreiche der Erde wissen, dass du allein, Herr, Gott bist" (2. Könige 19,15.19). Gott erhörte Hiskias Gebet, indem er den Propheten Jesaja beauftragte, Hiskia ein erstaunliches Gedicht zukommen zu lassen.

In jener Nacht schickte Gott seinen Engel in das assyrische Feldlager, und als der Morgen dämmerte, lagen 185 000 Assyrer dort tot auf dem Boden. Der großspurige König Sanherib kehrte in seine Heimatstadt Ninive zurück, wo ihn seine eigenen Söhne mit dem Schwert umbrachten, als er in einem heidnischen Tempel einen Götzen namens Nisroch anbetete.

Ein starker und mächtiger Engel kämpfte die ganze Nacht mit Jakob, und er, der er Esau sein Erstgeburtsrecht streitig gemacht hatte, musste fortan humpeln. Sein Leben lang war dies das Zeichen dafür, dass er bereit war, um einen Segen zu kämpfen und sich von Gott eine neue Identität schenken zu lassen.

Es war alles andere als eine zarte gefiederte Kreatur, die Zacharias zu Tode erschreckte, als sie ihm erschien, um ihm eine Botschaft auszurichten. Seine unfruchtbare Frau Elisabeth würde einem Sohn das Leben schenken, den er Johannes nennen sollte und der sollte der Vorbote des Messias werden.

Nur sechs Monate später besuchte eine Ehrfurcht gebietende Gestalt namens Gabriel Elisabeths junge Cousine Maria und sagte ihr, sie sei dazu erwählt, den Sohn Gottes zur Welt zu bringen. In den folgenden Jahren waren Gabriel und sein Team damit beschäftigt, Hirten einen Schrecken einzujagen und Josef zum Umzug zu bewegen.

Die römischen Soldaten, die darauf achten sollten, dass nach der Kreuzigung niemand den Leichnam Jesu stahl, waren ziemlich zähe Kerle. Doch den beiden Engeln, die ihre Muskeln spielen ließen und einen gewaltigen Felsblock von der Öffnung der Grabhöhle rollten, konnten sie nicht das Wasser reichen. Die beiden Engel saßen da, als die Frauen mit den duftenden Salben auftauchten. Als diese das leere Grab sahen, schossen ihnen die Tränen in die Augen, sodass sie die Engel nicht vom Gärtner unterscheiden konnten. Doch die Engel klärten sie mit freundlichen Worten auf und schickten sie zu Petrus und den anderen Jüngern zurück – mit der Botschaft, dass Jesus am Leben sei.

Auch Petrus selbst durfte himmlischen Botschaftern begegnen. Einige Jahre später saß er im Gefängnis, weil er mit Vollmacht den lebendigen Christus gepredigt hatte. Man hatte ihn mit Eisenketten an zwei Wachen gefesselt, und er schlief tief – im Gegensatz zu den Wachen. Mit einem Mal war die dunkle Zelle in helles Licht getaucht. Ein Engel versetzte Petrus einen Rippenstoß und weckte ihn auf: „Schnell, steh auf!" Die eisernen Ketten zerbrachen und glitten Petrus von den Handgelenken. „Zieh dich an und folge mir", sagte der Engel.

Petrus entgegnete nichts. Er dachte, das sei alles nur ein Traum. Erst als sie vier weitere Wachen passierten, durch das offene Gefängnistor marschierten und eine verlassene Straße hinabgingen, begriff Petrus, dass er hellwach war und von einem Engel des Herrn aus den Klauen des Herodes befreit worden war. Da entschloss er sich, ein nächtliches Gebetstreffen in Marias Haus zu besuchen, doch die Magd Rhode, die an die Tür kam – wen wundert's? – ließ ihn nicht herein, weil sie ihn für einen Geist hielt. Petrus musste praktisch das ganze Viertel aufwecken, ehe er seine Freunde drinnen im Haus davon überzeugen konnte, dass er nicht nur wirklich Petrus, sondern überdies noch frei war (Apostelgeschichte 12).

Noch von anderen Engelerscheinungen wird in der Bibel berichtet, doch diese Beispiele sollen genügen, um uns zu zeigen, dass diese Diener des Herrn sehr viel mächtiger und wirklicher sind und einen wichtigeren Zweck haben, als es uns moderne Zeitschriften glauben machen wollen. Manche

Berichte von sogenannten Engelerscheinungen von heute hören sich eher nach einer Täuschung Satans an, die uns in der Endzeit in die Irre führen, so wie es der Apostel Paulus angekündigt hat.

Doch wir dürfen sicher sein, dass es Ehrfurcht gebietende Engel gibt, die unter Gottes Befehl stehen und sich um seine Kinder und unsere Kinder kümmern. Meistens haben wir Menschen Schuppen vor den Augen, die uns davon abhalten, diese Diener des Herrn zu sehen, die uns beschützen, führen und in unseren Alltag eingreifen. Diese Engel sind ganz gewiss keine zierlichen Dekorationsstücke für den Kaminsims, sondern mächtig, unbesiegbar und schnell. Sie werden am Ende der Zeiten die Schafe von den Böcken trennen, Gottes Ernte einbringen und die Saat des Bösen mit einer schnell und exakt geführten Sichel vernichten. Sie werden die Aufträge erfüllen, wie sie in der Offenbarung geschildert sind. Engel werden in der Sonne stehen und mit lauter Stimme den Vögeln des Himmels zurufen, das Fleisch von Königen, Machthabern und allen Menschen, groß und klein, zu fressen, die den lebendigen Gott abgelehnt haben (Offenbarung 19,17–18). Engel werden auch die makellose Braut Christi durch die Heilige Stadt geleiten, die vom Himmel in die Gegenwart des wartenden Bräutigams herabkommen wird.

In der Zwischenzeit dürfen wir ruhig sein in der Zuversicht, dass unseren kleinen Kindern und den Unschuldigen dieser Welt Engel zugeteilt sind, die Gott direkt unterstehen (Matthäus 18,10), und dass jeder von uns, der den Herrn angenommen hat und von ihm errettet ist, auf Gottes Befehl hin von Engeln umgeben ist (Hebräer 1,14; Psalm 91,11), die uns auf eine Art dienen, die über unser Vorstellungsvermögen hinausgeht.

Wirkliche Engel werden ihren Auftrag immer erfüllen: Sie sorgen dafür, dass wir Jesus deutlicher sehen können, und halten Satan von dem Versuch ab, Gottes Familie zu zerstören.

My Father's Angels
They're all above me, beneath me, before me / They're all around me /
My Father's angels all protect me everywhere

I could never stray so far / My Father would lose track of where I am /
Angels walk beside me / Holding tightly to my hand

Even when the night's so dark / I just can't see a thing in front of me / I
won't need to worry / They can see; they see me

They're all above me, beneath me, before me / They're all around me /
My Father's angels all protect me everywhere

Die Engel meines Vaters

*Sie sind über mir, unter mir, vor mir – sie umgeben mich von allen Seiten;
die Engel meines Vaters beschützen mich überall.*

*Ich könnte niemals so in die Irre gehen, dass mein Vater jede Spur von
mir verliert: Engel gehen neben mir und halten mich fest an der Hand.*

*Selbst wenn die Nacht so dunkel ist und ich die Hand vor Augen nicht
erkennen kann, brauche ich keine Angst zu haben. Sie können sehen,
sie sehen mich.*

*Sie sind über mir, unter mir, vor mir – sie umgeben mich von allen Seiten;
die Engel meines Vaters beschützen mich überall.*

Text: William J. und Gloria Gaither
Melodie: Dony McGuire
Copyright © 1979 Gaither Music Company und New Spring Publishing, Inc. (Rechte
verwaltet von BMG Music Publishing, Inc.). Alle Rechte vorbehalten.

Then He Bowed His Head and Died

Dann neigte er das Haupt und starb

Noch klang den Jüngern das „Halleluja" in den Ohren, noch hallten die Straßen von Jerusalem von den „Hosianna! Gepriesen sei er!"-Gesängen wider. Jesus aber ging unter dem Schatten der kommenden Ereignisse seinen Weg. Nur er konnte den Preis bezahlen, den es kosten würde, das zerbrochene Leben der Menschen wieder zu heilen. Aus alter Gewohnheit lenkte er seine Schritte zu einem Garten mit knorrigen Ölbäumen und zerklüfteten Felsen, wo er sich so oft die Last vom Herzen gebetet hatte.

Doch in dieser Nacht in Gethsemane wollte die Schwere nicht von seinem Herzen weichen. Nur Stunden zuvor hatte er den Messiaskelch, den Kelch des neuen Bundes mit seinen Jüngern getrunken. Wie hätten sie wissen können, was der Kelch, den er nun leeren müsste, für ihn bereithalten würde?

Er enthielt nicht den süßen Wein der Freundschaft, jener Kelch, der nun wie ein bodenloser Abgrund vor ihm stand. In dem Kelch sah er die Vergangenheit und die Zukunft. Er sah die kranken Perversionen von jedem Sodom und Gomorra unserer Welt, die blutigen Bruderkriege, den Verrat an arglosen Unschuldigen. Er hörte die Schreie von missbrauchten und misshandelten Kindern, das Schluchzen der Verwundeten, zerschlagen an Körper und Seele, die zornigen Schreie der Männer auf den Straßen, wo Gewalt Beziehungen auseinanderreißt, die verbitterten Stimmen der jungen Frauen, die niemandem mehr vertrauen können.

In diesem Kelch sah er Teenager, die sich in irgendeinem irrsinnigen Krieg vor Schmerzen auf dem Schlachtfeld wanden und darum bettelten, dass jemand sie durch einen Schuss von ihren Qualen erlöste. Er sah endlose Reihen nackter jüdischer Männer, Frauen und Kinder, die auf lang gestreckte graue Gebäude zumarschierten, wo die Schornsteine den ekelerregenden Gestank verbrannten menschlichen Fleisches ausspien.

In dem Kelch sah er die ungeborenen Kinder und ihre blutjungen Mütter, die in der Nacht um die verlorene Kindheit weinen – ihre eigene und die ihrer Kinder. Und Schweigen war im Kelch: das lange, leere Schweigen der Witwen, die niemanden mehr haben, mit dem sie reden können, das unbehagliche Schweigen, dick wie eine Betonwand, zwischen Vätern und Söhnen, die niemals einen Weg gefunden haben, einander zu lieben oder geliebt zu werden, das panische Schweigen der Mütter, die auf eine Nachricht ihrer verschollenen Töchter warten, das verzweifelte Schweigen der Kinder, die darauf warten, dass ihre alkoholisierten Eltern in das Zimmer platzen, wo sie ängstlich in der Dunkelheit kauern. Er sah Gewalt, Schmerz, Zerbrochenheit von Eden bis Gethsemane und von Gethsemane bis zum Ende der Zeiten.

Seit Bethlehem hatte er auf dieser Erde gelebt und alle Begrenzungen des menschlichen Daseins geteilt, bis auf eine: Er hatte die tiefe Erkenntnis Gottes. Und diese Erkenntnis fraß an seiner Seele; und sie sagte ihm, dass er die Schmerzen in dem Kelch nicht nur sehen, sondern am eigenen Leibe erfahren musste – er musste Opfer und zugleich Täter werden, ja er musste zur Sünde selbst werden, wenn die verlorenen Kinder des Vaters jemals wieder Heilung und Gesundheit erfahren sollten.

Diese schreckliche Erkenntnis war mehr, als der menschliche Körper ertragen konnte. Bluttropfen begannen auf seiner Stirn zu perlen, als wären es Schweißtropfen. Er wandte sich nach einem Freund um, der ihn unterstützen könnte, nach jemandem, der in dieser Stunde für ihn da sein würde, doch seine Freunde schliefen alle. Die Gesellschaft eines Menschen reichte nicht aus für die Hingabe, die diese Beziehung erforderte.

Er würde diesen Kelch alleine leeren, so wie er alleine von Eden nach Gethsemane gewandert war und nun von Gethsemane nach Golgatha wandern würde. Der Weg, den er einschlagen würde, hieß „Schmerz". Der Schmerzensmann würde diese Schmerzensstraße gehen – und niemand würde ihn begleiten.

Then He Bowed His Head and Died

He heard a thousand mothers weep / For sons they'd never find / The pain of dads who cannot sleep / Then he bowed His head and died

He saw the brokenness of war / The tears of last goodbyes / He saw the lives all torn apart / Then He bowed His head and died

He felt the weight of pris'ners' chains / He heard their cries at night / He felt the last of ev'ry whip / And He bowed His head and died

He felt the pain of broken homes / He heard the children cry / He saw despair and hopelessness / Then He bowed His head and died

From Eden to Golgotha's hill / Across the sands of time / Came love to buy back fallen men / God's Son would have to die

A shout split history in two / And echoed through the skies / The Father heard – "Thy will 'tis done" / As He bowed His head and died

All heaven heard / "Thy will 'tis done / Thy will 'tis done" / Then He bowed His head and died

Dann neigte er das Haupt und starb

Tausend Mütter hörte er weinen, um ihre Söhne, die sie niemals mehr finden würden; er wusste um die Schmerzen der Väter, die keinen Schlaf fanden; dann neigte er das Haupt und starb.

Er sah den Krieg in all seiner Zerbrochenheit, die Tränen beim letzten Lebewohl, er sah, wie Leben auseinandergerissen wurden. Dann neigte er das Haupt und starb.

Er spürte das Gewicht der Ketten, mit denen man Gefangene bindet, er hörte ihre Schreie bei Nacht; er spürte jeden Schlag mit der Peitsche und er neigte sein Haupt und starb.

Er spürte den Schmerz zerbrochener Familien, er hörte Kinder weinen. Er sah Verzweiflung und Hoffnungslosigkeit. Dann neigte er das Haupt und starb.

Von Eden bis nach Golgatha, über alle Zeiten hinweg kam die Liebe, um sündige Menschen zurückzukaufen; Gottes Sohn würde dafür sterben müssen.

Ein Schrei teilte die Weltgeschichte in zwei Teile, er hallte in den Himmeln wider. Der Vater hörte es – „Dein Wille ist geschehen", als er sein Haupt neigte und starb.

Der ganze Himmel hörte es – „Dein Wille ist geschehen, dein Wille ist geschehen", dann neigte er den Kopf und starb.

Text: Gloria Gaither
Melodie: William J. Gaither
Copyright © 1988 Gaither Music Company. Alle Rechte vorbehalten.

$\mathscr{I}$ Believe in a Hill Called Mount Calvary

Ich glaube an einen Hügel namens Golgatha

„Aber wie erklären Sie, dass ein allmächtiger Gott zulässt, dass guten Menschen Schlimmes widerfährt?"

„Ist Gott wirklich souverän? Und wenn ja, sind wir dann nur Roboter? Haben wir überhaupt eine Wahl oder sind wir dazu vorherbestimmt, die Entscheidungen zu treffen, die wir treffen? Wenn Letzteres zutrifft, warum sollen wir dann Zeugnis geben oder Missionare aussenden?"

„Wenn Gott besser weiß, was wir brauchen, als wir selbst, wenn er unsere Gedanken und Sehnsüchte kennt, wenn er die Zukunft sieht und unseren Weg absteckt, warum sollen wir dann noch beten? Warum sollten wir dann nicht einfach darauf warten, dass er das tut, was er sowieso vorhat?"

Fragen wie diese scheinen auf uns einzuprasseln, sobald wir unseren Glauben an Jesus Christus bekennen, als liefere eine Frage, die noch nicht vollständig beantwortet ist, dem Fragesteller einen zusätzlichen Grund, nicht zu glauben.

Vielleicht hatte jeder von uns in seiner Jugend das Gefühl, das Vorrecht zu haben, Fragen zu stellen, ohne die großen Fragen des Lebens wirklich lösen zu müssen. Doch früher oder später entschließen sich die bohrenden Frager und Kritiker, einige der größeren Fragen zu beantworten, oder sie werden zu Zynikern.

Für viele naht diese Zeit der Entscheidung heran, wenn sie einer neuen Generation das Leben schenken. Es ist eine Sache, auf der Studentenbude über die unlösbaren Probleme des Universums zu diskutieren, aber eine völlig andere, ein Neugeborenes in den Armen zu halten und zu begreifen, dass das, was dieses Kind denkt, fühlt und glaubt, zum größten Teil in meiner Verantwortung liegt. Man begreift, dass man niemals die Antworten auf alle Fragen haben wird, doch man weiß auch, dass man zumindest einige Dinge gerne geklärt hätte. Auch wilde Geister brauchen einen Ruhepol, und obwohl wir nicht alles wissen können, beginnen wir zu begreifen, dass wir einige Dinge mit hundertprozentiger Sicherheit wissen müssen. Jesus lehrte uns, dass die Beweise, die unsere Glaubensschritte bekräftigen, erst geliefert werden, wenn wir riskiert haben zu glauben. Andersherum geht es nicht.

Bill und ich schrieben das Lied *I Believe in a Hill Called Mount Calvary* an einem Scheideweg unseres Lebens. Damals hatten wir ebenso wenig wie heute alle Fragen beantwortet. Doch wir entschieden uns, alles was wir waren oder jemals zu sein hofften, für einige Dinge zu riskieren, die für uns den Anfang einer wachsenden Beziehung zu Christus markierten.

Wie die meisten Menschen hätten wir uns gewünscht, dass Gott sich deutlich zu erkennen gegeben hätte, ehe wir den Sprung in den Glauben wagten. Niemand macht sich gerne zum Narren. „Wenn du beweist, dass es dich wirklich gibt, werde ich glauben" – so nähern sich viele dem allwissenden Jehova. Doch Gott ist kein wissenschaftliches Axiom. Er ist der große ICH BIN, und nicht er, sondern *wir* stehen auf dem Prüfstand. Judas (nicht Judas Iskariot) versuchte so auf Sicherheit zu spielen, als er Jesus in eine Diskussion verwickelte. „Offenbare dich doch vor der ganzen Welt. Dann wäre es so viel leichter, die Leute dazu zu bringen, an dich zu glauben. Diese Wunder sind großartig! Willst du damit nicht auf Tour gehen?" Doch Jesus erwiderte sofort: „Wer mich liebt, wird tun, was ich sage. Mein Vater wird ihn lieben, und wir werden zu ihm kommen und bei ihm wohnen" (Johannes 14,23).

Bill und ich mussten lernen, dass Gott von uns verlangt, zuerst das Risiko einzugehen, zu glauben und zu lieben. Dass wir ihn dann kennenlernen, ergibt sich aus der Beziehung. Und Beziehung – nicht Beweise, Wissen, Wunder oder „Gaben" – muss unsere Leidenschaft sein. Was wir als Mittel zum Zweck betrachteten, war für Gott schon das Ziel. Als wir dann den Sprung wagten und glaubten, zogen uns widrige Lebensumstände näher an Christus heran, brachten ihn uns näher und zeigten, dass wir vollkommen von ihm abhängig waren. Genau das – Beziehung – ist sein Ziel für uns. „Wer mich liebt, wird tun, was ich sage. Mein Vater wird ihn lieben, und wir werden zu ihm kommen und bei ihm wohnen", sagte Jesus.

Vor einigen Jahren sah man einen Slogan auf manchen Stoßstangen und Buttons: „Probier's mal mit Jesus." Ich bin sicher, dass das gut gemeint war, aber dieser Satz gefiel mir eigentlich nicht. Er erinnerte mich an ein Vorspeisentablett auf einer Party. Wenn man die Krabbenkanapees nicht mag, probiert man eben die Mini-Hotdogs mit Speck oder eins von den kleinen Käsetörtchen.

Doch ich bin davon überzeugt, dass Jesus zu dienen nichts ist, was man mal ausprobiert. Es ist keine risikofreie Wette. Es ist keine Investition, aus der man Kapital zu schlagen hofft, ein Deal nach dem Motto: „Wenn du etwas herausbekommen willst, musst du erst etwas hineinstecken." Es ist ein Sprung ins Ungewisse, bei dem man alles riskiert, was man hat und ist – ohne Beweise oder finanzielle Gegenleistungen erwarten zu können, ohne Wohlfühlgarantie und ohne das Versprechen, eine Belohnung zu erhalten – obwohl uns irgendwo auf dem Weg vielleicht manche dieser guten Dinge als Resultat unserer Entscheidung erwarten.

Wenn das der Fall sein sollte, ist die Wahrscheinlichkeit recht groß, dass wir als Letzte davon erfahren. Sehr wahrscheinlich fühlen wir uns selbst unzulänglich und ganz gewöhnlich, bis wir jemand anders über uns sagen hören: „Sie ist die geduldigste Person, die ich kenne", oder: „Er ist ein freundlicher, integrer Mann".

„Wer, ich?", fragen wir dann vielleicht.

So erfahren wir, dass wir im Laufe unserer Beziehung mit Jesus nach seinem Bild verändert werden. An diesem Punkt bleiben manche Fragen, die uns verwirren, vielleicht noch unbeantwortet. Aber wir merken, dass das Bedürfnis, diese Antworten zu finden, nachlässt, wenn wir die Antwort in Person kennengelernt haben. Wir lernen, wie Rilke einmal sagte, die Frage zu lieben und uns mit dem manchmal paradox erscheinenden Wesen Gottes wohlzufühlen. Wenn wir dem Autor vertrauen, müssen wir die Geschichte nicht kennen. Wir wissen einfach, dass sie wahr ist.

Wir Amerikaner leben in einem Land, das dem Evangelium freundlich gesinnt ist. Natürlich erlebt jemand hie und da, dass er in seiner Familie oder am Arbeitsplatz wegen seines Glaubens Sprüche einstecken oder Nachteile in Kauf nehmen muss. Doch Verfolgung wie Paulus erleben wir nicht, und wir leben auch nicht in einem Land, in dem Christen geköpft, auf dem Scheiterhaufen verbrannt oder den Löwen vorgeworfen werden.

Doch die Geschichte lehrt uns, dass sich die öffentliche Meinung sehr schnell ändern kann. Unsere Freiheit, öffentlich Gottesdienst zu feiern, sich in Hauskreisen zu treffen, christliche Konzerte an öffentlichen Orten zu veranstalten, mit Tausenden von anderen Menschen zu bekennen, dass wir Gott nachfolgen, könnte durch Reglementierung, Repression oder sogar Gefängnisstrafen abgelöst werden.

Nur eine Beziehung macht uns fähig, solch eine Veränderung durchzustehen. Wenn wir Gott folgen, weil wir glauben, dass es sich materiell auszahlt, Jesus zu dienen, werden wir sehr wahrscheinlich wie Spreu auf der Tenne weggeweht. Wenn wir uns nur deshalb gern in der Gemeinde aufhalten, weil uns die Gemeinschaft dort gefällt und uns dort warm ums Herz wird, werden wir mit Sicherheit weggerissen werden wie hilflose Kinder im Krieg.

Nur eine wachsende Beziehung zum lebendigen Gott, erkauft durch das Blut seines Sohns und am Leben erhalten vom Heiligen Geist, wird einer solchen Belastungsprobe standhalten.

Corrie ten Boom erzählte auf einem unserer Konzerte einmal von einer Unterhaltung, die sie als Jugendliche mit ihrem Vater geführt hatte. Es ging um Märtyrer, die um Christi willen den Tod auf sich genommen hatten. Sie sagte zu ihrem Vater, dass sie nicht glaubte, in der Lage zu sein, fest zu bleiben, wenn sie um ihres Glaubens willen gefoltert würde oder man ihre Familie vor ihren Augen umbrächte. Kurz: Sie glaubte nicht, dass sie zur Märtyrerin geboren war.

Ihr Vater gab ihr eine tiefgründige Antwort, indem er ihr eine Frage stellte: „Als wir neulich die Eisenbahnfahrt gemacht haben – wann genau habe ich euch die Fahrkarten gegeben?"

„Na ja, kurz bevor wir in den Zug gestiegen sind", antwortete sie.

„Wenn Gott dich auffordert, dein Leben für ihn hinzugeben, dann schenkt er dir auch die Gnade, das tun zu können, wenn die Zeit dafür gekommen ist."

Damals konnte sie nicht ahnen, dass sie als Einzige aus ihrer Familie ein Konzentrationslager der Nazis überleben würde, in das man sie und ihre Angehörigen brachte, weil sie zu Hause Juden versteckt und ihnen zur Flucht verholfen hatte.

Selbst als 80-Jährige sagte Corrie, dass sie nicht alle Antworten auf die theologischen Fragen kannte, die oft als Glaubenshindernis geltend gemacht werden, doch sie sang gerne ein Lied, das auf dem Zeugnis des Apostels Paulus beruhte:

Doch ich weiß, an wen ich glaube, und bin überzeugt, dass er in der Lage ist, alles, was ich für ihn eingesetzt habe, bis zu jenem Tag zu bewahren!

El Nathan

Schließlich und endlich muss Glaube Glaube bleiben. Glaube ist ein Risiko, das ich bewusst eingehe, ein Sprung ins Ungewisse, wenn man so will. Doch der Glaube bringt auch etwas in uns zum Klingen und bekräftigt, dass wir mehr sind als eine Ansammlung von konditionierten Zellen, dass es mehr gibt: den Einen, der weit über uns steht.

I Believe in a Hill Called Mount Calvary
There are things as we travel this earth's shifting sand / That trancend all the reason of man / But the things that matter the most in this world / They can never be held in our hand

I believe in a hill called Mount Calvary / I'll believe whatever the cost / And when time has surrendered and earth is no more / I'll still cling to that old rugged cross

I believe that the Christ who was slain on the cross / Has the power to change lives today / For He changed me completely – a new life is mine / That is why by the cross I will stay

I believe that this life with its great mysteries / Surely someday will come to and end / But faith will conquer the darkness and death / And will lead me at last to my Friend

I believe in a hill called Mount Calvary / I'll believe whatever the cost / And when time has surrendered and earth is no more / I'll still cling to that old rugged cross

Ich glaube an einen Hügel namens Golgatha

Während wir über den trügerischen Sand der Erde wandeln, gibt es Dinge, die den Verstand des Menschen übersteigen. Doch die Dinge, die in dieser Welt am wichtigsten sind, können wir nicht mit Händen greifen.

Ich glaube an einen Hügel namens Golgatha. Das glaube ich, was es mich auch kosten mag. Und wenn die Zeit zu Ende geht und diese Welt nicht mehr existiert, klammere ich mich immer noch an das Kreuz von Golgatha.

Ich glaube, dass Christus, der am Kreuz hingerichtet wurde, die Macht hat, heute unser Leben zu verändern. Denn er hat mich von Grund auf verändert – ich habe ein neues Leben! Darum will ich beim Kreuz bleiben.

Ich glaube, dass dieses Leben mit seinen großen Geheimnissen eines Tages ein Ende findet. Doch der Glaube wird Finsternis und.Tod besiegen und mich schließlich zu meinem Freund führen.

Ich glaube an einen Hügel namens Golgatha. Das glaube ich, was es mich auch kosten mag. Und wenn die Zeit zu Ende geht und diese Welt nicht mehr existiert, klammere ich mich immer noch an das Kreuz von Golgatha.

Text: William J. Gaither, Gloria Gaither und Dale Oldham
Melodie: William J. Gaither
Copyright © 1968 William J. Gaither. Aller Rechte vorbehalten.

The Old Rugged Cross Made the Difference

Das Kreuz von Golgatha verändert Menschen

Aus Fanny Crosbys Feder stammen die Liedzeilen: „This is my story, this is my song, praising my savior all the day long" – „Dies ist meine Geschichte, dies ist mein Lied, mit dem ich meinen Retter den ganzen Tag preisen will" (dt. Liedtext von Heinrich Rickers: „Lasst mich's erzählen, Jesus zur Ehr; wo ist ein Heiland, größer als er?").

Wir sind alle Erzähler. Unser ganz normaler Alltag wird zu einer Erzählung; die meisten Schriftsteller sind einfach Beobachter und erzählen die Geschichten, die um sie herum passieren.

Wenn wir jung sind, gibt man uns viele Ratschläge. Eltern, Lehrer, Pastoren und Freunde wollen uns über das Leben informieren. Doch diese Lektionen werden durch Geschichten bestätigt oder auch widerlegt, wenn wir nämlich Menschen beobachten, die Entscheidungen treffen, und zusehen, welche Folgen sich daraus ergeben.

Mir fallen die Geschichten von vier Männern ein. Der erste war Bob, ein junger Vater. Jeden Augenblick musste man darauf gefasst sein, dass er in die Luft ging. Er war ein begabter Handwerker und ein kluger Kopf, doch für ihn war das Leben nur ein endloser Kreislauf von sinnlosen Tätigkeiten: essen, schlafen, zur Arbeit gehen, nach Hause kommen, und dann alles wieder von vorn. Er hatte eine gut bezahlte Arbeitsstelle, eine Frau, die ihn liebte, und drei wunderbare Kinder, doch all das erschien ihm sinnlos, und er ließ seinen Frust ständig zu Hause an den Menschen aus, die er am meisten liebte. Partys am Wochenende machten ihn nur noch unzufriedener, denn wenn die Wirkung des Alkohols nachließ, nagte die Leere noch immer an seiner Seele.

Frau und Kinder versuchten, ihm möglichst aus dem Weg zu gehen, und lernten, ihn nicht noch zu provozieren, wenn er ohnehin schlechte Laune hatte. In den seltenen Augenblicken, in denen er glücklich war, sogen sie seine Zuneigung wie Schwämme auf, doch auch in diesen Momenten lernten sie schließlich wachsam zu sein. Seine Stimmung konnte so schnell umschlagen wie das Wetter während der Tornadozeit.

Bob wurde von einigen in die Gemeinde eingeladen, doch damit wollte er nichts zu tun haben. Als Kind war er hingegangen, doch diese Enge hatte er längst hinter sich gelassen! Doch in dieser liebevollen Gemeinschaft hörten die Leute nicht auf, für Bob zu beten. Obwohl Bob dagegen war, nahm seine Frau die Kinder immer mit zur Gemeinde, und eines Tages lud sie ihn ein, sie zu einem Konzert mit dem Sänger Doug Oldham zu begleiten. Ein Konzert konnte ja wohl nicht allzu religiös sein, dachte sich Bob und ging mit. Außerdem hatte er ein schlechtes Gewissen, weil er zu Hause so oft seiner schlechten Laune freien Lauf ließ, und er wollte sich mit seiner Frau versöhnen.

Die Lieder hatten einen schnellen und eingängigen Rhythmus und das Publikum ging richtig mit. Bob mochte Musik und merkte irgendwann, dass er sogar mitklatschte. Etwa in der Mitte des Konzerts erzählte der Sänger seine eigene Geschichte: Früher war es schwer gewesen, mit ihm auszukommen, und er war so selbstsüchtig, dass seine Frau ihn schließlich mit den Kindern verließ. Er dachte über Selbstmord nach, als ihm aufging, was er seiner Familie angetan hatte.

Bob konnte kaum glauben, was er da hörte. Es hätte seine eigene Geschichte sein können. Ihm war, als könnte der Sänger in sein Innerstes hineinblicken – als könnte er sehen, dass er Dinge tat, die er im Grunde seines Herzens nicht tun wollte (obwohl er offensichtlich nicht die Kraft hatte, dagegen anzugehen), wie er seiner geliebten Familie Schmerzen zufügte, wie leer er sich fühlte und wie wenig er sein Leben ändern konnte.

Bob wusste, dass er einen neuen Weg einschlagen musste, und er wusste, dass er nicht die Kraft dafür hatte, weil er sich innerlich wie gefesselt fühlte. Wie Doug sang, war er „niedergedrückt von einer schweren Last, der Last von Schuld und Schande."

Doch das Lied ging weiter: „Dann berührte mich Jesus – und nun bin ich nicht mehr derselbe. Er hat mich berührt, oh, er hat mich berührt! Freude durchströmt meine Seele!"

Freude! Das war es! In seinem Leben gab es keine Freude.

Nach dem Konzert redete Bob mit dem Pastor über sein Leben, war jedoch noch nicht bereit, eine Entscheidung für Jesus zu treffen. Zu viele Schmerzen hatte er in seiner Kindheit erlitten – manche davon hatten mit seiner Gemeinde zu tun – und er wollte sichergehen, dass er wirklich den richtigen Schritt tat, wenn er sich auf etwas Neues einließ.

Einige Monate später überredete ihn seine Frau, eine Evangelisationsveranstaltung auf dem nahe gelegenen College-Campus zu besuchen. Doug Oldham, den er auf dem Konzert gehört hatte, würde wieder singen. Doch an diesem Abend sollte Bob kein einziges Lied des Sängers hören. Das Gebet zu Beginn des Gottesdienstes war so gewaltig, dass er darauf reagieren musste. Er ging nach vorn zum Altar. Doug sah ihn kommen und ging auf ihn zu. Gemeinsam beteten sie, dass Gott Bob verändern würde. Das tat er. Und wie stark Bob sich veränderte!

Aus ihm wurde ein neuer Mensch. Er trank niemals mehr auch nur einen Schluck Alkohol. Sein Zorn begann sich zu legen. Sein Leben lang hatte er geraucht, doch an diesem Abend hörte er damit auf. Seine Familie konnte kaum fassen, wie sehr er sich auch zu Hause verändert hatte. Eines Tages sagte seine kleine Tochter zu ihrer Mutter: „Irgendetwas ist mit Papa passiert! Er dreht nicht mehr durch." Sie hatte recht. Er war zu einem lebendigen Beispiel für Paulus' Worte geworden: „Das bedeutet aber, wer mit Christus lebt, wird ein neuer Mensch. Er ist nicht mehr derselbe, denn sein altes Leben ist vorbei. Ein neues Leben hat begonnen!" (2. Korinther 5,17).

306

Kurz nachdem Bob seine Geschichte in unserer Gemeinde erzählt hatte, mussten Bill und ich zu zwei Beerdigungen in unserer kleinen Stadt. Bei der ersten wurde ein Mann zu Grabe getragen, der selbstsüchtig und rücksichtslos gelebt hatte. Die meisten seiner Beziehungen hatte er zerstört, und Menschen, die ihm zu nahe kamen, hatte er verletzt. Noch im Sterben verfluchte er die Menschen, die ihm helfen wollten, und lehnte jeden Versöhnungsversuch ab. Nur wenige Leute kamen zu seiner Beerdigung, und diese wenigen fühlten sich unbehaglich. Was soll man bei so einer Beerdigung schon sagen? Diejenigen, die ihr Leben mit ihm teilen mussten, wirkten eher erleichtert und litten deshalb eher unter Schuldgefühlen, statt wirklich zu trauern. Keiner sagte ein Wort der Hoffnung. Die Atmosphäre war düster und depressiv.

Die andere Beerdigung war die von Bills Großvater Grover Gaither, einem einfachen Mann, der, wie wir meinten, ein ganz normales Leben geführt hatte. Er war ein stiller, integrer Mann gewesen, auf dessen Wort man sich verlassen konnte. Er hatte auf einem kleinen Bauernhof in Indiana Landwirtschaft betrieben und als junger Mann in einer Fabrik gearbeitet. An den Wochenenden reiste er mit Bill, Danny und mir im Land herum, wenn das Gaither Trio in Kirchen und Gemeinden sang. Er und Blanche verpassten keinen Gottesdienst in ihrer Gemeinde; sie unterstützten ihre Pastoren; sie nahmen Evangelisten und Missionare bei sich zu Hause auf. Ich bin sicher, Grover hätte Ihnen erzählt, er habe ein gutes Leben gehabt, obwohl er niemals etwas Spektakuläres tat.

Wie überrascht waren wir, als der Saal, in dem die Trauerfeier stattfand, fast aus allen Nähten platzte. Menschen jeglichen Alters passierten den Sarg und erzählten von ihren Erinnerungen. „Er hat mir durch die Elektrikerschule geholfen", sagte ein Mann mittleren Alters. „Ich habe bei ihm und seiner Frau gewohnt, als ich nirgendwo anders unterkommen konnte", erinnerte sich ein anderer. „Samstags hat er mir immer die Haare geschnitten", erzählte ein Junge aus der Nachbarschaft. Jeder Einzelne konnte ein Zeugnis davon abgeben, dass Grover ein „guter Mensch" gewesen war und durch praktische Hilfe sein Leben ganz im Stillen beeinflusst habe.

Es wurde viel gelacht, und man erzählte sich Geschichten, in denen man sich an Grovers Sinn für Humor erinnerte. Und diese Freude! Unter Tränen der Trauer verbarg sich ein Lächeln in der Erinnerung an einen Mann, der buchstäblich in seinen Arbeitsstiefeln gestorben war, als er den Acker für die Aussaat im Frühling vorbereitete.

Bobs Geschichte. Dougs Geschichte. Die Geschichte eines traurigen, vergeudeten Lebens. Grovers Geschichte. Meine Geschichte. Ihre Geschichte.

Wie sie letzten Endes erzählt wird und was sie aussagt, hängt davon ab, welche Haltung man Jesus gegenüber eingenommen hat.

Uns haben diese Geschichten, wie sie von Menschen erzählt und gelebt werden, davon überzeugt, auf dem Weg des Kreuzes zu bleiben. Sie haben uns zu dem Lied *The Old Rugged Cross Made the Difference* angeregt.

The Old Rugged Cross Made the Difference
'Twas a life filled with aimless desperation / Without hope walk'd in the shell of a man / Then a hand with a nailprint stretch'd downward / Just one touch! Then a new life began

And the old rugged cross made the difference / In a life bound for heartache and defeat / I will praise Him forever and ever / For the cross made the difference in me

Barren walls echoed harshness and anger / Little feet ran in terror to hide / Now those walls ring with love, warmth and laughter / Since the Giver of Life moved inside

There's a room filled with sad, ashen faces / Without hope death has wrapp'd them in gloom / But at the side of a saint there's rejoicing / For life can't be sealed in a tomb

And the old rugged cross made the difference / In a life bound for heartache and defeat / I will praise Him forever and ever / For the cross made the difference in me

Das Kreuz von Golgatha verändert Menschen
Ziellos und verzweifelt war sein Leben; ohne Hoffnung schleppte er sich dahin. Dann kam von oben eine von Nägeln durchbohrte Hand. Nur eine Berührung und ein neues Leben begann.

Das Kreuz von Golgatha verändert Menschen, die ein Leben voller Schmerzen und Niederlagen führen; ich will ihn loben in Ewigkeit, denn das Kreuz von Golgatha hat mich verändert.

Harte Worte und Zorn wohnten zwischen den kahlen Wänden, kleine Füße rannten weg, um sich zu verstecken. Heute sind in diesen Wänden Liebe, Wärme und Freude zu Hause, denn er, der alles Leben schenkt, zog hier ein.

Traurige, aschfahle Gesichter im Saal; wo keine Hoffnung ist, überschüttet sie der Tod mit Verzweiflung. Doch wenn ein Heiliger stirbt, kann man jubeln, denn das Leben lässt sich nicht im Sarg einschließen.

Das Kreuz von Golgatha verändert Menschen, die ein Leben voller Schmerzen und Niederlagen führen; ich will ihn loben in Ewigkeit, denn das Kreuz von Golgatha hat mich verändert.

Text: William J. und Gloria Gaither
Melodie: William J. Gaither
Copyright © 1970 William J. Gaither. Alle Rechte vorbehalten.

Joy Comes in the Morning

Mit dem Morgen kommt die Freude

Jeder Mensch durchlebt irgendwann einmal in seinem Leben schwere Zeiten. Erst wenn der Erzengel Michael zum letzten Mal in die Posaune stößt und den harten Griff dieser alten Erde löst, werden wir nicht mehr mit Problemen zu kämpfen haben. Niemand ist vom Leid ausgenommen. Doch die Nacht kann nicht ewig dauern, und am dunkelsten ist es in der Stunde vor der Morgendämmerung. Gott hat verheißen: „Die Nacht ist noch voll Weinen, doch mit dem Morgen kommt die Freude" (Psalm 30,6).

Eines Abends hörten Bill und ich auf einer Autofahrt im Radio einen afroamerikanischen Pastor, der es verstand, seine Gemeinde, aber auch die Zuhörer am Radio zu ermutigen. Er zeigte echtes Mitgefühl für diejenigen, die leiden, und wiederholte immer wieder die Verheißung aus Psalm 30. „Die Nacht ist noch voll Weinen", sagte er und forderte seine Zuhörer auf, diese Worte zu wiederholen. „Doch mit dem Morgen kommt die Freude! Sagt es noch einmal: Die Nacht ist noch voll Weinen." Sie gaben zurück: „Doch mit dem Morgen kommt die Freude!" Wie mit einer Stimme bekräftigten sie: „Doch mit dem Morgen kommt die Freude!"

Schließlich untermalten Orgelklänge diese Wahrheit. Die Musik schwoll an wie Wellenkämme am Strand. „Doch mit dem Morgen kommt die Freude!"

Beim Zuhören schienen unsere eigenen Probleme angesichts der unermesslichen Macht Gottes und seiner großen Treue in die richtige Perspektive gerückt zu werden.

Das Lied, das dieser Erfahrung entsprang, hat mehr als 20 Jahre lang in unser Leben gesprochen und wurde von Gott gebraucht, um viele Menschen, die uns geschrieben oder nach Konzerten angesprochen haben, zu ermutigen und ihnen die richtige Perspektive zu schenken. Im Laufe der Jahre haben wir begriffen, dass der Schmerz, wie C. S. Lewis einmal schrieb, „Gottes Megafon" ist. Er ist ein nützliches Werkzeug in der Hand des Meisters, wenn er in uns Freiräume schafft, die die Freude des Morgens aufnehmen können.

Wenn die schweren Zeiten kommen, wissen wir, dass die Sonne wieder durchbrechen wird, ganz egal, wie tragisch uns unsere Situation auch sein mag, wie lange unsere geistliche Dürre auch dauert, wie dunkel die Tage auch sind: Die Dämmerung wird anbrechen. Mit dieser Zusage schließt er uns in die Arme, und dann werden wir wissen, dass er die ganze Zeit bei uns gewesen ist. Dann werden wir ihn sagen hören: „Halte durch, mein Kind, mit dem Morgen kommt die Freude!"

Joy Comes in the Morning
If you've knelt beside the rubble / Of an aching, broken heart / When the things you gave your life to fell apart / You're not the first to be acquainted / With sorrow, grief or pain / But the Master promised sunshine after rain

Hold on My child / Joy comes in the morning / Weeping only lasts for the night / Hold on My child / Joy comes in the morning / The darkest hour means / Dawn is just in sight

To invest your seed of trust in God / In mountains you can't move / You've risked your life on things you cannot prove / But to give the things you cannot keep / For what you cannot lose / Is the way to find / The joy God has for you

Hold on My child / Joy comes in the morning / Weeping only lasts for the night / Hold on My child / Joy comes in the morning / The darkest hour means / Dawn is just in sight

Mit dem Morgen kommt die Freude
Wenn du neben dem Scherbenhaufen eines schmerzenden, zerbrochenen Herzens gekniet hast, wenn alles auseinanderfällt, wofür du dein

Leben eingesetzt hast, bist du nicht der Erste, der mit Sorgen, Kummer und Schmerz Bekanntschaft schließt, doch der Meister hat Sonnenschein nach dem Regen versprochen.

Halte durch, mein Kind, mit dem Morgen kommt die Freude; nur eine Nacht lang müssen wir weinen; halte durch, mein Kind, mit dem Morgen kommt die Freude. Die dunkelste Stunde bedeutet, dass bald der Morgen anbricht.

Wenn du dein Vertrauen, klein wie ein Samenkorn, in Gott investierst, in Berge, die du nicht bewegen kannst, dann riskierst du dein Leben für Dinge, die du nicht beweisen kannst. Doch alles hinzugeben, was du nicht behalten kannst, für Dinge, die du nicht verlieren kannst, ist der einzige Weg, die Freude zu finden, die Gott für dich bereithält.

Halte durch, mein Kind, mit dem Morgen kommt die Freude; nur eine Nacht lang müssen wir weinen; halte durch, mein Kind, mit dem Morgen kommt die Freude. Die dunkelste Stunde bedeutet, dass bald der Morgen anbricht.

Text: Gloria und William J. Gaither
Melodie: William J. Gaither
Copyright © 1974 William J. Gaither. Alle Rechte vorbehalten.

These Are They

Das sind diejenigen

Die meisten von uns sind Macher. Von Kindesbeinen an werden wir darauf konditioniert, Leistung zu bringen und die uns gestellten Aufgaben gut zu erledigen. In unserer Gesellschaft werden vor allem Männer danach gemessen, was sie erreicht haben. Die Identität eines Mannes wird nur allzu oft dadurch definiert, was er macht. Wenn zwei Männer im Flugzeug nebeneinander sitzen, ist eine der ersten Fragen, die sie einander stellen, oft: „Und was machen Sie so beruflich?"

Frauen scheinen ihren Wert eher danach zu beurteilen, wie viele Punkte sie auf ihrer To-do-Liste abgehakt haben. Ich kann mich kaum noch an ein Leben vor Haftnotizen erinnern. Diese Dinger kleben bei mir überall – auf dem Steuerrad, dem Kühlschrank, der Küchentür, dem Badezimmerspiegel –, um mich an die verschiedensten Dinge zu erinnern: daran, dass ich unbedingt etwas unternehmen muss, um ein Problem zu lösen oder an einer Beziehung zu arbeiten.

Auch in unserem geistlichen Leben sehen wir uns oft gedrängt, immer mehr zu tun: mehr zu beten, mehr in der Bibel oder in Andachtsbüchern zu lesen, auf mehr Bibelfreizeiten zu fahren, sich noch mehr Bibelgruppen anzuschließen. Wenn Gott etwas von uns will, sind wir bereit, das zu tun.

Doch für die meisten von uns ist das Schwerste, was Gott von uns verlangen könnte, zu warten. Darin bin ich nicht sehr gut. Bill kann es sogar noch schlechter. Warten ist schwer.

Doch wenn wir in der Bibel von den großen Führungspersönlichkeiten lesen, sehen wir, dass es durchaus nicht ungewöhnlich war, wenn Gott sie aufforderte zu warten, und zwar nicht nur ein oder zwei Tage, sondern oft jahrelang, bis Gott die Zeit gekommen sah, sie in Bewegung zu setzen. Mose wartete in Midian, bis er nach Gottes Auffassung reif genug war, ihm im brennenden Dornbusch zu begegnen und das Volk Israel in die Freiheit zu führen.

Josef, der von seinen Brüdern in die Sklaverei verkauft worden war, saß jahrelang in einem ägyptischen Gefängnis. Dort harrte er aus, bis Gott die Fäden so zusammenführte, dass Joseph ein verantwortungsvoller Posten übertragen wurde und er nach dem Pharao der zweite Mann im Staat wurde. Joseph sehnte sich auch nach Versöhnung mit seiner Familie. Doch er musste fast zehn Jahre warten, bis Gott sie dafür bereit gemacht hatte.

Gott forderte Abraham auf, das Haus seines Vaters zu verlassen und in ein Land zu ziehen, das er ihm zeigen würde.

313

„Ich will dich segnen und dich zum Stammvater eines mächtigen Volkes machen", sagte er. „Dein Name soll in aller Welt berühmt sein. An dir soll sichtbar werden, was es bedeutet, wenn ich jemand segne" (1. Mose 12,2; GN).

Abraham tat, wie ihm Gott geheißen hatte. Das war der einfache Teil, wo er etwas tun konnte. Der schwere Teil war das Warten. Abraham und Sara glaubten Gott und warteten auf den versprochenen Sohn. Und sie warteten. Und warteten. Als die Jahre ins Land zogen und sie immer noch keinen Sohn bekommen hatten, begannen sie sich zu fragen, ob sie sich nicht vielleicht verhört hatten. Vielleicht sollten sie die Sache selbst in die Hand nehmen. Könnte Abraham Gott nicht „unter die Arme greifen", indem er für eine Ersatzmutter (Hagar) sorgte und mit ihr einen Sohn zeugte? In manchen schlaflosen Nächten fragte sich Abraham gewiss: *Habe ich nur geträumt, dass Gott mir diese Verheißung gegeben hat? Leide ich womöglich unter Größenwahn?*

Unter dem Wüstenhimmel machte Gott mit Abraham einen Spaziergang. In jenen Tagen, als es keine künstlichen Lichtquellen gab, war der Nachthimmel noch dunkel. Der samtene Himmel war mit Sternen übersät, die so hell schienen, als stammten sie von einem starken Licht, das durch winzige Löcher in einer schwarzen Leinwand strahlte. „Zähl sie", sagte Gott zu Abraham. „Zähl die Sterne." Abraham brachte gerade noch die Worte heraus: „Es sind zu viele."

„So zahlreich sollen deine Nachkommen sein, Abraham."

Gott und Abraham gingen am Strand entlang.

„Zähl sie, Abraham. Zähl die Sandkörner", sagte Gott.

Abraham war überwältigt. „Ich kann sie nicht zählen", flüsterte er. „Kein Mensch kann diese Sandkörner zählen."

„So zahlreich sollen deine Nachkommen sein."

Abraham blieb allein zurück, um über die Verheißung nachzudenken, die Gott ihm schon lange vorher gegeben hatte. Nun war er alt und Sara konnte keine Kinder mehr bekommen ...

Ich freue mich schon darauf das zu sehen: Der alte Stammvater Abraham liegt geborgen in Gottes Armen und schaut über die Zinnen des Himmels auf etwas, das wie eine große Wolke aussieht und sich auf ihn zubewegt. Wenn er genauer hinschaut, begreift er, dass es gar keine Wolke ist, sondern eine gewaltige Menschenmenge, so weit das Auge reicht. Die Prozession wird angeführt von Tausenden von Menschen, die in weiße Gewänder gekleidet sind. Sie scheinen so hell wie die Sterne.

„Zähl sie, Abraham", sagt Gott zu Abraham.

„Ich kann sie nicht zählen, Herr, es sind zu viele. Kein Mensch könnte sie zählen. Wer sind sie?"

„Das sind deine Nachkommen, Abraham. Ich habe sie dir verheißen."

„Und die weiß Gekleideten? Wer sind sie?"

„Das sind diejenigen, die aus der großen Prüfung kommen. Sie haben ihre Kleider im Blut des Lammes gewaschen und weiß gemacht ... Sie werden nie wieder hungern oder Durst leiden ... Und Gott wird alle ihre Tränen abwischen" (Offenbarung 7,14.16.17).

Ganz egal, was wir durchmachen oder wie lange wir auf Antworten warten müssen – einer Sache können wir uns gewiss sein: Gott ist treu. Er steht zu seinen Verheißungen. Was er anfängt, vollendet er auch ... auch die Arbeit, die er in uns begonnen hat!

These Are They
Oceans give up all the dead that are in them / The graves open wide to set captives free / And those who are roaming the earth rise to meet them / Abraham's seed as the sands of the sea

Like a strong, mighty army, their voices are ringing / The great cloud of witnesses sings freedom's song / As they enter the country built by their own Father / The promised homeland they've looked for so long

All the strangers and pilgrims are no longer strangers / The tired, weary wanderers wander no more / The table is spread for the great celebration / And the "Welcome Home!" banner flies over the floor

These are they who have come out of great tribulation / And have washed their robes in the blood of the Lamb / They have come through deep sorrow into great jubilation / They're redeemed by the blood of the Lamb

Das sind diejenigen

Das Meer gibt seine Toten frei; die Gräber öffnen sich, um die Gefangenen zu befreien. Und wer noch auf der Erde wohnt, erhebt sich, um sie zu begrüßen – Abrahams Samen, so zahlreich wie der Sand am Meer.

Wie ein starkes mächtiges Heer erschallen ihre Stimmen, die gewaltige Wolke der Zeugen singt das Lied der Freiheit, während sie in das Land einziehen, das von ihrem Vater errichtet wurde – die verheißene Heimat, auf die sie sich so lange gefreut haben.

Die Heimatlosen und Pilger sind nicht mehr heimatlos; die müden, erschöpften Wanderer müssen nicht mehr wandern. Die Tafel ist gedeckt für das große Festessen und das Schild „Willkommen zu Hause!" hängt über der Tür.

Das sind diejenigen, die die große Trübsal durchgestanden und ihre Gewänder im Blut des Lammes gewaschen haben. Sie sind vom tiefen Kummer zum lauten Jubel durchgedrungen; sie wurden erlöst durch das Blut des Lammes.

Text: William J. und Gloria Gaither
Melodie: William J. Gaither
Copyright © 1980 William J. Gaither. Alle Rechte vorbehalten.

I've Just Seen Jesus

Gerade habe ich Jesus gesehen

Biblische Geschichten und das Leben Jesu lieferten den Stoff für viele Monumentalfilme: *Die Zehn Gebote, Ben Hur, Die Passion Christi, Jesus von Nazareth* und *Quo Vadis,* um nur einige zu nennen. In Hollywood griff man tief in die Trickkiste und teilte das Rote Meer, sodass Tausende zwischen den gewaltigen Wasserwänden vor dem Heer des Pharao in die Freiheit entkommen konnten. Die Tricktechnik machte es möglich, dass sich ein Fluss in Blut verwandelte und Aussatz verschwand.

Doch keiner dieser Effekte übte auf mich eine solche Wirkung aus wie der in dem alten Schwarzweiß-Film *König der Könige* von Cecil B. DeMille. Der Regisseur entschied sich, Jesus nicht von einem Schauspieler darstellen zu lassen, sondern nur Jesu Füße beim Gehen zu zeigen. Die Kameras richteten sich nicht auf Jesus, sondern auf die Gesichter derjenigen, an denen Jesus vorüberging. Das monumentale Werk wurde vor der Ära der Tonfilme gedreht und zwang die Zuschauer, auf dem Bildschirm die Worte Jesu zu lesen und dann zu sehen, welche Wirkung sie hatten, wenn er das Leben eines Menschen veränderte oder ihn heilte.

Ich war noch klein, als ich diesen Film sah, und doch kann ich mich noch in allen Einzelheiten an manche Szenen erinnern: an das Gesicht der Frau, die in flagranti beim Ehebruch ertappt worden war und nun Jesus in die Augen sah; an das verkrüppelte Kind, als es spürte, wie Kraft in das lahme Bein strömte; an die Freude der zehn Aussätzigen, als sie die Verbände abnahmen, die das verwesende Fleisch auf den Knochen gehalten hatten.

Doch die Schilderungen im Film verblassen gegen die Realität. Wie wäre es gewesen, wirklich mit dem lebendigen Jesus umherzuwandern? Was für ein Erlebnis wäre es gewesen, Jesus zu sehen, wie er die staubigen Straßen von Nazareth entlangging, mit ihm auf den grünen Hügeln von Galiläa zu sitzen und ihn mit eigenen Ohren sagen zu hören: „Freuen dürfen sich alle, die nur noch von Gott etwas erwarten – mit Gott werden sie leben in seiner neuen Welt. ... Freuen dürfen sich alle, die unterdrückt sind und auf Gewalt verzichten – Gott wird ihnen die Erde zum Besitz geben" (Matthäus 5,3.5; GN). Zu spüren, wie er mich bei der Hand nimmt und mir aufhilft, während er die Worte spricht: „Ich verurteile dich [...] nicht. Du kannst gehen; aber tu diese Sünde nicht mehr" (Johannes 8,11; GN). Zu erleben, wie er unser totes Kind anrührt und sagt: „Das Kind ist nicht tot; es schläft nur" (Markus 5,39). Was für ein Erlebnis wäre es gewesen, nach solch einem Tag am Abendbrottisch zu sitzen und sagen zu können: „Wir haben heute diesen Jesus gesehen!"

Doch keine dieser Begegnungen mit dem wirklichen, lebendigen Jesus wäre so beeindruckend gewesen wie die, welche die Menschen, die ihn am meisten liebten, drei Tage nach der Kreuzigung mit ihm hatten: Maria Magdalena, Maria, die Mutter Jesu, Marta und Maria aus Betanien, Johannes, Thomas ... Am Freitag hatten sie alle unter dem Kreuz gestanden. Jeder einzelne unerträgliche Augenblick dieses Nachmittags hatte sich in ihr Gedächtnis eingebrannt: die Nägel, das dumpfe Geräusch, als das Kreuz in das Loch gesetzt wurde, das die Henker gegraben hatten, die letzten Worte am Kreuz, die Jesus unter Todesqualen von sich gab. Wie konnten sie die spöttischen und hässlichen Bemerkungen der Römer jemals vergessen? Den Gegensatz zwischen den Flüchen des einen Diebs, der neben ihm starb, und der flehentlichen Bitte des anderen Verbrechers, dem Jesus direkt in die Augen sah, als er ihm versprach, noch am selben Tag würde er mit ihm im Paradies sein – diese Bilder gingen ihnen im Kopf herum, als sie versuchten, Samstagnacht Schlaf zu finden.

Sie hatten gewartet – während der Kreuzigung selbst, während der unheimlichen Sonnenfinsternis am Mittag bis hin zum Abend, als die Soldaten bestätigten, dass die Delinquenten tot waren. Es war nicht schwer gewesen, Jesu Leichnam vom Kreuz herunterzunehmen; die Nägel hatten wegen der rauen Vorgehensweise und des Gewichts seines Körpers große Löcher in seine Hände gerissen.

Josef von Arimathäa sprach mit den Soldaten und bat um die Erlaubnis, Jesus in einem unbenutzten Grab auf seinem Grundstück zu bestatten. Als man den Leichnam freigegeben hatte und sie ihn zum Grab getragen hatten, blieb ihnen nur noch wenig Zeit bis zum Sonnenuntergang, dem Beginn des Sabbats, um den Leichnam zu waschen und in Tücher zu wickeln. Es bestand kein Zweifel daran, dass Jesus tot war. Die klaffenden Wunden, vor allem die, die der Speer hinterlassen hatte, den die Soldaten in seine Seite gestoßen hatten, hatten so viel Blut und Körperflüssigkeit austreten lassen, dass er ganz eingefallen und ausgedörrt wirkte.

Wie liebevoll und zärtlich mussten sie seinen Leichnam gewaschen haben. Und seine Worte klangen ihnen noch in den Ohren: „Nehmt und esst, das ist mein Leib, der für euch geopfert wird." Am Abend zuvor hatten sie geglaubt, das Brot, der Wein und seine Worte seien nur Symbole aus uralten Zeiten. Nun aber begriffen sie, dass es sich um etwas ganz Neues handelte – er hatte sie aufgefordert, das Brot zu seinem Gedächtnis zu brechen. Was ihn betraf, war es kein Symbol. Sein Körper, den sie hier berührten, war zerschunden und zerschlagen. Auch für sie sollte es mehr als ein Symbol werden, nämlich ein Aufruf, seinem Beispiel zu folgen, selbst wenn das bedeuten sollte, das eigene Leben einzubüßen.

Am Abend dieses Sabbats waren alle schweigend ihrer Wege gegangen. Es gab nichts mehr zu sagen. Alles schien vorüber zu sein. Sie hatten sich mit ihm auf den Weg gemacht. Ihr Ziel war das von Gott verheißene Himmelreich, das nun zerschmettert zu ihren Füßen zu liegen schien. Und doch lag etwas Unerklärliches in der Luft, sie hatten das Gefühl, dies sei nicht das Ende, sondern ein Anfang. Vielleicht leugneten sie nur die Realität, und doch hegten sie in diesem schwarzen Loch der Hoffnungslosigkeit noch Hoffnung, ohne ihr Worte verleihen zu können – weder sich selbst noch den anderen gegenüber.

Von diesen Stunden hatte jeder eine sehr persönliche Geschichte zu erzählen, denn ihn zu kennen war eine persönliche Erfahrung, die sie zwar teilten, die aber trotzdem für jeden von ihnen einzigartig war. Eins war sicher: Niemand konnte ihn sehen oder von seinen Augen angesehen werden, die bis auf den Grund der Seele zu blicken schienen, und derselbe bleiben.

Dann, am Ostermorgen, entdeckten sie das leere Grab. Maria Magdalena hatte tatsächlich mit dem Auferstandenen gesprochen, und Petrus und Johannes rannten los, um ihre Geschichte zu überprüfen. Konnte das wirklich wahr sein? Sie erlebten ein Wechselbad der Gefühle, als sie den Garten betraten. Das offene Grab sahen sie sofort, der Stein vor der Öffnung war weggerollt, als hätte jemand ein Kinderspielzeug aus dem Weg geräumt. Und dann bemerkten sie die weiß gekleidete Gestalt, die auf den Grabplatten saß, dort, wo sie den Leichnam ihres Herrn hingelegt hatten.

„Was sucht ihr den Lebenden bei den Toten? Er ist nicht hier; Gott hat ihn vom Tod auferweckt! Seht, hier habt ihr ihn hingelegt!"

Ihre Gesichter – was stand in ihren Gesichtern geschrieben? Und wie kehrten sie zu den anderen Jüngern zurück? Was immer dort mit ihnen geschah und auch später, als er ihnen erschien, verlieh ihnen eine Leidenschaft, die uns auch heute noch, zweitausend Jahre später, dazu veranlasst, ihre Geschichte zu glauben.

I've Just Seen Jesus

We knew He was dead / "It is finished," He'd said / We had watched as His life ebbed away / Then we all stood around / 'Til guards took Him down / Joseph begged for His body that day

It was late afternoon / When we got to the tomb / Wrapped His body in and sealed up the grave / So I know how you feel / His death was so real / But please listen and hear what I say

I've just seen Jesus I tell you He's alive / I've just seen Jesus! My precious Lord ... alive / And I knew, He really saw me too! – as if 'til now, I'd never lived / All that I've done before won't matter anymore / I've just seen Jesus I've just seen Jesus / I will never be the same again

It was just before dawn / I was running along / Barely able to see where to go / For the tears in my eyes / And the dusky sunrise / Seemed to cloud up my vision so / It was His voice I first heard / Those kind gentle words / Asking what was my reason for tears / And I sobbed in despair / "My Lord is not there" / He said, "Child! It is I. I am here"

I've just seen Jesus I tell you He's alive / I've just seen Jesus! My precious Lord ... alive / And I knew, He really saw me too! – as if 'til now, I'd never lived / All that I've done before won't matter anymore / I've just seen Jesus! I've just seen Jesus / I will never be the same again

Gerade habe ich Jesus gesehen

Wir wussten, dass er tot war. „Es ist vollbracht", hatte er gesagt. Wir standen da und sahen zu, wie er langsam starb. Dann standen wir alle um ihn herum, bis die Henkersknechte ihn vom Kreuz abnahmen – an jenem Tag bat Josef um seinen Leichnam.

Es war schon Spätnachmittag, als wir beim Grab ankamen, seinen Leichnam in Grabtücher wickelten und das Grab versiegelten. Ich weiß, wie ihr euch fühlt, wir haben seinen Tod miterlebt, doch hört bitte auf das, was ich zu sagen habe:

Gerade habe ich Jesus gesehen! Ich sage euch, er lebt! Gerade habe ich Jesus gesehen! Mein Herr ... lebendig! Und auch er hat mich gesehen! Ich habe das Gefühl, erst jetzt bin ich richtig lebendig! Was ich davor getan habe, spielt nun keine Rolle mehr! Gerade habe ich Jesus gesehen! Ich habe Jesus gesehen! Von nun an bin ich nicht mehr derselbe!

Es war kurz vor der Morgendämmerung – ich rannte zum Grab, konnte kaum sehen, wohin ich lief, denn die Tränen in meinen Augen und der

321

Sonnenaufgang im Nebel ließen mich nichts deutlich erkennen. Zuerst hörte ich seine Stimme – freundliche sanfte Worte. Er fragte mich, warum ich weine, und verzweifelt schluchzte ich: „Mein Herr ist nicht hier!" Er sagte: „Mein Kind! Ich bin es! Ich bin hier!"

Gerade habe ich Jesus gesehen! Ich sage euch, er lebt! Gerade habe ich Jesus gesehen! Mein Herr ... lebendig! Und auch er hat mich gesehen! Ich habe das Gefühl, erst jetzt bin ich richtig lebendig! Was ich davor getan habe, spielt nun keine Rolle mehr! Gerade habe ich Jesus gesehen! Ich habe Jesus gesehen! Von nun an bin ich nicht mehr derselbe!

Text: Gloria Gaither
Melodie: William J. Gaither und Danny Daniels
Copyright © 1984 Gaither Music Company und Ariose Music (Rechte verwaltet von EMI Christian Music Group). Alle Rechte vorbehalten.

Unshakable Kingdom
Das unerschütterliche Reich

Der 28. Dezember ist der Tag der Unschuldigen Kinder, an dem man der Kleinkinder gedenkt, die von König Herodes in dem Bestreben umgebracht wurden, Jesus, den verheißenen König der Könige, aus dem Weg zu räumen. Und wofür mussten diese Kinder sterben? Herodes fürchtete, dass sie eine Bedrohung darstellten – für seinen Thron, seine Macht und das Wirtschaftssystem.

Könnte es sein, dass wir in einer „herodianischen Kultur" leben? Wir hören heute viel von persönlicher Stärke und davon, dass wir „die Nummer 1" sein sollen. Man erzählt uns, dass wir unser eigenes Leben in die Hand nehmen müssen, dass wir über unser Schicksal bestimmen. Was für ein fürchterlicher Gedanke! Die Vorstellung, dass wir wie Könige die Situation nach unseren Vorstellungen gestalten, schließt automatisch mit ein, dass andere Könige dabei sterben, dass wir alles und jeden eliminieren, der uns im Weg steht. Herodes' Vorbild zeigt uns, dass ein machthungriger Mensch keine anderen Könige und Herren neben sich duldet.

Wer erklärt, dass er die absolute Kontrolle ausüben will, erklärt damit anderen, die dagegen aufbegehren, den Krieg. Kinder, Babys – auch noch ungeborene –, Ehemänner und -frauen, Nachbarn, alternde Eltern: Keiner von ihnen darf unsere persönliche Vorherrschaft infrage stellen, wenn wir Herr über unsere eigenen Geschicke sind. Kein Wunder, dass es in unserer Gesellschaft zu immer mehr Verbrechen, Gewalt, aggressivem Verhalten und Misshandlungen kommt, wenn die Selbstbestimmtheit unser höchstes Ziel ist.

Und welche Ironie liegt darin, dass das Baby, das Herodes' Zugriff entkommen und nach Ägypten entfliehen konnte, später auf einem Esel in die Stadt Jerusalem einzog und ein Reich ausrief, das im Herzen der Gläubigen aufgerichtet würde. Und diese Gläubigen hatte er aufgerufen, wie die Kinder zu werden. Die Kinder dieses Reichs sollten bis zum Ende der Zeiten Herodes im Schlaf heimsuchen. Welche Ironie, dass dieses Kind in der Krippe, das den Mordanschlag überlebte, später lehren würde, dass verlieren gewinnen bedeute und dass Opfer der Weg zur Erlösung sei.

Welche Ironie, dass selbst die Leute, die „Hosianna" gerufen und die Speisung der Fünftausend miterlebt hatten, so leicht zu überzeugen waren, nun „Kreuzigt ihn!" zu brüllen. Wer Jesus vorher mit Kronen und Zeptern verfolgt hatte und ihn zwingen wollte, seine Größe allen zu offenbaren, stand nun mit seinen purpurnen Gewändern, goldenen Zeptern und Beuteln voller Silber da, während Jesus in einen Garten voller knorriger Bäume und später ans Kreuz ging, um uns klarzumachen, wie ein wahrer König aussieht.

Und welche Ironie, dass diejenigen, die ihn ein Stück seines Weges begleitet hatten, und auch die Soldaten, die sein Grab bewachten, den Ostermorgen verschliefen, als das versiegelte Grab aufbrach und Jesus das Grab verließ wie ein Neugeborenes den Schoß seiner Mutter.

Und ihnen entging auch, dass er seine Freunde rund um ein Lagerfeuer am Strand versammelte, um mit ihnen zu feiern und dann auf einer Wolke in den Himmel auffuhr, um zu seinem Vater zurückzukehren.

Und seit diesem Tag feiern die Menschen, die sein Wort in ihrem Herzen wohnen lassen, voller Freude den Tag der Unschuldigen Kinder und sehnen sich danach, dass dieses uralte Reich, das für immer Bestand haben wird, allen offenbar wird.

Unshakable Kingdom

They came to follow Him / Drawn by what He promised them / If they would sell all that they had / He said that God would send / A kingdom that would never end / Where all the poor would be rich / And in their discontent / They heard what they thought He meant / Heard that the weak would be strong / Bread would be multiplied / Hunger be satisfied / And every servant a king / But He went His quiet way / Giving Himself away / Building what eyes could never see / While men looked for crowns and thrones / He walked with crowds, alone / Planting a seed in you and me / Crying for those who cried / Dying for those who died / Bursting forth, glorified! Alive / Yet some of them looked for Him / Sad that it had to end / But some dared to look within and see / The kingdom of God, a kingdom that would never end ... / The living, unshakable kingdom of God

Das unerschütterliche Reich

Sie kamen, um ihm zu folgen, angezogen von dem, was er ihnen für den Fall versprach, dass sie all ihr Hab und Gut verkauften. Er sagte, dass Gott ein Reich aufrichten würde, das für immer Bestand hätte, wo alle Armen reich sein würden. Und in ihrer Zufriedenheit hörten sie, was sie hören wollten – hörten, dass die Schwachen stark sein würden, dass aus wenig Brot viel, der Hunger gestillt und jeder Knecht zum König werden würde. Doch er ging still seinen Weg und baute etwas auf, unsichtbar für unsere Augen. Während die Menschen nach Kronen und Thronen

Ausschau hielten, ging er mit der Menge und allein, legte einen Samen in dich und mich hinein – weinte für die Weinenden, starb für die Sterbenden und ließ verherrlicht das Grab hinter sich! Lebendig! Trotzdem suchten einige nach ihm, traurig, dass nun alles zu Ende war, doch einige wagten es, in sich hineinzublicken, und entdeckten das Reich Gottes, ein Reich, das nie zerfallen würde ... Das lebendige, unerschütterliche Reich Gottes!

Text: Gloria Gaither
Melodie: William J. Gaither und Michael W. Smith
Copyright © 1985 Gaither Music Company und Meadowgreen Music Company (Rechte verwaltet von EMI Christian Music Group). Alle Rechte vorbehalten.

Peace Be Still

Schweig, sei still

Die meisten unserer Lieder wurden aus dem Bedürfnis heraus geschrieben, einer wichtigen Wahrheit Ausdruck zu verleihen, die unser Leben veränderte, jedenfalls wenn es zum betreffenden Zeitpunkt noch kein Lied zu diesem Thema gab. Das war auch bei unserem Lied *Peace Be Still* der Fall.

1985 fuhren wir mit etwa 90 Leuten aus den gesamten Vereinigten Staaten nach Israel. Die meisten Teilnehmer der Gruppe waren sich vorher noch nie begegnet. Sie alle hatten sich aus einem bestimmten Grund zu dieser Reise zusammengefunden: Sie wollten das von uns geschriebene Musical *He Started the Whole World Singing* aufführen. Alle unsere Reisegefährten hatten es bereits mit ihren Gemeindechören bei sich zu Hause aufgeführt und wollten sich nun einem großen Chor anschließen, der dieses Musical im Heiligen Land zur Aufführung bringen würde, unter Juden, die für die Geschichte des Messias so wichtig waren und sind – dem Messias, der uns die Herrlichkeit wiedergab, die Satan uns im Garten Eden genommen hatte.

Die Probe war für den dritten Abend unserer Reise angesetzt, in einem Hotel in Tiberias am See Genezareth. Nach
unserer Ankunft morgens verbrachten wir den Tag auf einem kleinen Schiff. Mitten auf dem See hielten wir an und
stoppten die Maschinen. Es war ein wunderschöner klarer
Tag, der See war spiegelglatt und ruhig bis auf das Wasser,
das gegen die Bootswände schwappte. Vom Ufer hörten wir
noch ganz leise den Gesang der Vögel.

Das eine Ende des Sees Genezareth wird von Hügeln
gesäumt. In diesen Hügeln gibt es eine Felsspalte, und unser Reiseführer erklärte uns, dass sie wie ein Tunnel wirkt,
durch den der Wind direkt auf das seichte Wasser bläst. So
könne, sagte er uns, innerhalb von kurzer Zeit ein Sturm mit
hohen Wellen aufkommen.

Unsere Gruppe redete darüber, dass es in unserem Leben
oft genauso ist: Wir fahren auf ruhiger See dahin, bis die
Wogen unser Leben durcheinanderbringen und unser Schiff-
chen zu kentern droht.

Wir nutzten die Gelegenheit, um zusammen den Bericht
aus Markus 4,35–41 von Jesus und seinen Jüngern im Boot
zu lesen, einem Boot, das unserem vielleicht ähnlich sah, auf
genau diesem See, nachdem Jesus den ganzen Tag am Ufer
gelehrt hatte. Er war erschöpft, wie man es nur ist, wenn
man sich den ganzen Tag um Menschen und ihre Nöte
gekümmert hat. Kaum hatte sich das Boot vom Ufer entfernt, als Jesus sich hinlegte und hinten im Boot einschlief,
während die kleinen Wellen rhythmisch an die Bootswand
plätscherten.

Während wir noch die Geschichte lasen, bemerkten wir
purpurrote Wolken, die sich hinter den Hügeln zusammen-
zogen, obwohl die Sonne immer noch auf dem Wasser glit-
zerte und der See spiegelglatt dalag. Nun konnten wir uns
vorstellen, wie der Wind hinter den Hügeln auffrischen und,
durch den engen Korridor zwischen den Felsen verstärkt,
das Wasser aufpeitschen konnte. Wir verstanden, dass die
Situation gefährlich werden konnte, wenn man so weit vom

Ufer entfernt war, vor allem dann, wenn man am Schiff keinen Motor hatte, sondern nur Segel und Ruder, um Wind und Wellen zu trotzen.

Als solch ein Sturm aufkam, wurde Jesus von seinen Freunden panisch aufgeweckt. Er ging zum Bug hinüber und streckte die Hände aus, wie ein Polizist, der einem Auto das Signal zum Anhalten gibt. „Schsch", flüsterte er, nicht an die Jünger gewandt, sondern zum Sturm. „Schweig! Sei still!" Dann lesen wir im Markusevangelium: „Sogleich legte sich der Wind, und es herrschte tiefe Stille" (Markus 4,39).

An diesem Tag auf dem See Genezareth verstanden wir, dass auch Stürme, die unangekündigt in unserem Innern wüten und durch unsere Lebensumstände noch verstärkt werden, durch sein Wort gestillt werden können.

Mit uns im Boot saßen großartige Sänger, darunter auch Sandi Patty, Steve Green und Larnelle Harris, doch uns fiel kein Lied ein, das genau das zum Ausdruck brachte, was wir gerade erlebten. Jemand erwähnte *The Stranger of Galilee* und einige andere Lieder, die mit Wasser zu tun haben. Doch diese Erfahrung war es wert, in einem eigenen Lied festgehalten zu werden. Im Sonnenschein auf dem spiegelglatten See beteten wir zusammen. Dann sangen wir Lob- und Danklieder. Doch das Lied, das diese Erfahrung festhielt, musste erst noch geschrieben werden.

Nach weiteren unvergesslichen Erlebnissen im Land unseres Erlösers fuhren Bill und ich nach Hause. Wir hatten auf der Heimreise Bilder im Kopf, aus denen später viele Lieder entstehen sollten, darunter auch *Peace Be Still*. Jedes Mal, wenn wir dieses Lied singen, sehen wir den Felsspalt zwischen den großen Hügeln und den See, auf dem innerhalb von kurzer Zeit die Wellen lebensbedrohlich hoch schlagen können. Und wir hören eine Stimme, die mit stiller Autorität in das Chaos unserer Tage hineinspricht: „Schweig! Sei still!"

Peace Be Still

I can feel a storm brewing / The clouds rolling in / Thunder rumbles beyond the hill / The elements pause to gather their force / The night grows unnaturally still / Below, in the depths, the turbulence swells / And deep in my heart swells a fear / That tears through my throat in a desperate cry / "Oh, Lord, do You know that I'm here"

He says, "Peace, peace be still" / Lifts His hand ... "Peace, be still" / And like a child, the winds obey Him / When He says, "Peace, be still"

I know the old feeling / I've been here before / The same dark foreboding of fear / When winds of the past churn up my life / And the peace that I love disappears / Then just when I feel the pressure so great / That my frame will be crushed by the force / My Lord stand before me and faces the wind / His voice echoes clear through the storm ...

He says, "Peace, peace be still" / Lifts His hand ... "Peace, be still" / And like a child, the winds obey Him / When He says, "Peace, be still"

Schweig, sei still!

Ich merke, wie sich ein Sturm zusammenbraut, die Wolken ziehen sich zusammen. Donner grollt hinter den Hügeln. Die Naturgewalten halten inne, um Kraft zu sammeln; unnatürlich still wird die Nacht. Unten in der Tiefe brodelt es, und in meinem Herzen brodelt die Furcht, die sich in meiner Kehle durch einen lauten Schrei Luft macht: „Oh Herr, weißt du, dass ich hier bin?"

Er sagt: „Schweig! Sei still!", hebt die Hand ... „Schweig! Sei still!" Und wie ein Kind gehorcht ihm der Wind, als er sagt: „Schweig, sei still!"

Ich kenne dieses Gefühl: Hier bin ich schon einmal gewesen — dieselbe dunkle Vorahnung, dass die Furcht dort lauert. Wenn die Winde der Vergangenheit mein Leben aufwühlen und der geliebte Friede verschwindet. Gerade dann, wenn der Druck so stark wird, dass ich das Gefühl habe, er wird mich zerquetschen, steht mein Herr vor mir und stellt sich in den Wind. Seine Stimme klingt klar durch den Sturm:

Er sagt: „Schweig! Sei still!", hebt die Hand ... „Schweig! Sei still!"
Und wie ein Kind gehorcht ihm der Wind, als er sagt: „Schweig, sei still!"

Text: Gloria Gaither
Melodie: William Gaither und J. D. Miller
Copyright © 1987 Gaither Music Company und Shepherd's Fold Music (Rechte verwaltet von EMI Christian Music Group). Alle Rechte vorbehalten.

Then Came the Morning

Dann kam der Morgen

Bei einem Todesfall gibt es zunächst eine Menge zu tun: Man muss das eine oder andere organisieren, Freunde empfangen, die einem ihr Beileid aussprechen, Berichte abgeben. Doch nach der Trauerfeier und der Beerdigung holt einen das wirkliche Leben wieder ein. Die Trauergäste fahren wieder nach Hause. Die Blumen verwelken auf dem Grab. Das Haus ist leer.

Kleine Dinge, die man mit dem Verstorbenen in Zusammenhang bringt, setzen eine ganze Kette von Erinnerungen in Gang: Ein paar Arbeitsschuhe an der Kellertreppe, ein alter Wollmantel im Flurschrank mit einem zerknüllten Taschentuch und einem Päckchen Kaugummi in der Manteltasche, eine hingekritzelte Randbemerkung in einem Lieblingsbuch, ein erst zur Hälfte verknipster Film in der Kamera, ein alter Kassenzettel in einer alten ledernen Geldbörse. Wenn ein wenig Zeit ins Land gezogen ist, lauern weitere Erinnerungen: ein paar Takte eines Liedes aus einem vorbeifahrenden Auto, ein alter Witz, den man im Laden hört, ein bestimmter Geruch oder Duft. Wie Emily Dickinson einst schrieb, ist es „die traurigste aller Beschäftigungen hier auf Erden, das Herz auszufegen und die Liebe wegzupacken".

Trauer ist etwas ganz Persönliches, wenn die Trauerfeierlichkeiten vorüber sind, und jeder bewältigt sie anders. Manche Leute ziehen sich zurück und vermeiden jeden Kontakt zu anderen. Manche schreckt der Gedanke, allein zu sein, und sie umgeben sich mit Menschen. Manche bewahren die Besitztümer eines geliebten Menschen wie einen Schatz; andere werfen sie weg und ziehen um, damit sie nicht ständig schmerzlich an ihn erinnert werden. Manche Menschen müssen immer und immer wieder von ihren Erinnerungen und den Gefühlen erzählen, die sie mit dem Verstorbenen verbinden. Andere verschließen sich und tun so, als sei nichts geschehen.

Wir wissen nicht genau, wie die Jünger Jesu dessen Hinrichtung im Einzelnen verarbeitet haben. Wir wissen, dass einer seiner Freunde, ein reicher Mann namens Josef aus der nahe gelegenen Stadt Arimathäa, Pilatus bat, Jesu Leichnam freizugeben, nachdem man ihn vom Kreuz genommen hatte. Josef war ein Mitglied des Hohen Rates und besaß damit eine so hohe Stellung, dass er wagen durfte, diese Bitte auszusprechen. Wir wissen, dass Josef bereits die Grabtücher gekauft hatte, Jesus mit eigenen Händen darin einwickelte und ihn in sein eigenes, in den Fels gehauenes Grab legte.

Wir wissen, dass all das vor Sonnenuntergang geschehen musste, weil nichts, was auch nur entfernt an Arbeit erinnerte, am Sabbat getan werden durfte. Doch wie gingen diese ganz unterschiedlichen Persönlichkeiten nach Sonnenuntergang damit um, dass Jesus wirklich und wahrhaftig tot war: Johannes, der sanfte Jünger, den Jesus liebte; der ungestüme Petrus; Thomas, der Zyniker; Maria Magdalena, der so viel vergeben wurde; Lukas, der alles wissenschaftlich betrachtete; der junge Markus mit seinem Blick fürs Detail und schließlich Maria, die überfürsorgliche Mutter von Jakobus? Jeder von ihnen muss auf seine ganz eigene Weise auf die Situation reagiert haben.

Es war vorgeschrieben, am Sabbat die Arbeit ruhen zu lassen, aber warteten sie schweigend? Besuchten sie sich gegenseitig und redeten darüber? Wer spürte zuerst den Zorn über den Verlust in sich aufsteigen? Wer ließ die Ereignisse noch einmal Revue passieren, um ihnen einen Sinn zu entlocken und in den eskalierenden Geschehnissen eine Logik zu entdecken? Wer wollte das alles nicht wahrhaben und fragte sich, ob alles nur ein furchtbarer Albtraum gewesen sei, von dem sie in jedem Augenblick erwachen könnten?

Für die „Macher" unter ihnen bedeutete der Sonnenuntergang am Samstagabend, dass sie nun endlich etwas tun konnten. Dazu gehörten zum Beispiel Maria Magdalena, Maria, die Mutter des Jakobus, und Salome. Die Öle zuzubereiten war für sie ein Ventil, mit dem sie ihre Trauer bewältigen konnten, und Jesu Leichnam zu waschen und zu salben gab ihnen die Möglichkeit, ihre tiefe Liebe zu dem Mann zu zeigen, der nun von ihnen gegangen war. Hatte eine von ihnen gehört, wie er den Pharisäern gegenüber geäußert hatte, dass er „diesen Tempel in drei Tagen wieder aufbauen" würde? Fragte sich eine von ihnen im Stillen, ob er durch Gottes Eingreifen wieder zu ihnen zurückkehren würde? Wer von ihnen war verzweifelt?

Eins ist sicher: Nichts setzt dem Trauerprozess so schnell ein Ende wie die Auferstehung!

Then Came the Morning
They all walked away / Nothing to say / They'd just lost their dearest friend / All that He said / Now He was dead / So this was the way it would end / The dreams they had dreamed / Were not what they seemed / Now that He was dead and gone / The garden, the jail / The hammer, the nails / How could a night be so long

Then came the morning / Night turned into day / The stone was rolled away / Hope rose with the dawn / Then came the morning / Shadows vanished before the sun / Death had lost and life had won / For morning had come

The angels, the star / The kings from afar / The weddings, the water, the wine / And now it was done / They'd taken her son / Wasted before His time / She knew it was true / She's watched Him die, too / She'd heard them call Him "just a man" / But deep in her heart / She knew from the start / Somehow her Son would live again

Then came the morning / Night turned into day / The stone was rolled away / Hope rose with the dawn / Then came the morning / Shadows vanished before the sun / Death had lost and life had won / For morning had come

Dann kam der Morgen

Sie gingen alle weg; es gab nichts mehr zu sagen. Gerade hatten sie ihren besten Freund verloren. So vieles hatte er gesagt, und nun war er tot; so also würde die Geschichte aufhören. Die Träume, die sie damals gehabt hatten, waren wohl doch nicht das, wonach sie ausgesehen hatten, nun, da er tot und von ihnen gegangen war. Der Garten, das Gefängnis, der Hammer, die Nägel – wie konnte eine Nacht nur so lang sein?

Dann kam der Morgen! Die Nacht wurde zum Tag; der Stein wurde weggerollt; Hoffnung machte sich mit der Morgendämmerung breit. Dann kam der Morgen! Die Schatten verschwanden in der Sonne; der Tod hatte verloren und das Leben gewonnen, der Morgen war gekommen.

Die Engel, der Stern, die Könige aus der Ferne, die Hochzeit, das Wasser, der Wein – und jetzt war alles zu Ende. Sie hatten ihr den Sohn genommen, viel zu früh fand er den Tod. Sie wusste, dass es wahr war. Auch sie hatte ihn sterben sehen und gehört, wie sie ihn einen „ganz normalen Menschen" nannten. Doch tief in ihrem Herzen wusste sie von Anfang an, dass ihr Sohn wieder zum Leben erweckt werden würde.

*Dann kam der Morgen! Die Nacht wurde zum Tag; der Stein wurde weg-
gerollt; Hoffnung machte sich mit der Morgendämmerung breit. Dann
kam der Morgen! Die Schatten verschwanden in der Sonne; der Tod
hatte verloren und das Leben gewonnen, der Morgen war gekommen.*

Text: Gloria Gaither
Musik: William J. Gaither und Chris Christian
Copyright © 1982 Gaither Music Company und Word Music LLC. Alle Rechte vorbehalten.

I Don't Belong (Sojourner's Song)
Hier gehöre ich nicht hin (Lied des Pilgers)

Das Leben im Tourbus bedeutet harte Arbeit. Anders als
die meisten Leute glauben, führen die Menschen, die sich
ihren Lebensunterhalt auf Tourneen verdienen, kein Leben
in Glanz und Gloria. Reisen ist anstrengend und frustrierend.
Man muss lernen, mit enttäuschenden Absagen umzugehen
und lange Wartezeiten auf Flughäfen oder Raststätten zu
überbrücken, wenn der Bus repariert wird – und damit ist
immer zu rechnen. Man schläft mit verdrehtem Hals an
eine Säule, oder wenn man Glück hat, an die Schulter eines
Freundes gelehnt; man nimmt Mahlzeiten zu sich, die man
noch nie gesehen hat, erledigt seine Morgentoilette unter
sehr einfachen oder sogar unhygienischen Bedingungen. Das
alles gehört zum Leben eines Reisenden dazu.

Dazu kommt noch eine Truppe von temperamentvollen
Künstlern, die sich zusammengefunden haben, weil sie gerne
singen, und nicht weil sie ansonsten so hervorragend miteinander auskämen. Uneinigkeiten sind da vorprogrammiert.
Zumindest kann ich aus eigener Erfahrung sagen, dass mit
anderen Leuten auf Tournee zu gehen allen die Möglichkeit
schenkt, zu sehen, wie es bei den anderen mit den christlichen Tugenden steht. Es entwickeln sich oft erstaunliche
Freundschaften, und in manchen Menschen kommen Eigenschaften zum Vorschein, die an die eines Heiligen grenzen.

Bill und ich sind im Rahmen unserer Arbeit mehr als 40 Jahre herumgereist. Dutzende – inzwischen vielleicht sogar Hunderte – von anderen Künstlern, Dichtern, Toningenieuren und Technikern sind längere Zeit mit uns im Wohnwagen, Transporter, Wohnmobil, Bus und Flugzeug unterwegs gewesen. In dieser Zeit haben wir auch unangenehme Leute kennengelernt, doch die meisten waren wunderbare Menschen, deren Bekenntnis zum Glauben am deutlichsten in unbeobachteten Momenten zum Ausdruck kam, auf der Straße und abseits davon, wenn sie unter Stress standen und trotzdem ihre dienende Grundhaltung deutlich wurde.

Wenn ich von den christlichen Tugenden auf dem Prüfstand rede, kommt mir sofort Buddy Greene in den Sinn, mit dem zusammen ich dieses Lied geschrieben habe. Buddy ist in einem ganz praktischen und unfrommen Sinn ein Mann Gottes. Zu Bill und meinen Lieblingsbeschäftigungen auf Reisen gehören tiefgründige, ehrliche Diskussionen über die großen Fragen des Lebens oder theologische Probleme. Der Vers „Eisen schärft Eisen" (Sprüche 27,17) bewahrheitet sich dort, wo zwei oder mehr Menschen in einer mitunter hitzigen Diskussion sich manchmal beipflichten, manchmal unterschiedlicher Meinung sind, und zwar auf dem Boden gegenseitigen Respekts und gegenseitiger Akzeptanz.

Buddy Greene ist einer der Reisegefährten, die gerne allen Fragen auf den Grund gehen, die mit Gott zu tun haben. Eine unserer Diskussionen auf einer Überlandfahrt wurde durch einen Zeitungsartikel über den sexuellen Missbrauch und Mord an einem Kind ausgelöst. Buddy und ich redeten darüber, wie krank unsere Welt geworden war und zu was für furchtbaren Dingen ein Mensch ohne Jesus fähig ist. Dann kamen wir darauf zu sprechen, wie selbst christliche Gruppierungen die einfache Botschaft der Liebe, Gnade und Vergebung verzerren, die Jesus uns vorgelebt und geschenkt hat. Das Evangelium nur noch politisch und gesellschaftlich zu verstehen und so die Christen zu polarisieren, schien uns den Worten Jesu zu widersprechen: „Kommt alle her zu mir, die ihr müde seid und schwere Lasten tragt, ich will euch Ruhe schenken" (Matthäus 11,28).

„Manchmal fühle ich mich wie eine Außerirdische", meinte ich schließlich zu Buddy. „Und ich bin mir nicht einmal sicher, ob ich zu einer Welt ‚gehören' möchte, in der Kleinkinder missbraucht und die Starken dafür belohnt werden, dass sie die Schwachen ausnutzen. Wenn wir kein Problem mit einer solchen Welt haben, sollten sämtliche Alarmglocken in uns anschlagen."

„Na ja, du bist eine Außerirdische", entgegnete Buddy. „Das sind wir alle. Wir sind Fremde und Pilger. Aber vergiss nicht: Ein Außerirdischer ist zwar nicht von dieser Welt, aber er hat auch einen Heimatplaneten. Er ist auch ein Bürger, wenn auch nicht des Landes, in dem er sich gerade aufhält. Und auch wir sind Bürger – nur eben nicht hier."

Einige Kilometer nach unserem Gespräch gab ich Buddy ein Gedicht, das ich, inspiriert durch unser Gespräch, geschrieben hatte. Er nahm es mit nach Hause und rief mich später an. „Ich glaube, ich habe eine Melodie zu deinem Text", sagte er. „Willst du sie hören?"

Dichter und Komponisten hören sich oft Musik oder Texte am Telefon an. Zu der gerade erfundenen Melodie sang mir Buddy den Text vor, den ich ihm gegeben hatte. Ich wusste gleich, dass er genau dazu passte. „Genau so hab ich es mir vorgestellt, Buddy", sagte ich, als er fertig war.

Buddy nahm das Lied unter dem Titel *Sojourner's Song*, dem ursprünglichen Titel, auf. Mir gefällt er immer noch am besten, obwohl das Lied heute unter dem Titel *I Don't Belong* bekannt ist. Ich mag den Titel „Lied des Pilgers", gerade weil wir sehr wohl einen Ort haben, an den wir gehören. Wir sind Bürger, nur eben Bürger eines anderen Landes, und wir sind noch auf dem Weg dorthin. Weil diese Welt ohnehin nicht unsere Heimat ist, können wir lieben, geben und leben, während wir hier sind, als hätten wir nichts zu verlieren und alles zu geben.

I Don't Belong (Sojourner's Song)
It's not home / Where men sell their souls / And the taste of power is
sweet / Where wrong is right / And neighbors fight / While the hungry
are dyin' in the streets / Where kids are abused / And women are used
/ The weak are crushed by the strong / Nations gone mad / Jesus is sad
/ And I don't belong

I don't belong / I'm goin' someday / Back to my own native land / I don't
belong / And it seems like I hear / The sound of a "Welcome Home"
band / I don't belong / I'm a foreigner here / Singing a sojourner's song
/ I've always known / This place ain't home / And I don't belong

Don't belong / But while I'm here / I'll be living like I've nothing to lose /
And while I breathe / I'll just believe / My Lord is gonna see me through /
I'll not be deceived / By earth's make-believe / I'll close my ears to her si-
ren song / By praisin' His name / I'm not ashamed / And I don't belong

I belong / To a kingdom of peace / Where only love is the law / Where
children lead / And captives are freed / And God becomes a baby on the
straw / Where dead men live / And rich men give / Their kingdoms to
buy back a song / Where sinners like me / Become royalty / And we'll
all belong

Yes, I belong / And I'm goin' someday / Back to my own native land /
where I belong / And it seems like I hear / The sound of a "Welcome
Home" band / Yes, I belong / No foreigner there / Singing a sojourner's
song / I've always known / I'm going home – where I belong

Hier gehöre ich nicht hin (Lied des Pilgers)
*Hier bin ich nicht zu Hause, wo Menschen ihre Seele verkaufen und
Macht süß schmeckt; wo falsch richtig ist, Nachbarn miteinander kämpfen, während Hungernde auf der Straße sterben, wo Kinder missbraucht
und Frauen wie ein Gegenstand gebraucht werden, wo die Schwachen
von den Starken zermalmt werden. Ganze Länder spielen verrückt. Jesus
ist darüber traurig. Nein, hier gehöre ich nicht hin.*

Hier gehöre ich nicht hin. Eines Tages gehe ich zurück in mein Hei-matland. Hier gehöre ich nicht hin, und ich glaube, ich höre die Will-kommensklänge einer Kapelle. Hier gehöre ich nicht hin; hier bin ich ein Fremder und singe das Lied eines Pilgers. Ich habe schon immer gewusst, dass hier nicht meine Heimat ist und ich hier nicht hingehöre.

Hier gehöre ich nicht hin, doch während ich hier bin, will ich so leben, als hätte ich nichts zu verlieren. Und solange ich atme, werde ich einfach glauben, dass mein Herr mir hindurchhilft. Ich werde mich nicht täu-schen lassen von dem, was die Erde mir vormachen will. Ich verschließe meine Ohren vor ihrem Sirenengesang und preise Gottes Namen. Ich schäme mich dessen nicht, denn hier gehöre ich nicht hin!

Ich gehöre zu einem Friedensreich, in dem das einzige Gesetz die Liebe ist; in dem Kinder die Führung übernehmen, Gefangene befreit werden und Gott zum Kind in der Krippe wird. Wo Tote leben und Reiche ein ganzes Königreich geben, um ein Lied zurückzukaufen. Wo Sünder wie ich zu Königen werden und wo wir alle dazugehören.

Ja, hier gehöre ich hin, und eines Tages gehe ich zurück in mein Hei-matland, wo ich hingehöre. Und ich glaube, ich höre die Willkommens-klänge einer Kapelle. Ja, hier gehöre ich hin – bin kein Ausländer hier und singe das Lied eines Pilgers. Schon immer habe ich gewusst, dass ich nach Hause gehe – wo ich hingehöre.

Text: Gloria Gaither
Melodie: Buddy Greene
Copyright © 1990 Gaither Music Company, Rufus Music und SpiritQuest Music (Rechte verwaltet vom Gaither Music Management). Alle Rechte vorbehalten.

Place Called Hope

Ein Ort namens Hoffnung

Bill besitzt ein leuchtend rotes Chevrolet-Impala-Coupé, Baujahr 1973, das er auch in eben diesem Jahr kaufte. Wir fahren damit etwa anderthalb Tausend Kilometer im Jahr und kurven an schönen Sommerabenden durchs ländliche Indiana. Unser 35-jähriger Sohn war drei, als wir den Wagen kauften, seine Schwester Amy vier und Suzanne acht.

Damals setzten wir sie auf den Rücksitz, breiteten die blau-grün gemusterte Decke über ihre Beine, die noch aus unserem ersten Wohnmobil stammte, und sangen, begleitet von Grillen und Zikaden, während wir durch die Winterweizen-, Mais- und Sojafelder fuhren, bis die Sonne untergegangen war.

Dann fuhren wir in die Stadt zurück und hielten beim Eiscafé an, um für alle eine Waffel mit Vanille- und Schokoladeneis zu kaufen. Dieses Ritual feiern wir nun seit über dreißig Jahren mit demselben roten Cabrio. Heute gehen wir mit unseren fünf Enkeln auf Abenteuertour.

Der besondere Moment dieser Autofahrt kommt immer dann, wenn Bill irgendwo von der Hauptstraße 400 auf einen viel befahrenen Feldweg abbiegt. Dann stellt er den Motor ab und sagt: „Psst. Hört mal genau hin!" Als wäre es zum ersten Mal, hören alle Kinder – große und kleine – auf zu reden, sodass sie hören können, wie frisches kaltes Wasser aus der Tiefe auf die Kiesel sprudelt. Wir lauschen. „Wo kommt es her?", fragt dann unter Garantie das jüngste Kind.

„Wer weiß?", entgegnet Bill. „Es ist eine unterirdische Quelle. Schon mein Großvater kann sich an sie erinnern. Wollt ihr davon trinken?"

Es gibt einen Ort, an den wir immer zurückkehren können, um uns überraschen zu lassen. Wenn es am unwahrscheinlichsten ist, wenn sich die Hoffnung augenscheinlich nirgends finden lässt, stoßen wir auf eine Quelle aus der Tiefe – lebendiges Wasser, das an die Oberfläche unseres Lebens sprudelt.

Es spielt keine Rolle, welche unklugen Entscheidungen uns in unsere verzweifelte Lage gebracht haben; es gibt immer einen Weg nach Hause. Freunde mögen uns im Stich lassen, Versprechen mögen gebrochen werden, wir mögen uns auf unserem Lebensweg völlig verirrt haben. Doch unser Vater hält eine Quelle an unserem Lebensweg bereit. Wir müssen nur innehalten, still werden, damit wir lauschen können, und ehrlich genug sein, um uns unseren Durst einzugestehen. Es gibt immer – wirklich immer – einen Ort namens Hoffnung.

Place Called Hope
Had it all one day / Threw it all away / Took my leave with no good-bye / Bought some company / Bragged how we were free / Laughed and looked death in the eye

Even far away / In a foreign place / Where hunger gnawed my soul / Still my heart would long / For love's old sweet song / And a fire when the nights were cold

There's a road somewhere / There's an open door / There's a hill where the green grass grows / There's a family feast / Where there's joy and peace ... / Goin' back to a place called Hope

Fickle friends are gone / Wasted years are long / And regret can bring you low / But there's a swift embrace / There's amazing grace / There's a place where lost sons go

There's a road somewhere / There's an open door / There's a hill where the green grass grows / There's a family feast / Where there's joy and peace ... / Goin' back to a place called Hope

Ein Ort namens Hoffnung
Eines Tages hatte ich es satt; warf alles weg – und ging, ohne mich zu verabschieden. Mein Geld verschaffte mir Gefährten, wir brüsteten uns damit, wie frei wir waren, lachten und blickten dem Tod ins Gesicht.

Weit weg im Ausland, wo der Hunger an meiner Seele nagte, sehnte sich mein Herz jedoch immer noch nach dem schönen alten Lied der Liebe und nach einem Feuer, wenn die Nächte kalt wurden.

Irgendwo gibt es eine Straße, eine offene Tür; einen Hügel mit grünen Wiesen – dort findet ein Familienfest statt, dort herrscht Freude und Frieden ... Ich komme zurück an einen Ort namens Hoffnung.

Falsche Freunde sind gegangen, lang zogen sich die vergeudeten Jahre hin, und das zu bedauern, zieht dich hinunter. Doch jemand beeilt sich, dich zu umarmen, bietet dir seine Gnade an. Es gibt einen Ort, an den verlorene Söhne zurückkehren dürfen.

Irgendwo gibt es eine Straße, eine offene Tür; einen Hügel mit grünen Wiesen – dort findet ein Familienfest statt, dort herrscht Freude und Frieden ... Ich komme zurück an einen Ort namens Hoffnung.

Text: Gloria Gaither
Melodie: William J. Gaither und Jeff Silvey
Copyright © 2006 Gaither Music Company und HeartDreams Publishing (Rechte verwaltet von ICG). Alle Rechte vorbehalten.

Forgiven Again

Mir wurde erneut vergeben

Dieses Lied schrieb ich 1992 zusammen mit unserem Sohn Benjamin. Es wurde von einer Gruppe aufgenommen, die unter Bills Beteiligung neu zusammengestellt worden war, nachdem sich für die *Homecoming*-Videos einige Sänger der Anfangszeit wieder zusammengefunden hatten. Die Gruppe nannte sich „Statesmen", weil unter anderem Jake Hess und Hovie Lister mitsangen, die zu den tragenden Mitgliedern des ursprünglichen „Statesmen Quartet" zählten. Auch Biney English sang in dieser Gruppe mit und wirkte an einer Platte mit, bevor sich das Quartett aus gesundheitlichen Gründen auflöste.

Fast zehn Jahre später wurde von Ernie Haase, dem Schwiegersohn von George Younce und langjährigem Tenor der Cathedrals, eine neue Gruppe ins Leben gerufen; er nannte sie „Signature Sound". Die jungen Männer dieser Gruppe sorgten für einigen Wirbel. Das Publikum liebte nicht nur ihren Gesang, sondern auch ihre Choreographie und ihre ansteckende Begeisterung.

Benjy und Ernie waren schon Freunde gewesen, als Ernie noch bei den Cathedrals sang, doch inzwischen hatte Benjy ein bildhübsches Mädchen namens Melody geheiratet und sie lernten auch die anderen Paare in der Gruppe kennen. In der Zwischenzeit hatte Benjy viele Lieder zusammen mit seiner Schwester Suzanne, seinem alten Schulfreund Jeff Silvey (der inzwischen vollzeitlich als Songwriter in Nashville arbeitete) und anderen Textern geschrieben.

Als sich die Mitglieder von „Signature Sound" auf die Aufnahme eines größeren Audio- und Videoprojekts vorbereiteten, fragten sie uns nach neuen Liedern. Wir meinten, das Lied *Forgiven Again* könnte zu ihrem Programm passen und den jungen und alten Zuhörern, die diese neue Gruppe lieben gelernt hatten, eine wichtige Botschaft vermitteln. Dieses Lied nahmen sie dann auf.

Als die Zeit gekommen war, ihren ersten Liveauftritt mitzuschneiden, fiel mir auf, dass ich bereits für einen anderen Termin zugesagt hatte und beim Konzert nicht dabei sein konnte. Die Jungen hatten mich aber gefragt, ob ich eine Art Einleitung zu dem Lied vortragen könnte, also ging ich vorher ins Studio und nahm die Einleitung auf. Die folgenden Zeilen geben im Wesentlichen diese Einführung wieder:

Ich bezweifle, dass der Vater dem verlorenen Sohn an dem Tag, an dem er nach Hause zurückkehrte, zum ersten Mal vergab. Vielleicht hatte sein Sohn früher schon einmal vergessen, die Stalltür zu schließen, sodass alle Kälber ins Freie entkamen, oder er war mit seinen Freunden fischen gegangen, hatte völlig vergessen, die Hühner zu füttern, und versuchte sich dann mit der Entschuldigung aus der Affäre zu ziehen, dass sein Bruder eigentlich damit an der Reihe gewesen wäre.

Der Grund dafür, dass ich das denke, ist der, dass der Vater in dieser Geschichte, die Jesus erzählte, als Metapher für Gott, seinen Vater, dient, für den Vergebung keine einmalige Angelegenheit ist, sondern eine Charaktereigenschaft.

Weil ich das weiß, glaube ich, dass der Vater auch dem selbstgerechten anderen Sohn vergab, der sich als treu ergebenes Kind sah. Ich kann mir vorstellen, dass der Vater die Freunde beider Jungen zum Festmahl einlud, Freunde, die möglicherweise nicht immer die besten Seiten der beiden Jungen zum Vorschein gebracht hatten und manchmal wohl auch die schlechtesten.

Dieses Lied habe ich zusammen mit unserem Sohn geschrieben, der uns bereitwillig vergeben hat, wenn wir als Eltern nicht gerade perfekt waren, und ich kann mir nicht vorstellen, dass irgendetwas, das er tut, uns dazu bringen könnte, ihn nicht mehr zu lieben oder zu Hause willkommen zu heißen.

Es gibt nur einen vollkommenen Vater und einen vollkommenen Sohn.

An Tagen, an denen wir uns Selbstvorwürfe machen, ist es gut zu wissen, dass dieser Vater uns bereits vergeben hat, nicht weil er moralisch dazu verpflichtet wäre oder wir es verdient hätten, sondern weil sein Wesen Vergebung ist!

Forgiven Again

I had left my family – the love I had known / Couldn't believe how calloused I'd grown / Then I woke up one morning in cold, freezing rain / I said, "I'll go back where I caused so much pain"

Just in sight of the place / Where the lane meets the road / My father was waiting to take my load / His big arms were open / To draw me to him ... / Forgiven! Forgiven! Forgiven again

The things I had done were too many to count / I owed far too much to pay the amount / But incredible riches of grace paid for me / And buried my debt in the depth of the sea

Just in sight of the place / Where the lane meets the road / My father was waiting to carry my load / His big arms were open / To draw me to him ... / Forgiven! Forgiven! Forgiven again

If you've broken trust and betrayed your best friend / If you're lost and confused, wondering where it will end / There's a way you can know that wherever you've been / You can make your way home, be forgiven again

There at the place where your path meets the road / The Father is waiting to carry your load / His big arms are longing to draw you to Him / Forgiven! Forgiven! Forgiven again

Mir wurde erneut vergeben

Ich hatte meiner Familie den Rücken gekehrt, all die Liebe hinter mir gelassen – konnte kaum glauben, wie schwielig meine Hände waren. Dann wachte ich eines Morgens im kalten Regen auf und sagte mir: „Ich will wieder dorthin zurück, wo ich solches Leid verursacht habe."

Von dort, wo der Weg in die Hauptstraße einmündet, konnte ich meinen Vater sehen, bereit, mir die Last abzunehmen, mit weit ausgebreiteten Armen, um mich an sein Herz zu drücken. Vergeben! Vergeben! Mir wurde erneut vergeben!

Ich hatte zu viele Dinge getan, als dass man sie hätte zählen können. Ich schuldete ihm viel zu viel, um alles zu begleichen. Doch der unermessliche Reichtum der Gnade beglich alles für mich – und versenkte meine Schuld im tiefen Meer.

Von dort, wo der Weg in die Hauptstraße einmündet, konnte ich meinen Vater sehen, bereit, mir die Last abzunehmen, mit weit ausgebreiteten

Armen, um mich an sein Herz zu drücken. Vergeben! Vergeben! Mir wurde erneut vergeben!

Wenn du Vertrauen missbraucht und deinen besten Freund betrogen hast, wenn du dich verlaufen hast und verwirrt bist, dich fragst, wo das alles enden soll, dann darfst du wissen, dass du wieder nach Hause kommen kannst, egal, wo du gewesen bist, und dir noch einmal vergeben wird.

Dort, wo dein Weg in die Hauptstraße einmündet, wartet der Vater auf dich, um deine Last zu tragen. Er breitet seine großen Arme aus, um dich an sein Herz zu drücken. Vergeben! Vergeben! Dir wurde erneut vergeben!

Text: Gloria Gaither
Musik: Benjy Gaither
Copyright © 1992 Gaither Music Management und One on the Line Music (Rechte verwaltet vom Gaither Copyright Management). Alle Rechte vorbehalten.

Now, More Than Ever

Heute mehr als je zuvor

Wir wohnen in einer Gegend, in der es viele christliche Colleges gibt, und deshalb haben wir in unserer Gemeinde immer wieder Praktikanten, die praktische Erfahrungen sammeln sollen, bevor sie ihren Abschluss machen und in die Welt hinausziehen, um als Pastor zu arbeiten. Die meisten dieser Jugendlichen sind aufrichtig und ernsthaft bei der Sache. Sie haben theologische Bücher gewälzt und Prüfungen bestanden. Zumindest einige von ihnen haben schon einen Einsatz auf Haiti oder in der Innenstadt von Chicago hinter sich gebracht, um dort irgendeiner Gemeinde zu helfen, verbunden mit romantischen Gefühlen für ein oder zwei ihrer Mitstreiter oder Mitstreiterinnen.

Wenn sie in unsere Gemeinde kommen, um dort noch etwas dazuzulernen, hospitieren sie bei einem unserer Pastoren und nehmen nach und nach immer mehr Verantwortung wahr. Nach einigen Wochen dürfen sie dann einen Gebetskreis leiten, eine Kurzandacht halten oder für die Kollekte am Sonntagmorgen danken. Vielleicht erlaubt der Pastor ihnen schließlich sogar, die Predigt am Sonntagabend zu halten.

Das erinnert mich immer an eine Folge der Waltons, wo Grandma Walton einen der Jungen in der hohen Kunst des Predigens unterweist. Sie sagt: „Jim-Bob, du musst den springenden Punkt noch nachdrücklicher deutlich machen." Dann haut sie mit der Faust auf die improvisierte Kanzel und zieht die Hand schmerzerfüllt zurück. „Ich wusste doch, dass ein Trick dabei ist!", meint sie dann.

Manche Praktikanten versuchen es mit diesem Auf-die-Kanzel-Hauen. Andere rennen vorn auf der Bühne herum und brauchen die Kanzel überhaupt nicht. Noch andere verstecken sich hinter der Kanzel, als hätten sie Angst, ihr Reißverschluss stünde offen. Meistens stimmt alles, was diese jungen Leute sagen, doch es steht nicht viel Autorität dahinter. Viele ihrer Sätze beginnen mit den Worten: „Ihr solltet eigentlich ...", oder: „Man hätte im Grunde ..." Die alten Heiligen lächeln höflich und nicken ermutigend, während sie freundlich ein oder zwei Seitenhiebe gegen „die Kirche" oder „die, die sich Christen nennen" tolerieren.

Ich erinnere mich lieber nicht daran, was ich als 20-jährige Studentin sehr viel älteren und weiseren Menschen gegenüber geäußert habe. Im Rückblick stelle ich jedoch fest, dass ich wirklich aufrichtig war und mich mehr als alles danach sehnte, Gott zu dienen und die Welt zu verändern.

Bill und ich konnten damals stundenlang über unsere Träume und Hoffnungen reden. Manchmal unterhielten wir uns darüber, wie die Kirche effektiver arbeiten könnte. Heute frage ich mich, wen wir mit unserem jugendlichen Eifer womöglich vor den Kopf gestoßen haben. Manche Dinge, von denen wir glaubten, sie könnten besser funktionieren, haben sich tatsächlich verbessert. Andere Theorien und Hoffnungen wurden vom Leben widerlegt.

Wenn man uns damals gesagt hätte, auf was wir uns einließen, als wir uns auf den Weg machten, hätten wir furchtbare Angst gehabt. Und doch hätten wir uns niemals die erstaunlichen Abenteuer ausmalen können, in die Gott uns dann geführt hat. Die Grundsätze, die wir uns damals zu eigen gemacht hatten, wurden im Feuer des wirklichen Lebens geprüft, und sie erwiesen sich als wahrer, als wir uns jemals hätten träumen lassen.

Wir haben es schon lange aufgegeben, die geballte Faust auf die Kanzel donnern zu lassen. Es tut nicht nur in der Faust weh, sondern zerschmettert auch Menschen in ihrem Denken und Fühlen, wie wir gelernt haben. Und wir haben erlebt, dass man dem Heiligen Geist wirklich vertrauen kann und er ohne unsere Hilfe auskommt. Er allein kann Menschen überführen, tadeln, lehren, führen und zurechtweisen. Wir selbst brauchen nur treu zu beten, in der Liebe zu bleiben, bereitwillig zu vergeben, barmherzig und freudig in der Hoffnung zu sein.

Das Kreuz, einstmals Ikone unseres Glaubens, ist für uns zum kostbaren Zeichen geworden, dass jemand für unsere Freiheit bezahlt hat. Das Blut, ein notwendiges, wenn auch schmerzhaftes Symbol unserer Errettung, deckt alle unsere Verfehlungen zu, und wir können es für unsere Beziehungen, unsere Lebenssituation und sogar die ungewisse Zukunft in Anspruch nehmen. Das Blut Jesu respektieren und schätzen wir noch mehr als jemals zuvor.

Früher arbeiteten wir hart daran, das Gebet einzuüben und regelmäßig zu praktizieren. Heute ist es für uns so natürlich und notwendig wie das Atmen. Immer weniger erbitten und fordern wir von Gott, immer wichtiger wird uns die Beziehung zu ihm. Wir lernen, Gott darum zu bitten, in seinen Plänen eine Rolle zu spielen, statt zu erwarten, dass er unsere Pläne segnet. Heute sehen wir Gebet nicht als Pflichtübung, sondern als Vorrecht. Für uns ist lebendiges Gebet zu einem

Lebensstil geworden, und wir fragen nicht mehr: „Wie soll ich das machen?", sondern: „Warum eigentlich nicht?"

Vielleicht haben wir heute weniger Antworten als früher, und vielleicht haben wir sogar mehr Fragen. Aber wenn Praktikanten zu uns in die Gemeinde kommen, können wir einfach lächeln und sagen: „Predige das Evangelium!"

Now, More Than Ever

It was one thing to pledge Him your heart and your soul / In the reckless, wild passions of youth / It was easy to say that you'd go all the way / In your innocent longing for truth / But as dreams seemed to fade and as choices were made / That took you through rugged terrain / When you stumbled and failed and your life was assailed / Did you ever blame God for your pain?

Now, more than ever, I cherish the cross / More than ever I sit at His feet / All the miles of my journey have proved my Lord true / And He is so precious to me

When I started my journey in fresh, childlike trust / I believed that the Lord's way was best / I would read in His Word how he mothered the bird / And grieved when it fell from its nest / How I felt His delight when I chose to do right / And I prayed I would not make Him sad / We would meet on the way in the cool of the day / What a pure, sweet communication we had

The road I have traveled has sometimes be steep / Through wild, jagged places of life / Sometimes I have stumbled and fallen so hard / That the stones cut my soul like a knife / But the staff of my Shepherd would reach out for me / And lift me to cool pastures green / With oil of the Spirit anointing my wounds / There I'd rest by the clear healing stream

Is love's old sweet story too good to be true / Do you find all this hard to believe / Has the cruel world we live in so battered your heart / That the hurt child inside you can't grieve / Oh, I can't blame you; I've been where you are / But all I can say is, "It's true" / You're wanted; you're precious, the love of His heart / And the old rugged cross was for you

So now, more than ever, I cherish the cross / More than ever I sit at His feet / All the miles of my journey have proved my Lord true / And He is so precious to me

Heute mehr als je zuvor

Es war eine Sache, ihm mein Herz und meine Seele zu schenken, mit der wilden Leidenschaft der Jugend. Es war leicht zu sagen, dass du in deiner unschuldigen Sehnsucht nach Wahrheit den Weg bis zum Ende gehen würdest. Doch als die Träume verblassten und du Entscheidungen trafst, die dich über raues Gelände führten; als du stolpertest und versagtest, als es lebensgefährlich wurde, hast du jemals Gott für deinen Schmerz verantwortlich gemacht?

Heute, mehr als jemals zuvor, liebe ich das Kreuz; mehr als jemals zuvor sitze ich zu seinen Füßen. Die vielen Meilen, die ich hinter mir habe, zeigen mir, dass mein Herr zu seinem Wort steht – und er ist mir so kostbar.

Als ich mich in kindlichem Vertrauen auf den Weg machte, glaubte ich, der Weg des Herrn sei der beste. Ich las in seinem Wort, wie er sich wie eine Mutter um die Vögel kümmerte und sich sorgte, wenn einer aus dem Nest fiel. Ich spürte, wie er sich freute, wenn ich das Richtige tat, und betete, dass ich ihn niemals betrüben würde. In der Kühle des Tages begegnete ich ihm. Und wie rein und unbeschwert war unsere Unterhaltung!

Mein Lebensweg führte manchmal steil bergauf durch raues zerklüftetes Gebiet; manchmal stolperte ich und fiel, dass die Steine wie Messer in meine Seele schnitten. Doch der Hirte streckte mir seinen Stab entgegen, und er führte mich zu grünen Auen, mit dem Öl des Geistes versorgte er meine Wunden und ich ruhte mich am klaren heilenden Fluss aus.

Ist diese alte wunderbare Geschichte der Liebe zu gut, um wahr zu sein? Findest du, das alles ist schwer zu glauben? Hat die grausame Welt, in der wir leben, deinem Herzen schon so zugesetzt, dass das verletzte Kind in dir nicht mehr trauern kann? Ich kann dir keinen Vorwurf daraus machen; ich stand auch einmal da, wo du heute stehst, aber ich kann nur sagen: „Es ist wahr!" Du bist gewollt, du bist wertvoll, er liebt dich von ganzem Herzen; und das Kreuz von Golgatha war für dich da.

Deshalb liebe ich heute, mehr als jemals zuvor, das Kreuz; mehr als jemals zuvor sitze ich zu seinen Füßen. Die vielen Meilen, die ich hinter mir habe, zeigen mir, dass mein Herr zu seinem Wort steht – und er ist mir so kostbar.

Text: Gloria Gaither
Melodie: William J. Gaither und Woody Wright
Copyright © 2000 Gaither Music Company und Would He Write Songs (Rechte verwaltet vom Gaither Copyright Management). Alle Rechte vorbehalten.

Liebe Gaither-Freunde,
alle Gaither-CDs und -DVDs erhalten Sie im christlichen Buchhandel oder direkt bei **Gerth Medien!**

www.gerth.de/gaither